U0896109

王文华 著

筑梦荒野

——来自一所监狱的创业记忆

法律出版社
LAW PRESS·CHINA

序

文华同志诚邀，让我给《筑梦荒野——来自一所监狱的创业记忆》作序，我揣测：一则因我与他多年相知相交；二则因我有 38 年的监狱工作经历，也曾主持过监狱编史工作，对于反映监狱创建史的纪实文学可能有更为深刻的共鸣。文华是第二代监狱干警，在监狱成长，长期担任基层监狱领导，对监狱工作熟知，且带有深厚感情。《筑梦荒野——来自一所监狱的创业记忆》的创作，既是基于其监狱情感的强烈迸发，也体现了他对监狱工作的丰富积累。文华平时工作繁忙，为人低调务实，此次花大力气创作监狱纪实文学，主要是基于他对监狱工作的热爱和作为现代监狱创建参与者的传承，其担当精神令人敬佩。创作中，文华花了大量时间精力去考证监狱历史、了解监狱文化，还走访了许多人和地方，体现了其严谨的求学态度和写作风格。作品中既有客观陈述，又援引了大量历史典故和小故事，同时还融入了艺术性创作，文字流畅且不乏优美，纪实性与艺术性兼备，具有较强的可读性。

在文华的笔下，从战场硝烟中走来的一批军人，押解数千名犯人，靠着毅力和信念，靠着对监狱事业的无限忠诚，经过多年的辛勤努力，在满眼荒凉、遍地野草的“浙江西伯利亚”几十平方公里的地域，开垦出一片硕果累累的良田和启迪心灵的园地，这不仅创造了垦荒史上的奇迹，也为中国现代监狱的创立打下了坚实基础。这段难忘的历史，是镌刻在每一个监狱干警心灵的一种情结，字里行间流露的正是对监狱第一代创业者的崇敬。即便不是亲历者，一个个生动的字眼、一段段平实的叙述、一幕幕清晰的画面，深深地撞击着人们的心怀，让你真切地感受到我省监狱创业的艰辛和困苦。

生命与岁月的相逢,总会造就不平凡的使命。正如本书题目"筑梦荒野"这四个字,作者通过安吉北部农场监狱的创业历史,将垦荒的经历、监狱文化的形成和改造职能诠释得淋漓尽致。60多年前的那段历史,正是新中国百废待兴、法制嬗变之时,前辈创业者改造自然、改造社会、改造人类自身的壮举,彰显了一个民族对自强、公正、平等、法治理念的不断追求,见证了新中国监狱初创时荡气回肠的感人一幕。60多年后再回首,不仅需要这段风雨历程如实述说的记忆,更需要我们融入历史传统与精神文化的血脉之中,来见证、传承和弘扬,接力一代代监狱人的奋斗梦想。我想,这便是作者的真意所在。

监狱,一个曾经不被关注或者容易忽视的词,随着社会的发展与进步渐渐走进了人们的视野。人们对监狱的印象来自不同的渠道,要改变社会千百年来对其形成的固有认识,唯有将当代监狱的形态和所履行的职能真实地展现在大众面前。浙江监狱事业的创建、发展与成长,因第一代监狱干警的付出与奉献,创造了特定的社会价值,其贡献已经载入史册。正如书中所述,特殊的时期、特殊的环境催生了劳改农场,为了垦荒建场,监狱干警离开城镇与亲友,义无反顾地投身到监狱创建中去,开辟荒地、发展生产、感化教育,书中不乏真实的人物、鲜活的事例和难忘的细节,这就是新中国最早的监狱走过的创业之路。浙江省南湖监狱的创业史是新中国监狱创建的真实写照,也是浙江省监狱奋斗史的一个缩影。从一所监狱的创业轨迹,折射出一个国家法治建设推进的坚定步伐,听到了一个时代前行的厚重足音。第一代干警用他们朴实无华、默默奉献的一生,凝练铸就了监狱的优良传统和创业精神。前辈们树起的丰碑,是后继者前进的动力。时代的发展有其自身延续发展的规律,走向现代、文明与法治是谁也挡不住的前进方向!作为担负国家刑罚执行使命,改造人类自身、重塑灵魂工程的监狱事业,需要一群平凡却又不平庸的人来执行、来努力,一点一滴,片片零碎的耕耘和汇聚,最终会编织构建成一幅宏大的发展蓝图。

感谢文华同志为监狱做了一件有意义的事情，他用饱含深情的笔记录了一段不平凡的历史，为我们留下了珍贵的史料和创业者的精神风貌，再次提醒我们历史是不可割裂的，要终身铭记老一辈创业者对监狱事业倾注的满腔热血。更为重要的是，作品所传递的正能量和弘扬创业精神的影响力，必将激励新一代监狱人创造更出色的业绩，为监狱事业发展的明天，为实现伟大的中国梦贡献我们的力量！

浙江省司法厅副厅长、

浙江省监狱管理局党委书记、局长

胡虎林

二〇一七年十一月

CONTENTS ≫

目 录

引　言

1949年9月1日，浙江省公安厅的会议室里，一个特殊的会议正在召开。

刚刚就任浙江省公安厅厅长的李丰平神色严峻地走进会场，到场的各专署、市公安局长及公安厅直属单位的代表40多人全部起立，与会代表都不知道新任厅长究竟要讲什么。李丰平走到主席台，摆摆手示意大家坐下，环顾了一下会场，严肃地说道："同志们，5月12日开始，杭州军管会公安部发布第一号令，宣布解散国民党省会警察局及直属单位，杭州市军管会已经接管了杭州监狱、陆军监狱和警察局拘留所，各专署也都开展了接管工作。华东军政委员会近日已经部署剿匪肃特工作，犯人数量会很快增加，关押任务会非常繁重。根据省委要求，我们必须尽快地清理各地的案犯，组织劳动改造，进行劳动感化教育，争取生产自给。今天的会议有一项重要内容，就是要研究和部署全省的监狱和劳改工作。"

李丰平厅长的这番话让到会的人感到惊讶。新中国刚刚建立，百废待兴。经历了无数次的摧残和蹂躏的浙江大地，正面临着前所未有的困难，社会治安形势严峻，经济非常困难，公安工作要办的事情很多，为什么厅长一上任就那么重视劳改工作？

厅长似乎感觉到会场人员的疑问，便直截了当地说道："同志们，就全省的情况看，目前监狱关押条件简陋，犯人超押人满为患，已经严重影响到社会的安全与稳定。大量犯人坐吃山空，国家更是承受不起。同志们，开辟农场，发展生产，解决犯人吃饭问题是当务之急，势在必行。"

大家觉得厅长说的是对的，讲得有道理。

中华人民共和国诞生后，国民党政府遗留的监狱到处都是，各县都有拘押犯人的旧监狱场所，中华人民共和国成立初期接管这些设施关押罪犯，对于解决当时关押犯人的难题发挥了一定的作用。但是，当人民政府接管各地监狱和看守所后，遇到的问题多，情况也很复杂。由于犯人数量激增，原来的关押场所设施简陋，规模狭小，收押能力明显不足。还有管理人员缺乏，我们的干部又没有管理监狱的经验，各地都出现了一些问题，许多地方专署感到压力非常大。1949 年 12 月，黄岩县就发生了狱内暴动，犯人夺枪并打死看守人员。1950 年 11 月 3 日晚，乐清县公安局在押犯人 48 名暴动，抢走手枪一支，子弹五发，部分罪犯外逃。11 月 20 日，玉环县遭到吕渭祥土匪 800 余人的袭击，在押 130 名犯人逃脱，形势确实非常严峻。

1949 年 5 月 3 日杭州解放，10 月，浙江省全境解放。同月，省委、省军区要求各专区、军分区在剿匪中设立俘匪管训机构，整修旧监狱，对俘匪进行强制劳动。按照中共中央 1949 年 2 月《关于废除国民党的六法全书与确定解放区的司法原则》，在彻底摧毁国民

1953 年“三反”运动

党政府旧监狱这一国家机器、彻底废除国民党政府所颁布的监狱法规和旧监狱管理制度的前提下，对旧监狱彻底改造，也是势在必行。

1949 年 6 月 30 日，毛泽东发表《论人民民主专政》一文，明确指出："对于反动阶级和反动派的人们，他们的政权被推翻以后，只要他们不造反、不破坏、不捣乱，也给土地、给工作、让他们活下去，让他们在劳动中改造自己，成为新人。他们如果不愿意劳动，人民的国家就要强迫他们劳动。也对他们做宣传教育工作，并且做得很用心，很充分，像我们对俘虏的军官们已经做过的那样。"

这些精神为日后劳改农场的建设和发展指明了方向。

随着"三反""五反"运动的深入，犯人急骤增加，原来的看守场所已无法满足改造的需要。基于上述原因，浙江省建设新的改造场所的想法也就应运而生，并提上议事日程。

这是中华人民共和国成立后，浙江省第一次部署监狱劳改工作，

位于杭州市武林路 1 号的国民党陆军监狱一角（1949 年）

标志着全省监狱劳改工作正式开始实施。

今天,让我们从一所监狱的初创历程的片断中,去认识、去感受、去理解中华人民共和国成立初期,新中国的监狱是怎样建立起来的。

CHAPTER 01 ≫

第一章 “浙江西伯利亚”

浙江省安吉县、长兴县北面与安徽省广德县交界，绵延着近百平方公里的丘陵地带。1952 年，一批从战场上下来的军人押解数千名犯人来到这里，安营扎寨，开辟丘陵荒野数万亩，建立起一所大型农场监狱。监狱前身叫浙江省公安厅劳管处安吉农场、浙江省地方国营安吉农场、浙江省第二劳动改造管教队、浙江省第五劳动改造管教队（对外称浙江省地方国营南湖林场）、浙江生产建设兵团三师九团、浙江省南湖劳动管教支队，现在称为浙江省南湖监狱（对外称浙江新

安吉境内
牛头山全景

兴工贸有限责任公司)。

经过多年的奋斗,南湖监狱在浙江北部创造了垦荒历史的奇迹,营建了一个国营大型农场,播种了一片难得的绿色,筑起了美丽的大花园,把犯人改造成为新人的救赎成果令世人瞩目。

1970 年初夏,著名作家、浙江省作家协会原主席黄亚洲以生产建设兵团战士身份,曾经生活在这里。他回忆道:我们在坡道上拉茶叶,在深夜里守果木,在砖瓦厂烧红砖,往山坡下背驮沉重的油桐籽与油茶籽……

他所经历的一切都是老一代南湖创业所留下的。直到几十年后,黄亚洲说仍然在梦境,常常嗅到这片土地温馨的气息。

曾经担任过这所监狱主要领导的诗人应忆航在《北林场的树》诗中这样描述南湖监狱:

北林场,沿 04 省道浙江最北面的一片林地,一座寂寞又活跃的著名监狱。

可以说,这里林业的发展形成了农场独特的风景,油桐、油茶、茶叶也成了农场的经济支柱。农场至今还保留着数千亩茶园和数不清的大树,成为第一代人留下的珍贵遗产。

说它寂寞,这里曾经是荒岗野地,杂草丛生,人迹罕见。

说它活跃,这里的人将这荒野变成丰收的农场,重塑灵魂的阵地。

监狱现有近五万亩土地,且分别在安吉县、长兴县和广德县,与周边农村土地交错相连。这里有许多起起伏伏的岗,沿着省界阳岱山山脉从南延伸至北,与阳岱山相连的有十里长岗、八角塘、九里岗、大堡子、大枫树、大红包和小红包,还有九宫房、南北湖、杨家桥、黄泥沟。在南湖人心里,这些地名都与这所监狱有着紧密的联系,与老一辈有着生死融合的情结。

丘陵南北边缘地带也有山。

在长兴界内有仙山。仙山山貌独特,孤山独耸,四周地广平坦,酷似日本富士山,山上的显圣寺,始建于唐天宝年间,主奉着藏王菩萨。

在安吉境内，农场南边的牛头山，是全省监狱系统拥有的唯一一座山。此山形似牛头，过去都称它牛头山。2011 年我到南湖工作时，发现它酷似佛，如今远远看去其实更像是一尊三面佛，坐着的像弥勒、睡着的像观音又像佛祖。仙山与牛头山之间是茫茫荒野，相隔十余公里，晴天可以互视对方，千百年来佛与佛就这样对话、祈祷和俯视人间。

两山之间二省三县交界这一片丘陵荒野，寂静、荒凉，同时也是浙江最冷的地方，最低温度 -14.5℃，被称为“浙江西伯利亚”。俄罗斯的“西伯利亚”意思就是“宁静的土地”，亦有说法表示“西伯利亚”这个名称来自于蒙古语“西波尔”，意思为“泥土、泥泞的地方”。“宁静的土地”“泥土、泥泞的地方”都符合这片荒野，叫它“浙江西伯利亚”并不为过。

称为“浙江西伯利亚”的荒野

楚越文化的碰撞，让这片交汇处充满了神秘

谁也想不到，等待建设农场的这片荒芜之地，在几千年前竟然是国都之地，省府所在。安吉龙山、上马山墓群发现大量越文化遗存，有几座王陵等级的大墓，跟印山越国陵极其相似。此地疑似早期越国都城的设想已经浮出水面，虽然确证仍需时间，但是此地是秦朝体制下的鄣郡却是历史的真实记载。照现在的话来说，这里曾经短暂作为国都，作为省府所在地历经很多年，地位就如今日的杭州。很难想象，小小鄣郡曾经管辖着浙江北部、安徽南部、江苏西南部、江西东北部地区，比如今一个浙江省还大许多。文化沉淀于此不是偶然，兵家必争之地也是必然。既然是鄣郡所要，那么，千百年来为何一度繁华的鄣郡为何变得人烟稀少，如此的凋零?

改变这里一切的是战争，还有文化。

战争让文化有了穿越的空间，文化使战争有了另一种形式的延续。

先说文化。

据史料记载，昔日的越国绝对是个不安分的种子，它处东南扬州之地，是中国夏朝、商朝、周朝时期由华夏族在中国东南方建立的诸侯国。越国不甘落后的脾气，甚至有所张扬的性格，使它在整个东周时期一直比较强悍。战国初期，越国是当时四强之一。勾践平定了吴国后，出兵北渡淮河。不知什么原因，越国突然显得大气非凡，慷慨无私，竟然把淮河流域送给了楚国，把吴国侵占宋国的土地归还给了宋国，把泗水以东方圆百里的土地给了鲁国。当然，越国的大气也得到了礼遇，越军在长江、淮河以东能够畅行无阻，诸侯们都来庆贺，越王号称霸王。不过此时，春秋行将结束，霸政趋于尾声，勾践也就成为春秋最后的一个霸主。秦始皇东游绍兴路过此地时，将这里设

为鄣郡,这里便成了浙江境内最早的郡级治所。

“浙江西伯利亚”地带虽然处在楚国的边缘,曾经也是越国的势力范围,越文化的传承,自然也在这里生根。

越文化与楚文化不期而遇有很多年了。当年,吴王阖闾派孙武、伍子胥率军攻打楚国,楚军大败,楚国几乎覆亡,幸好得到越国帮助,楚国才得以保全。之后的越国与楚国关系不错,但有时也很微妙,作为北方进入越国门户的地方,在杯酒寻乐之中也就显得不那么重要了,双方对这块交界地带的控制渐渐放松,越文化与楚文化在此得以相互碰撞,相互融合。

楚威王时代,越国衰弱了,终为楚国所灭,但两种文化已经在这里交融,流淌在血液里,无法分开,无法理清,她生根发芽,延续至今。

程永军在《越文化在安吉》文中写道:“越文化是吴越文化的一支,中心是宁绍平原上的绍兴。越人保留了较多的吴越质朴、悍勇和开拓进取的心理特征,和邻近的吴文化和徽文化相比,越文化具有一

2013 年,在安吉县天子湖镇上马山发现楚墓

种本我的精神特质。越地民俗、越地艺术、越地学术三方面最能显示越文化的特质,其内涵丰富。越地民俗具有勇悍气质、外向开拓、冒险精神的特征;越地艺术是崇尚自然、寄情山水、直抒性灵、返璞归真之特性;越地学术具备批判精神、史论结合、学以致用的思想价值。越文化传承的质朴、悍勇的心理特征,一种多少带有野性成分的精神气质仍然在当地百姓文化中所体现出来。这一切与讲求礼乐文饰的楚文化差异很大。但是,楚文化的渗透,它的精致与越文化的粗放构成了这一地区特有文化。"

时至今日,这一地区的文化氛围非常浓厚。安吉境内有着丰富的越文化遗存,古遗址、古墓葬及这些遗址和墓葬内出土的大量文物。商周越文化遗址以安吉古城遗址为中心,并向其周边辐射,除古城遗址外,其他比较重要的遗址有兰田窑山遗址、古城大墩遗址、良朋墙山上遗址、良朋王家墩遗址、徐村湾庙角岭遗址、梅溪章湾遗址、溪龙庙山遗址等。这些遗址皆分布在近山临水的农田高台或山坡垄岗地,在其附近的丘陵岗地上有分布密集的同时期古墓葬。这些古墓群内涵丰富,越文化特色明显。

鄣吴一带百姓既能上山做得粗活,又能闲暇之余动动笔,绘画之人非常多,这里最好的手工艺是制作精致的竹扇。安吉的竹雕工艺,在明清时期与东阳木雕齐名。安吉的孝文化与茶文化非常突出,相传古"二十四孝"中的"郭巨埋儿天赐金""孟宗哭竹冬出笋"皆出安吉。安吉的白茶始于北宋,在这里,诗僧皎然、茶圣陆羽倡导的茶文化、茶风同样盛行。

战国晚期,楚国打败越国,安吉成为楚国属地,因此也成了目前浙江境内唯一发现楚文化遗存的地区。截止到目前,在天子湖上马山已发现楚文化木椁墓近 10 座,出土器物百余件,其中,不乏精美的漆木器、青铜器和彩绘陶器等。在这些楚文化墓葬中,以 2006 年至 2007 年发掘的五福楚文化贵族墓为最,无论是墓葬规模、陪葬器物、墓主人级别等,皆引起了考古界的极大关注。在中国的南方有一支高度发达且风格独特的区域文化——楚文化,其辉煌灿烂的文化成就举世瞩目。整个楚文化的成熟是在当时特有的历史环境中产生的,追根溯源不能不与先秦时期的历史文明有关。楚文明无论是在成熟期,还是在鼎盛期、衰退期,它在接受、包容其他文明为己所用的同时,也在对其他文明产生影响,在其周边区域的文化遗存中都可以找到楚文明影响的影子。正是由于各区域文明的相互影响和相互作用,中国古文明才能够在多元、复杂文化因素的相互融合中发扬光大,并连续传承、发展了两千多年。

楚文化在民族心理层面的特征是崇火尚凤、亲鬼好巫、天人合一、力求浪漫,与中原文化尚土崇龙、敬鬼远神、天人相分、力主现实形成鲜明对照。此外,楚人尚赤、尚东、尚左也与北方文化有所不同,念祖、忠君、爱国是中原文化和楚文化的共同之处,但中原文化偏重于礼法,楚文化偏重于情感,而且楚文化在念祖忠君爱国上比中原文化表现得要更为强烈深沉。如今,我们从屈原的诗词里更能感受到楚人的爱国情怀。

楚人的民族心理深深积淀在楚人心中,表现在楚人文化生活的各个方面。楚人的衣食住行、自娱自乐、思维想象等各个方面都是其民族心理的反映。有人说,楚文化是大陆经济,忠君爱国的思想理念,“抚夷属夏”的开放气度,兼收并蓄的包容意识,“一鸣惊人”的创新能力,才形成了博大精深、源远流长的楚文化。而越文化是江水经济,是一种锐意进取、矢志开拓的文化,具有兼收并蓄、容纳百家的恢弘气度。在安吉,在这块土地上,楚越文化的碰撞,折射出别样的文化之光;安吉形成的文化特征,兼备了两者的基因,是越楚文化融合所致,映入本土的肌理,游魂尘埃的沉淀,多少年之后,依然无法离释。

冰冷的古战场，诠释了这里荒寂的历史

我们说说发生在这里的战争。

据史料记载，春秋时期，始筑故鄣城（今址安城镇古城村），曾一度作为越国首都，至秦代设鄣郡于此。汉武帝元狩二年（公元前 121 年），更设鄣郡为丹阳郡，迁治宛陵，并在鄣郡故地设故鄣县。东汉末期，因故鄣县辖境广袤辽阔（大致包括今安吉县全境、长兴县西南一部和安徽省广德县全境、郎溪县一部），为强化地域控制，朝廷于黄巾大起义的第二年，即灵帝中平二年（公元 185 年），割故鄣县南境置安吉县，县治设于天目乡（今孝丰镇），取《诗经》“安且吉兮”，为安吉得名之始，故鄣、安吉两县均隶属丹阳郡。安吉建县始于此，至今已 1800 余年。

作为进入越国的门户，安吉战略地位十分险要，春秋战国开始便有设置观察哨所的习惯。安吉的县城所在地叫递铺，意思即驿站。南宋时，递铺处于都城临安通往建康（南京）的要道，由此可见，此地的地位是何等的重要。

历史上这里有过许多的战争，只是历史文档记录已经消失，人们无法去想象几千年以来那一场场战争对这块土地的影响。但是，楚国吞并越国时大军铁蹄踏过此地却是真实的。千年之内有着确切历史痕迹的还要数岳飞抗金。岳家军防守牛头山上，观察金军动向，抗击敌军的事迹流传至今。海拔 297 米的牛头山，山脊犹如鲫鱼背，北侧悬崖峭壁，南侧相对平缓。石构遗存发现了 8 台石灶及大规模的建筑基。可想而知，战争就在这片土地上真实地发生过。

宋建炎三年（公元 1129 年），北方女真完颜宗弼任金大将（金兀术），为一举灭宋，统兵南下，曾经横扫“浙江西伯利亚”；德祐元年（公元 1275 年），元军自建康出兵，大兵经过此地，在松关与宋军进行了殊

死鏖战。宋廷急调文天祥增援，当文天祥星夜行军到余杭时，独松关已经失守，元兵锋直指宋都临安。三天后，宋王朝便退出了历史舞台，民族英雄文天祥因此留下了“留取丹心照汗青”的千古名言。

1351 年 5 月 3 日（农历），爆发韩山童领导的红巾军起义。起义最初与明教、弥勒教、白莲教等民间宗教结合发动，因打红旗，头扎红巾，故称作“红巾”或“红军”，又因焚香聚众，又被称作“香军”。元至正十二年（公元 1352 年），红巾起义军据独松关，占领安吉，元军自双溪口北上，破独松关，起义军兵败，从“浙江西伯利亚”地带撤退至安徽境内，惨烈的战斗就在这片土地上进行。

到了清朝咸丰同治年间，太平天国送给安吉、长兴一个血的洗礼。1851 年 1 月 11 日，洪秀全、杨秀清在广西金田村宣布起义，建号太平天国。1853 年 3 月 19 日太平军占领金陵，定都天京（南京）。1860 年 2 月 10 日，忠王李秀成与其堂弟、侍王李世贤分别于芜湖起兵。李秀成率护王陈坤书、慕王谭绍光、来王陆顺德等部 2 万余人经南陵、青

1937 年冬日军在安吉渡河

弋江镇和马头镇，绕过宣城，直逼广德。2 月 24 日，广德知州邵启元于五更天逃出州城，太平军径直攻入城池，接连攻克广德、宁国，起义军挥戈直指浙江西北部的长兴、安吉、孝丰三县。3 月 3 日，李秀成兵出两路，一路由界牌直捣上泗安，另外一路出东亭湖。在李世贤大军的援助下，起义大军一举攻克泗安镇。

太平天国战争，波及十六省，一度占领城镇 600 多座。苏、浙、皖三省为主战场，而“浙江西伯利亚”处于三省交界地区，是太平军和清军往来三省的必经之地，因而成为争夺的重点地区之一。所受创伤之巨，人口死亡及流徙之多，在安吉、长兴历史上从未有过。左宗棠在《左文襄公家书》里记载：“人民死于兵燹，死于疾疫，盖几靡有孑遗。”太平天国后期，李秀成率其部下围困湖州城整整三年才攻破。城破时，人民死伤无算。据说，城内务前河的河水被流血染成红色。另外，湘军曾国荃的部下，纪律很差，在地方上抢劫杀害不计其数，他们是以“胜利者”的姿态君临民众，颐指气使，乡民们敢怒不敢言，长兴的百姓对曾氏兄弟并无好感。

会师之师，士气高昂，从湖城溯苕溪西上，经长兴县、安吉县而至孝丰县，迅速向杭州进发，在这一区域内，往往走上十里不见人烟。两股大军恰巧都经过了“浙江西伯利亚”地带。已经杀红了眼睛的天国部队，兵到血溅，可怜这片土地，哪经得住这番摧残。光绪《孝丰县志》卷 8《祥异志》的记载：“昔全盛时口三十余万，而今则落落星辰，散布四隅者仅八千余，不及三十之一也。”近代艺术大师吴昌硕的家乡鄣吴村，由于地处浙皖交通要道，“罹祸最酷”，兵燹后生还者仅 25 人，不足百分之一。由于战争的影响和随之带来的饥饿、瘟疫、寒冷，从此这里井舍烟稀，鸡犬绝声。

自那以后，安吉北部这片荒废的土地始终没有恢复生机。

1937 年开始，日寇攻占安吉。“浙江西伯利亚”地带又是进入南京的必经地带。日军所到之处烧杀抢掠，无恶不作，这片土地再次受到重创，顿时变成人间地狱。整个抗战期间，日寇长期占领长兴，先后侵入安吉县城5次，孝丰县城4次。如今安吉境内，东至钱坑桥，北至小白山，南至独松关、山川，以及报福、西亩一带，更不用说安城、鹤鹿溪、康山等中心地带，均遭受日寇铁蹄的蹂躏。

著名艺术家钱君陶抗战初期曾逃难到安吉，在其《战地行脚》一书中，就有日机轰炸梅溪、晓墅一带的记载。日寇对梅溪的首次轰炸恰巧被他遇上。他说：那是“我到晓墅的第四天，和从嘉兴来的几个新朋友漫步到散济桥，归途中却遭遇敌机的袭击，机关枪的子弹从高空横扫下来，使得平静的山市起了极度的骚乱……”刘江著的《诸乐三评传》，其中“避难家乡”一节，也多有诸乐三及家人逃避空袭的叙述。而遭日机轰炸最多、最猛的则是安吉和孝丰的县城。当时安吉县城（今安城）东街200余栋房屋被炸毁，吴昌硕青年时耕读多年的“芜园”也毁于日军轰炸。修复前倾斜的安城灵芝塔顶尖是被炸弹震斜的。日寇在安吉每侵入一地，便明火执仗，大肆纵火。“浙西诗人”俞楚石有诗记之：

1937年进攻长兴的日军部队

何堪易步吊红桑，一郭今存瓦砾场。
湿树栖鸦如客瘦，寒冬莽草比人长。
眼看劫后泥还赤，木落风前雨亦黄。
鏖火烧天民不尽，出城处处是村庄。

1937 年 10 月，持续三个月的淞沪会战以中国国民革命军主动后撤而告终，中国最高统帅部开始部署南京战役。日军分三路进逼南京，其中南路为太湖—湖州—广德—芜湖—南京，目的为切断我军后撤路线。

广德县为苏浙皖三省要冲，历来为兵家必争之地，北可威胁南京，南可直下杭州，西可觊觎皖南。日军以华中派遣军第十一军牛岛贞雄第十八师团为前导，经太湖在金山登陆，即与我军在湖州激战，国民革命军陆军第一七五师副师长兼五二二旅旅长夏国璋中将殉国。广德方面为陆军第二十三集团军刘湘所部一四四师、一四五师、一四六师，一四七师，一四八师，独立第十三旅，独立第十四旅共约 6 万人，

1937 年 11 月，率二十三集团军到达泗安的军长潘文华等在前线阵地视察

总指挥为潘文华将军。战前，第九集团军总司令吴奇伟将军也率部由淞沪前线进驻广德县城，参加了广德保卫战的指挥工作。

11 月 24 日，战役首先在广德以东的浙江泗安镇打响，地处浙皖交通要道的泗安镇，中日军队屡次争夺，几易其手，最终失陷，战场移到广德以东界碑。

11 月 30 日，界碑、祠山岗相继失守，一四五师师长饶国华中将在广德城东国民革命军空军第二大队机场，留下遗书，沐浴更衣，举枪自戕，时年四十三岁。

中国军队虽然经过顽强抗击，但还是损失惨重，牺牲过半后广德沦陷，第一四四师师长郭勋祺身负重伤。

泗安、界碑、祠山岗一带，跟两省交界的"西伯利亚"紧紧连在一起。

战争的洗礼，让这片土地承受了太多的苦难，许多荒野山岗里都埋藏着尸骨，以致在数十年以后，当人们进入到这片荒野，还能看见到处是坟墓，残破不堪的民舍里还有尸骨无人收拾，简直惨不忍睹。正是这个原因，也只有少数移民在周边居住。

素有"浙江西伯利亚"之称的这片土地，原来就寂寞和寒冷，战争阴影下，就显得更加冰冷而无生气。

那么，战争之后谁还想争夺这块阵地呢？

"跑马圈地"的军人，蒙尘中坚定了信仰

这片土地从沉寂中恢复生机，已经是 1952 年初秋的事情。这一年，浙江"西伯利亚"的杂草树叶已经渐渐泛黄，山谷中的岚风带着浓浓的凉意而来，土地上的人们并不知道这里将发生翻天覆地的变化。

就在这一年，浙江省公安厅开始关注起这片土地。

首任浙江省公安厅劳改总队总队长、时任浙江省公安厅劳动改造管理处副处长的韩寿臣，对所属区域急骤增加的犯人数量感到非常

吃惊,眼看着各地报告不断,要求解决关押场所的事情迫在眉睫,但他对此事却是无能为力。面对眼下的困难局面,该如何去破解呢?这是他需要认真思考的问题。

1949 年 5 月,杭州解放。10 月,杭州公安局组建了染织厂,收容小偷、妓女,在西湖玉泉组建了农场,收押匪特、惯偷、散兵、流氓。11 月,新建了第一个乔司农场,拉开了开垦荒地、围滩造田、改造罪犯的劳改工作序幕。1950 年 2 月,省政府发出第 953 号通令,指示各地组织犯人劳动队,参加春耕生产。截至 1950 年 6 月,金华、温州、临安、嘉兴、丽水、衢州、宁波、台州、绍兴等九个专署先后建立了劳改所(有的称劳教所)。

1950 年 10 月 30 日,省委发出《关于贯彻执行中央坚决镇压反革命分子的指示》,结合土地改革运动,依法制裁土匪、特务及不法地主,镇反运动在全省普遍开展。到了 1951 年 4 月,乔司农场犯人总数增加到 3000 余人。收押改造的形势非常严峻。

1951 年 8 月,省军区第一劳改分处组织军队干部、战士,押解犯人到湖州三天门开荒种地,成立了湖州劳改农场。两地农场的建立似乎缓解了关押犯人的难题,然而,事情并非如此简单。全省投入改造的犯人已经达到 14,886 名,已经判处徒刑尚未投入改造的犯人为 11,829 名,还有在押案犯 19,000 名,总数达 4 万余名。当时全省有劳改机构 90 个,改造场所 307 个,大多数规模很小,根本满足不了收押要求。1952 年 9 月 21 日全省召开"二劳"会议后,各劳改单位通过整顿,开始由小到大,由分散走向集中。

乔司农场和湖州农场都是韩寿臣亲自参与的,两个农场的建设经验给了他很大的启发,经过公安厅相关处室的商量,意见是再建设一个新的大型农场。地址选哪?韩寿臣凝视着挂在墙上的浙江省地图,将目光定格在浙江地图的最北端——安吉和长兴。

时任公安厅副厅长、分管劳改工作的王芳把他叫到办公室。

"老韩啊,全省押犯的形势你非常清楚,必须马上建设一个新农场,解决押犯问题。你看放在哪里为好?"王芳问道。

王芳副厅长对韩寿臣非常敬重。

韩寿臣(1904—1971 年),号鹤松,山东安丘市人。他曾任伪鲁东和平建国军副司令兼十团团长,1945 年 6 月,八路军鲁中军区发动了“讨厉战役”,他于 6 月 23 日凌晨率全团官兵 1800 余人在古城子村起义,对解放淮县发挥了很大作用。随后他的部队改编为山东军区独立第四旅,他担任旅长,王芳任政治部主任,算是老战友了。

“王副厅长,这个事情我们处已经考虑过了。杭州附近已经有乔司农场,衢州地区有龙游劳改农场,湖州有了湖州农场,温州、台州、绍兴、宁波等地没有大量的荒地可供开垦,不利于建设大型农场,而安吉县、长兴县,靠近安徽广德交界一带土地广阔,号称‘浙江西伯利亚’,是建场的理想之处。原来,在安吉与安徽交界有一个临安专区公安处的安吉农场,规模很小,听说厅里准备收归省管了,我想可以在安吉农场的基础上扩大农场。”

韩寿臣说出自己思考已久的想法。

浙江省首任劳改总队
总队长韩寿臣

“你的想法很好，厅里也有这样的考虑，觉得在安吉、长兴和广德交界寻找理想的场所，建设一个大型农场，缓解目前犯人收押困难，是比较可行的。不过，安吉、长兴一带历史复杂、移民聚集、民风强悍，恐怕会有意想不到的困难。厅党委决定，由你们总队负责此事，希望你尽快实地勘察，把地址确定下来。”

王芳副厅长的表态，给韩寿臣吃了个定心丸。回到总队，他连忙部署安排，叫来一位副科长和通讯员，让他们马上收拾行装出发。通讯员问去哪，他也没回答，已经骑上马出去了。

两人准备好了行装，在办公室等待了半天，韩寿臣还没有回来，不知发生了什么事情，让两人非常纳闷。突然，门外响起了汽车喇叭声，两人跑出去一看，原来是辆美式吉普。

“韩总，你上哪搞到车辆的？”副科长感到奇怪，公安厅里似乎没有几辆汽车，总队如果想派车是不可能的。

韩寿臣虽然坐车回来，脸色还有些怒气：“他娘的，老子从部队借来的，不借我就要掏枪了。不就是个汽车吗？将来我们有钱了，自己买一辆，省得看他娘的脸色。”

“我们去哪？还用得了汽车？”通讯员问道。

“安吉。”韩寿臣大声说。

连司机一共四个人，高高兴兴出城，往安吉而去。当天晚上到了安吉县城梅溪，住在了招待所。突然之间几个穿着军装，带着枪，开着美式吉普的人闯入招待所，惊动了县领导。县领导问了情况后，哈哈大笑起来，让韩寿臣等人莫名其妙。

“韩总队长，你的吉普车可是稀罕物，就放在这借我们开几天洋荤吧，你要去的‘浙江西伯利亚’根本开不了车，这东西是个累赘，只能走路骑马而已。”县委书记说。

“怎么会这样？那我不是白借车了吗？”韩寿臣对那里的地理条件如此恶劣，还是始料不及。

书记安慰他：“没关系，县委一定大力支持。我们借你们几匹马，已经通知当地南湖区的领导给你们带路，保证你们完成任务。”

第二天一早，韩寿臣骑上马，便早早出发。果然，汽车是没有用处的，人马还得摆渡过河。到了南湖区地界，区领导已经在等候。区领导在地上打开当地的地图，把要去的地方指出来。

“这块区域位于安吉西北部，也就是我们的南湖区九龙山麓，南临孝丰，背靠广德，北接长兴，在禹家、良朋、南湖、高房、荘芝诸乡范围内，东西广，南北狭，自西南至东北，构成三条菱形荒丘地带，起伏不平，均是荒山草地，当地农民主要管理低洼处的水田耕地。由于本地区地广人稀，自然条件恶劣，这些荒地一直都无法利用。”

区领导介绍完，韩寿臣觉得很有兴趣，他问还有多少公里，区领导说远着呐，至少还有几十里。军人出身的韩寿臣从来不怕辛苦和困难，大手一挥：“走，出发。”

进入“浙江西伯利亚”，几乎没有路，全部是崎岖的小道。马在草丛中行进，草越来越高，沟越来越深，荒凉寂静，一望无际。不一会

首任浙江省公安厅
劳改局局长江巩

儿，几个人就满身大汗了，加上尘土蒙面，个个泥人一般。他们跟随着区领导，跑到一个地方，韩寿臣便站在马背或山岗高处瞭望四周一遍，随后说道："好地方，这地方我们要了。"

然后，便让人在地图上作出一个标记。

"这里条件很差，恐怕开垦也不容易，都在坡上，根本没法灌溉，种植不了东西。"区领导也有些担心。

"是你们舍不得吧？只要你们舍得给，我们不管它是坡地还是什么地，一定能够开出一片耕地，种出粮食和蔬菜。"韩寿臣信心十足。

区长开玩笑说："老韩，丑话我说在前面了，千万不要说我小气，那你就跑马圈地吧，跑到哪里哪里就是你们农场的了。"

"一言为定，我就是跑马圈地，越大越好。"韩寿臣用力一拍马，继续跑起来。

就这样跑了两天，安吉区域跑了许多的地方。到了长兴边界，他一扬鞭，准备跑马长兴。区长连忙将他拦住。

"怎么了？看我的马跑得快，后悔了吧？"韩寿臣问。

"看你说的什么话？你也不看看，我们都跑到长兴地界了。说白了，那不归我管，我说的话不算数，你的马也是白跑啊。"

这韩寿臣倒真没有想到，但他转眼一想，既然来了，也去跑一下，确定之后让省厅去长兴协调。想到这，他不顾区长阻拦，一挥鞭，马就朝泗安方向跑去。

回到县里，厅里打电话到县里，转告他有要事赶紧回去。韩寿臣正在兴头上，问区领导："我们跑了多少地方了？"

区领导说："大概一半吧。"

军令如山，韩寿臣有点遗憾地回去了，但对"浙江西伯利亚"的状况已经了解，筹办农场的决心已下。

作为全省的劳改工作主要负责人，建设农场的事情在韩寿臣心里装着，回城也是吃不好睡不好。他心里焦急，过了些天，因为事情繁杂走不开，副处长江巩便代表厅里再次去安吉踏勘。

江巩时任劳管处副处长，后任省公安厅劳改局第一任局长。他知道安吉这块地，不曾想到了现场令他大吃一惊，原来真比苏联西伯利亚还荒凉。他想，或许正是因为人稀地广，才有开发的价值。

江巩带上临安专区的同志，在区里同志的陪同下，踏勘了余下的土地。

从现在的农场区位图还能看出，当时跑马圈地的很多地方还是交界地带，如长兴和安吉交界处梨园、大茂冲、大堡子等地；安吉与广德交界的十里长岗、大枫树、五里冲等地；长兴与广德交界的九里岗、界牌、大红包等地，这些都成了农场开垦的区块。

随着对安吉、长兴和广德二省三县交界处进一步考察，这里土地资源和寂静的环境给江巩等人也留下了深刻的印象，在这里新建一所大型劳改农场的想法就此确定。

先遣小分队，敲开了荒野的大门

驻扎在浙江省余杭县的临安公安处下属劳改大队是 1952 年 9 月 1 日接到的通知，通知来自浙江省公安厅劳管处。

通知要求组织人员对安吉、长兴、广德交界处进行面积测量、土壤研究、水利调查、农情调查，确定建设农场的具体方案。队长是军人出身，刚刚从部队来到劳改大队，他知道军人以服从为天职，对突如其来的命令不会置疑，迅速物色了六名干部，并从在押罪犯中选择了十一名懂测绘、水利农业、土壤技术的。

他先把六名干部叫到会议室。

干部们不知道要执行什么任务，正在猜测，见到队长进来，不约而同地站了起来。队长环顾大家，也没有叫大家坐下，便口气严肃地说：“大家都知道，最近罪犯数量增加，必须寻找地方建设新的农场。你们几个就是去执行这个任务，一个月，二个月，最多三个月必须把测量报告交上来，确保选好地址。你们有信心没有？”

这时，所有人的脑子都是空白的，但对军令还是毫不含糊，便齐声回答：“有。”

随后，队长让把十一个罪犯叫到大队部的空场。

他的目光严厉得有些吓人。他逐个审视一遍，用低沉而严肃的口气说：“你们自己的身份不用老子说了，上级派你们到浙皖交界执行任务，要用你们的特长和技术，就是要把地形搞清楚，过去是打仗侦察地形，现在是搞建设勘察地形，我看都差不多。这次去，时间长的话三个月，短的话一二个月，那边是浙江北面最荒凉的地方，生活很艰苦。我们的干部当然不在话下，会发扬我军不怕困难、不怕牺牲的优良传统；对你们这些人我就不知道了，你们以前欺压百姓，好吃懒做，吃得起这个苦吗？”

过去在国民党炮兵团当过营副的刘光宇立正回答：“报告首长，打日本人的时候我路过过那个地方，就是荒了点，但没什么可怕的，

1952 年建场初期，农场在禹家桥的办公地点

保证完成任务。"

其他的犯人也反应过来了,齐声表达决心:"保证完成任务。"

队长满意地点点头:"有这个决心就好,这也是你们将功折过的好机会,事情做好了可以奖励,做不好,小心老子一枪崩了你。"

1952年9月2日,临安公安处派出了张浮泉、皮良太、王耀荣、李镜波、方关宁、樊阿水等六名干部和十一名罪犯首次踏上这片荒岗丘陵。

那天,天色刚有些泛白,这些人已经集中在余杭运河的码头,对于突然出现的这支队伍,船老大只能用怀疑的目光看着他们,并不清楚这些是什么人,想要干什么?

船不大,虽然已经是机器推动,但还是比走路慢,直到傍晚才到达了湖州市区。

湖州是个历史悠久的文化名城,以盛产丝绸和湖笔闻名于世。城市不大,却很精致。他们在潮音桥码头上岸,河两边全是商铺,却没有见到旅店。这十多个人肩挑背扛的,像难民一般走在狭小的街道上,还要不断地吆喝不撞着人,好不容易找到了一家旅店,可旅店伙计瞅了他们一眼,满腹疑虑,不想让他们住下。

带队的张浮泉在部队干过侦察,累了一天,有些火气,解开衣服,故意露出里面的枪,走上前问:"怎么了?伙计,怕住店不给钱?"

皮太良怕闹出事情,连忙将介绍信递过去。伙计一看是公家人,顿时满脸堆笑,忙请大家进店。

店虽然不大,但看得出是个老店了,虽设施陈旧,但服务还行。大伙吃完湖州的大馄饨,早早就睡下了。

张浮泉已经非常困,但他感到责任重大,还是坚持值第一个班到十二点。另外安排三名干部,每人两个小时,到点时将唯一的一支驳壳枪进行交接,轮流看守犯人。他规定六点起床,七点半赶到汽车站。

湖城住宿,平安无事。

第二天,他们按计划坐车到达长兴县泗安镇,此镇距离他们的目的地只有不到三十华里了。

虽然路途不远，可是完全行走在田间小路，弯弯曲曲绕着走，再加上十一名罪犯过去都是不劳动的，带上那些仪器和生活用品已经够呛，行进得非常的慢。

当到达第一个勘察点——禹家桥村时，他们震惊了：荒岗地盘非常大，几乎望不到边，村里人很少，草丛里夹杂着一些散户，只有十几幢土坯草房且已经破败不堪，唯一的砖房是地主家的房子。

荒凉景象使人心酸，然而小分队更加担心的是，这里茅草丛生、荆棘遍野、必定也是豺狼出没之处，出门就要当心了。

也许走累了，也许对这一切的恐惧和失望，有几个罪犯跌坐在地上，好久都起不来。

张浮泉派人去村里找人。不一会，农会会长老吴来了。

张浮泉说明来意，老吴非常兴奋。对老吴来说，这里建设农场可以改变荒岗，这是他做梦也想不到的事，他非常支持。老吴向先遣小分队介绍了这里的情况：禹家桥村过去还是比较大的村子，自太平天国血洗之后，活着的人多数避难去了。民国开始，陆续才有人移民过来，多数是河南人、安徽人。村里有一户是杨姓地主，其实就是四五间瓦房，解放后被没收了，作为村农会所在地和村民住房。

小分队第一站就住在了地主家，一间干部住，一间罪犯住，没有床，全部睡地下。

傍晚的时候，太阳终于与远处的阳岱山平行了，晚霞的余辉映在草坡上，远远注视天边，有着格外让人遐想的意境。

突然，罪犯刘光宇跑过来报告：“队长，让我上屋看看。”

张浮泉被刘光宇的报告吓了一跳：“什么事？喊那么响干吗？当我是耳朵不行啊？”

刘光宇笔挺站着：“报告，我想观察一下地形，便于明天勘察。”

张浮泉毕竟是侦察兵出生，知道观察地形的重要性，于是就同意了。

另外几个罪犯准备为刘光宇搬椅子来，刘光宇摆摆手，退后几步，突然冲到围墙边跃上，随后就上了屋面。这一跃，着实让张浮泉等人吃惊不小。

刘光宇在屋面上观察了一会就跳下来，气也不喘地报告说："报告队长，这里地势西北高，东南低，都是低丘缓坡，荒地分散，与田冲交错。"

张浮泉露出满意的笑容："刘光宇，好个炮兵营长，懂得观察地形，眼力不错，可怎么打仗就不行了？"

张浮泉既肯定又讽刺的讲话并没有让刘光宇感到难堪，他朝张浮泉笑了笑说："败在共产党、解放军手里不丢脸。"

经过数天奔波，虽然到了勘察点，但每个人都清楚，如此恶劣的环境，到底能不能完成任务还是未知数。

第二天，张浮泉带着人去了荒岗勘察。这里远比想象中荒凉得多，几乎没有一条好路。偶然发现草丛里有座房子，也是当年远走他乡的人留下的，走近一看，里面有尸骨，把他们吓得着实不轻。他们在茅草里穿梭，寻找精确的勘察点，所有的艰辛都被工作的热情冲淡。

张浮泉留下处理后勤问题的干部。吃饭问题跟农会老吴说了，在他家搭伙，照付伙食费。当时没带多少现金，隔上几天还要到离此地三十里的梅溪镇去取钱。

眼前如此的荒凉不堪，让在战争年代转战南北的张浮泉倒吸了一口冷气。

樊阿水负责生活，方关宁管账目。他俩整天盘算着省钱又能吃得好，看到村民的房子就赶紧跑过去敲门，想买些农产品，可是常常无人应答。回来后问农会老吴才知道，家里是有人，是因为害怕而不敢开门。

勘察进行得还算顺利，但生活却遇到了不少的困难。农会老吴说家里的东西全部吃完了。是啊，十多个男人一天得吃多少东西啊？必须自己动手，自己开伙，虽然辛苦，也许能够省些钱。老吴知道这个想法后，报告给区里。过了几天，县公安局带来一个年轻胡姓犯人过来，说是给他们烧饭。张浮泉有些担心，公安的同志说，你们放心，他只是伤害罪，不坏的，况且马上就要释放回家了。张浮泉才答应留他，随后就部署樊阿水去梅溪和泗安两个集镇买菜。

樊阿水接受第二天买菜的任务后，感到为难。张浮泉问为什么，樊阿水是刚从学校出来的，也没有上过战场，要他带个罪犯走几十里路去购物，他感到危险太大了。

张浮泉二话没说，将自己的手枪交给他："怕什么？不老实想逃跑就给我开枪。"

"不不不，我不要枪。"樊阿水连连摇头。

樊阿水没有开过枪，见到真枪心里害怕，再说就是带上枪还是个累赘，索性拒绝，狠下心，带上犯人小胡去了泗安。

去泗安二十多里路并不算远，但路却不好走，起伏的丘陵地带，前面走到坡下的人已经被草掩盖了，樊阿水走在后面，恐惧感时时袭来。突然小胡叫喊起来："狼！"

这一声喊叫几乎让樊阿水灵魂也飞出来，果不其然，不远处的山冈上有两条狼在四处张望。两人连忙将箩筐放下，握紧扁担，随时准备与狼搏斗。也许是狼发现抵挡不了两个汉子，也许是此时狼并不饥饿，不一会就消失在草丛里。几十年后，据老人们回忆，在创建农场初期，确实见过狼，其他野猪之类就更多了，据说有人还发现过老虎的脚印。

还有一次，小分队测量回来的时候，已经是傍晚，突然遭遇土匪的跟踪。小分队从大堡子土岗进入坡底草丛的时候，皮良太从后面跑上来，气喘吁吁地对张浮泉说："我发现有人跟踪我们。"

大家听到这话，都有些紧张。张浮泉心里也是一怔，已经傍晚怎么会有人在荒野跟踪我们？他忙问："是什么人？"

"从他们的动作判断，善于隐蔽，动作敏捷，可能是土匪强盗。"皮良太说。

“有多少人?”

“我看到有四五人,究竟多少不清楚。”

张浮泉看看队伍,觉得大家都比较疲劳,警觉性也不高,一旦受到枪击,必然会受到伤害。如今只自己有一把手枪,再说对敌情不明,不知道他们有多少人,万一与土匪发生战斗,肯定要吃亏,而且队伍里十几名犯人会不会趁机逃跑也难说。他转念一想,决定来个虚张声势,尽快脱离险境。想到这,张浮泉用力吹着哨子,大声吆喝:“同志们,南湖区的民兵连就在前面接应我们了,大家快点走啊。天快黑了,路上有狼,大家把子弹上膛,看到狼就开枪,别省子弹。”

张浮泉大声吆喝后,果断地朝天开了一枪。

也许正是这些动静,震慑了土匪强盗,他们没有再跟随而来。队伍又走了几百米,后面再也没有动静了,小分队才松了口气。后来通过政府了解到,安徽境内确实还有零星土匪强盗在活动,没有袭击测量队真是万幸。

20 世纪 50 年代
百姓住的草房

“浙江西伯利亚”蚊虫也很可恨,因为荒野地带滋养着又肥又毒的蚊虫,扰得人一晚无法入睡,白天辛苦一天,晚上却没法睡觉,早晨身上都是虫咬的肿块,又痛又痒,近乎折磨。可见当时这里的地理环境是非常恶劣的。几十年后,已退休颐养天年的方关宁回忆起当年进点勘察的生活情形,还心有余悸。

勘察的工作进展得还算顺利。半个月后,他们来到南北湖乡勘察,总算入住到区里,有竹床睡觉了。虽然条件还十分简陋,他们已经非常满足。

1952 年 10 月 30 日,先遣勘察的报告送到了浙江省公安厅。

这份测量情况报告这样写道:

本场位于浙江省北天目山支脉九诸山的北面,整个勘察区域地形呈东南面高,西北面低,系丘陵地带,土壤是砂质黄土;地块分南场和北场。南场共测得 9219 亩,北场测得 12, 364 亩,未测 6500 亩,均可用于开垦、种植。另外还有三处大的荒地待勘察,报告认为此地有发展前途,分别是安徽广德边界处的九里岗、白门塘、八角塘等地方。报告提出方案,基建规划首批设计房屋 853 间,关押 3000 至 4000 犯人。

测量分队的报告,得到了浙江省公安厅的认可。

充满个性的移民后代,不拒远方的来客

“浙江西伯利亚”的地方值得开发,但当地的民风怎样?百姓会欢迎吗?

建设者首先想到了这些无法回避的问题。

老实说,这里是越楚文化的交融地,随着历史上多次战乱,目前遗留的大多数是移民的后代,作风强悍,关系复杂,交流困难。

从东汉开始,大批中原人南迁于此,一直到清朝同治后期,移民垦

荒者很多。据史书记载，来自光山、罗山、潢川、商城等县的河南移民，分布于县境北部今高禹乡、南北湖乡、梅溪镇、荆湾乡各村和安城镇、溪龙乡、晓墅镇部分村，其他乡也有星散杂处，以开荒种稻为业；还有来自安庆、徽州的安徽移民，其中安庆人大多居住于今良朋乡、西亩乡、鄣吴乡大部和安城镇、三官乡部分村落，以开荒种稻为生。天子湖镇高禹村因此还建了移民文化博物馆。

太平天国后，由于人口锐减，长兴县迎来了史上规模空前的移民潮。战争期间外逃到长江以北至黄河流域一带的长兴土著，战争结束后又部分回迁，但更多迁来的是河南、湖北、安徽、苏北人，少部分为浙江温州、台州、绍兴、金华人。

农场开荒的地方，现在的五丰、庆丰、长丰村一带，原来有花门楼、祠山、枣树湾、十里头、南岗、圩水冲、村茅塔、长安娘娘庙和六墩等自然村，多数居住的是移民。1996 年秋，湖州籍著名历史学家葛剑雄先生和日本大阪大学文学部的滨岛敦俊教授等人到长兴县调查社会

安吉移民文化博物馆

情况，回去后写道，他们发现了一个十分有趣的现象："长兴县城一带的人口，主要来自周围的移民，离县城稍远的丘陵地区是来自浙江南部和河南的移民，离县城最远的山区基本上是土著居民。这一格局是太平天国战争结束后才形成的。"

这些移民主要居住在"浙江西伯利亚"地域。至今说起安吉人的方言，外地人印象最深的就是安吉话南腔北调，几乎每个人都会说上2~3种方言，居多的是本地方言和河南话、湖北话、安庆话、温州话、绍兴话。长兴存在因移民等因素造成的客籍方言，主要分布在西北部，主要有河南话、安徽话、平阳话，除此之外还有建德话、温州话、台州话、安庆话、苏北话等。

安吉和长兴都是移民历史非常丰富的地区，历史移民主要来自湖北、河南、安徽及浙南地区。各地移民的聚集，造成两地"十里不同风，百里勿同俗""离城十里路，各有各乡风"的多元文化景象。安吉共有各类县级非遗项目119项，长兴共有各类非遗项目2187项，国家保护项目2项，省级保护项目7项。将近占整个湖州市总量的大半，这显然是移民文化的结果。

当韩寿臣等人心里确定要把农场放在这里的时候，他们的担心也开始了。当地人口主要是以移民后代组成，民风强悍，听说四五十岁以上的人很多当过土匪。假如大型农场在此建立，关押大量的犯人，对农场今后发展会有什么影响？会不会在建设时期就受到干扰？这些个问题必须搞清楚，才能把选址报告送到省公安厅。

韩寿臣跑马圈地的事情已经在村民中传开，很多人知道这块荒野将被人开发利用。村民的想法和反映，决定农场能否顺利建设。万一村民不理解，引起大的动乱，阻挠农场建设，怎么向上级交代？

江巩副处长此番前去踏勘，韩寿臣特地嘱咐对所属地区农民情况进行一次调查，了解荒山、荒田、边界的数目，户主家庭、出身成分、人口及经济政治状况，特别是对于下一步规划区内献山、献田的想法。

已经从临安专区赶赴安吉的尹祥立同志，已在南湖区等待江巩同志的到来。

江巩传达了公安厅的意见,区领导听了厅里的想法后对江巩说:“基本情况我们区里都有数据,关键是对农场的建设有什么想法,目前我们还是不太了解,心中无数啊。”

“是不是找些村民谈谈思想?”江巩提出自己的想法。

尹祥立说:“农民的状况对农场下步工作的开展非常重要。”

“好的,你们不用出面,还是区里的同志找他们了解一下再说。”区领导说。

“时间一定要快,我们等不及了,后天就要回杭州向省厅领导汇报。”

“好的,我们区里分几组,连夜找谈话。”

区领导有了这个态度,江巩的心才平静了些。

区领导通过夜以继日的工作,从多个方面了解到村民的思想,江巩心想,这事情弄清楚了,抓紧回杭州。

忙了一天,他在区招待所刚躺下,准备睡下,突然外面响起激烈的争吵声。

通讯员急忙跑进来报告:“江副处长,十几个农民要冲进来的找你。”

通讯员刚报告完,区长也跟着进来,挺不好意思地说:“老江,我们找村民谈了话,了解了一些情况,说了他们的担心,政府承诺会解决好他们的问题,可是他们不相信,非得问问你这个省里来的解放军啊!”

江巩已经从床上起来,边穿衣边听汇报。听到这么回事,他悬着的心也放下了:“那我们到会议室见他们去啊。”

到会议室,十几个农民大多是青壮年,见到江巩并不慌张。

“我是省公安厅派来了解土地的,姓江。我们要在这里建设一个农场,这事大家都听说了。我这次来看看地形,这几天打扰乡亲们了,请多多包涵。农民兄弟,有什么事情要问我,尽管问吧。”

江巩毕竟经历了枪林弹雨，这种场面他并不害怕。

江巩不慌不忙的神色，倒是让农民兄弟有些不自然起来，没人作声。

区长催促道："刚才拦都拦不住，真的见到解放军了，怎么头都缩回去了？"

一个老人迟疑了一下上前，他担心地问："听说这里要造牢房，以后犯人跑出来杀人、抢劫怎么办？"

尹祥立一听，就知道群众对劳改队有顾虑，便抢着解释道："老伯，如今是人民政府了，我们不仅会管住这些犯人，不让他们做坏事，还要改造他们成为好人，出不了事的，你放心好了。"

一个高个的青年，壮起胆来说："你们在这里开荒，我们的祖坟怎么办？"

江巩心里一惊，开荒山怕开掉了坟墓，这确实是个问题啊。这里的移民历史已经很长，许多移民的后代已经不知道自己的根在哪，他

移民图

们已经视这片土地是自己的家园,根的所在,担心被开发,失去了土地和根,这是任何一个人都会顾及的问题。

江巩点点头,走到小伙子跟前:“这位小兄弟的意见提得好。忘记了祖宗就是忘记了本。无论你们的祖辈从哪里来,只要安葬在这片土地上了,他们就是这里的人。我想,不管如何开荒,我们一定会保护好你们的祖坟,请你们放心。”

“怎么保护啊?”有人在后面喊叫了一声。

这让江巩非常为难,一来他对此不太懂,二来以后农场并不一定是他来建设,怎么可能承诺百姓呢?但此时不回答是不行的。

他想到了地方政府的人,便问:“地方的做法呢?”

区长说:“遇到坟墓一般不挖掉,坟墓周围保留两公尺的草皮带。如果同意迁移的,政府另外给土地安葬。”

江巩点点头,觉得这个办法好,就回答说:“政府处理坟墓已经有先例,我们按照地方政府的做法进行。”

有一个四十多岁的农民问:“开荒后,割不到柴草,我们怎么做饭,怎么生活?”

有人大声说道:“是啊,没有草,以后怎么烂焦泥灰?”

开荒之后,怕砍掉了松树,割不到柴草,没有焦泥灰可烂,这确是农民真实的想法。平时村民除了自己的田和地种植产粮,其他很多的荒地,是他们生活柴草和种植肥料的来源,一旦农场占据了大量土地,他们担心生存会受到影响。这同样也是问题,但江巩没有思想准备,不知道如何回答。

区长知道江副处长很难回答,便对村民们说:“农民兄弟们,政府目前开荒,对松树林一律不动,并禁止割草皮,因为割草皮会引起表土流失。柴火问题,县里其他地方,都在打松枝当柴火,又可帮助松林生长,这个问题应该不大。”

江巩听区长一说,心里有了底,便说:“农民兄弟们放心,政府做到的,农场一定能做到。”

有人又喊了一声:“献出土地后的农业税怎么办?”

这话江巩听得清清楚楚,农民还担心国民党一样担心共产党,他们思想上还有顾虑。他说:“这一点我可以保证,土地归农场,税收也由农场承担,不会增加农民负担。”

有人提出:“边界怎么分?”

这话的意思江巩明白,他们是担心与农场相邻的土地管理,担心被农场慢慢吞并,造成实际上的侵占。

江巩拍拍胸脯说:“农场决不会与民争利、与民争粮、与民争地,请你们放心!”

农民的真实想法初步得到解释,江巩他们非常高兴,现在毕竟是共产党领导的新社会了,百姓的担心应该都能够得到解决的。

“江副处长,这回你放心了吧?”区长问。

江巩握住区长的手:“区长同志,谢谢政府的支持。农民的想法很正常,他们担心的事情我们一定会同政府解决,明天我就向厅里汇报,这里适合建设大型农场。”

CHAPTER 02 ≫

第二章 打破沉默的荒凉

据《浙江监狱史》记载：杭州市军管会公安部成立后，于 1949 年 5 月 12 日发布接字第一号令，宣布解散国民党政权浙江省会警察局及直属单位，听候接管。20 日，发布接字第二号令，决定从当日起正式接管省会警察局及所属单位，包括杭州市小车桥 1 号国民党浙江省第一监狱、武林路 1 号国民党浙江陆军监狱、柴木巷方福弄 15 号国民党浙江省警察局拘留所首先被接管。这就是浙江省监狱和劳改场所的开始。

人民政府接收国民党第一监狱时，旧警察已经全部潜逃，只接收

1949 年从国民党手里接收的看守所

了98名在押人犯,其中多数是汉奸,另外还有3名中共党员和进步人士。相比之下,浙江陆军监狱体制相对完整,包括原国民党政府少将、监狱长陶礽及狱警65人被接收。在国民党国防部训令下,其所关押的人犯,除重大案情外,一律准予保释,只接收了18名政治犯。经过审查,留用了两名旧职人员,其中一名是医生,逮捕了1人,其余人员都发给路费遣散回家。

随着全省各地被解放,省委在全省地方成立了军事管制委员会,由各地军管会接管所在地的监狱和看守所附设监狱,大多数监狱接管后转变为捍卫人民民主专政新政权和维护人民利益的新型监所。

然而,由于当时监管场所破旧,设施简陋,专业人员缺乏,曾多次发生罪犯越狱、暴狱事件。1949年底,诸暨俘匪400余人,越狱逃跑60余人;盘安一个月内越狱逃跑13人;黄岩发生了狱内暴动,夺枪打死了看守人员。因此,加快监狱场所的建设迫在眉睫。

1950年2月,省政府发出第953号通令,指示各地组织犯人劳动

1953年的安吉农场徽章(王统献提供)

队，参加春耕生产。金华、温州、临安、嘉兴、丽水、衢州、宁波、台州、绍兴等九个专署先后建立了地区劳改所。1951 年 7 月 25 日，省公安厅在杭州召开了全省第一次劳改工作会议，从会议了解的情况看，当时全省只有 415 名劳改干部，有四万余罪犯等待建设农场进行安置，公安厅正在为解决罪犯关押问题伤脑筋。

随后乔司农场、三天门湖州农场相继建成。当安吉农场测量勘察小组将报告递交到公安厅时，报告很快被确认，并送省政府批准。公安厅马上与安吉县县委和政府取得联系，传达省里的决定。安吉县一直对这块荒凉的土地开发利用而感头痛，此时省里主动来建设农场是求之不得，立刻表示全力支持。

1952 年 11 月 6 日，安吉农场开始筹建，首批从浙江省公安厅临安专区公安处调来 109 名干部，1132 名罪犯。11 月 6 日，浙江省公安厅正式将安吉农场命名为“浙江省公安厅劳管处安吉农场”，1952 年 11 月 20 日在安吉县南湖区正式挂牌，这一天也被视为浙江省南湖监狱的成立之日。

接着，从 1952 年 12 月 4 日起，陆续从温州调入干部 60 名，罪犯 1500 名；台州调入干部 39 名，罪犯 1500 名；金华调入干部 51 名，罪犯 773 名。

沉寂多年的地方又开始热闹起来了。

让历史告诉你：我们先来说说监狱

据史料记载，监狱的历史已经有几千年了。监狱是从囚禁战俘和奴隶开始的，起初只是“画地为牢”，超越了界线便会受到处罚；后来用丛棘等作物做围墙，直到打起土墙来囚禁罪犯。古代人对监狱的称呼挺多，“夏台”“圜土”“羑里”“囹圄”，这些称呼只在史书中动用，如今很少有人提及。到了春秋战国时期，秦国才有了《囚律》，对监狱有了一些规定。从汉朝开始称为“狱”，汉朝的监狱更多更滥，除了中央监狱即廷尉狱外，还有各个官府自行设置的监狱。此时的监狱还有很多其他的名字，如内宫、居室、保宫、请室等。地方上的郡县也都有自己的监狱，当时全国共有两千多所监狱。南北朝时的监狱体制基本上继承了汉朝体制，南北朝除了监狱外，还有挖地为狱，叫做地牢。明代叫做监，清代以后，称班房、笆篱子、集中反省院、习艺所、感化院，新中国建立之后称为看守所、拘役所、劳改队、监狱等，这些大家比较清楚了。

鲁国史官左丘明是最先对警察进行描述的。

他在记录诸侯会见时的警戒工作时说“军卫不彻警也”，说明军队除了打仗，还承担着警戒任务，有警戒任务的部队可能就是早期的警察。在我国古字的意义上，先事戒备谓之“警”，见微知著谓之“察”。“警察”二字连用含有侦查、缉拿之意。西方国家的“警察”一词，最早起源于古希腊。在中国，以前对监狱的警察

原南湖林场时期场部大门

称呼为狱卒。南朝刘宋时期的历史学家范晔提到狱卒最早出现在汉代。在中国警察发展史上,“警察”一词始于宋代,由我国《清朝续文献通考》所释:警察乃内治安要政,且是专门之学,自奉旨办,挑年轻敏者,认真教训。这是我国近现代意义上有关警察概念的最早的解释。

现在罪犯有很多称呼,犯人、囚犯、服刑人员、学员等。罪犯引证只有两种意思,一是罪愆,即罪过;二是犯罪的人。

警察管着罪犯,罪犯被警察管着。

警察是种职业,一旦干上这项职业,可能一辈子都离不开监狱,有责任感的警察视监狱工作为一生的事业。罪犯因为犯罪被处刑罚,犯罪行为是根治不了的顽疾,无论国家怎样打击,罪犯仍然像流水般进进出出监狱。当然,重刑的罪犯也许一辈子也出不了监狱,再也没有重新犯罪的机会了。

现如今,警察让刚刚进入监狱的罪犯记住的是三句话:

20 世纪农场关押点武装看押情景

——这是什么地方？

——你是什么人？

——你来干什么？

每个罪犯都必须头脑清醒地认真回答：

——这是监狱。

——我是犯罪的人。

——我是来接受惩罚与改造的。

知道是监狱，那就意味要失去自由，高墙电网隔绝着就像身处两个世界；知道自己是犯罪的人，就是要有悔罪赎罪的心态开始漫长的监狱生活，反之会加重痛苦；知道是来接受惩罚与改造的，那就必须遵守法律，执行监狱的一切监规纪律，最终成为社会新人，否则将受到处罚。

警察一生中见得最多的人是罪犯，而不是父母妻子儿女和朋友，因为他们工作的对象是罪犯，与罪犯共处的时间最长，经常需加班，

犯人文化教育

节假日更是如此。监狱有着安全保密的要求，不能私自将手机和通信工具带入狱内，有时候他们与家人失去联系的时间会很长，甚至几天。警察最了解的可能不是他们的亲人甚至情侣，而是罪犯，因为他们要随时掌握罪犯的思想动态，就连罪犯家庭的情况也是了如指掌。

罪犯看到最多的是警察，有什么需求和想法，也希望得到警察的解释和理解。罪犯都知道，在这失去自由、完全封闭的环境中，精神寄托除了警察，就是亲人和朋友。当他们对社会产生怨恨的时候，有的却将仇恨针对社会和家庭，甚至抓捕他们的警察、起诉他们的检察人员和判决他们的法官，有的针对管理他们的警察。当然，这是极少数的。警察在教育的时候会说，你们是违法犯罪进监狱的，不是我这个警察把你请来的。对多数罪犯来说，一般经历着强迫改造、半强迫半自觉，直到自觉改造的过程。这期间，警察付出了极大的心血。警察与罪犯虽然相处时间长，但罪犯最想见的仍然不是警察，却是自己的亲人。每月一至二次的会见是他们最期盼的日子。没有亲人的罪

犯人习艺劳动现场

犯，期望朋友能够出现，朋友带来问候、钱和食品，犹如雪中送炭，那将使他终生难忘。

新中国第一代警察主要来自于部队转业，他们大多数经历过战争，不畏艰难，不怕牺牲，参与了监狱的初创，献身监狱事业无怨无悔；第二代警察多数是第一代的子女，还有部队、社会院校分配来的一部分，他们继承了前辈的基因，视监狱为家，视监狱为终身事业，监狱文化的传承从这一代人开始初步形成；第三代警察基本上是学校考试进入，监狱的概念在考试的时候才有点清楚，主要为的是寻找一份安稳的职业，很多人没有想过在监狱工作生活一辈子，穿上制服之时，觉得光荣但缺少一点梦想，有的甚至经常出现徘徊的心态，这就是与第一代、第二代监狱警察区别之处。

第一代罪犯是以俘匪为主，还有一些旧社会扒手、惯盗、散兵、流氓和地富反坏人员等，他们感叹政权丢失带来失落，与人民政权相抗衡的意志，在漫长的改造中渐渐衰弱。值得一提的是，“三反”“五反”以及反右斗争中许多人被送往劳动改造，他们在农场度过了艰难的岁月，许多人最后被平反，但他们对农场的记忆是那么的深刻，永远难以忘怀；第二代以“严打”进来的人为主，“文化大革命”的烙印存在，他们的入监为改革开放纯化了环境，但是，在监狱内抗击改造的气焰仍然非常激烈，抗拒改造、实施重新犯罪的在第二代罪犯中比较多，同时，这也是受到监狱改造教育最多时期的一批人；第三代犯人可以说是与改革年代伴随的一批，犯罪普遍文化水平有所提高，职业种类多样，犯罪性质恶劣，教育改造难度增加，传统教育手段已经没有很大的作用。

新的一代罪犯正在形成。

警察的工作是管理犯人，带他们训练、劳动、学习。所有进入监狱的罪犯必须经过入监两个月的教育培训，他们要在训练期间写下自己的忏悔书，熟练背诵监规纪律，完成部队士兵一样的队列基本动作，完成法律、人生、世界观、职业安全、反逃跑等教育内容。

警察日常要做的事情是个别教育，如果哪名罪犯出问题了，想不通了，警察就得进行劝慰，苦口婆心，说尽道理，真的就像父母对待子女，老师对待学生，医生对待病人一样。

罪犯日常要做的事情是完成生产任务，参加政治、文化、技术教育，并参加考试取得合格分数和技术等级证书。许多文化不高、没有技术的罪犯在监狱里提升了自己的文化技术水平，文盲犯人出狱时一般能够读书看报。

警察觉得做好监狱工作、转化罪犯思想是警察的一种责任使命。

多数罪犯能够接受改造，内在动因是想早日回家。

警察奖励改造好的罪犯措施有很多：加分、记功、评比、减刑、假释。

警察对待改造不好的罪犯措施也很多：戴铐、记过、禁闭、加刑。

警察希望每个罪犯都能好好改造，早日回家；罪犯能够得到奖励的自然会努力，得不到奖励的并不会好好改造，混刑期的人也很多，

罪犯在图书室阅读

与监狱对抗，给警察找麻烦的也不少。

天下第一难事是做人的思想工作。

监狱里教育管理罪犯，让每个罪犯实现自己的心愿是非常艰难的。滴水穿石，潜移默化而转变思想的例子很多，但油水不进、对牛弹琴的金刚脑袋一个的，也不少。

互联网时代的到来，人的思想也随着网络的发展而产生极大的变化。近年来被捕入狱的罪犯，受到网络时代的影响，许多人的思想是跳跃式的，传统的管理和教育手段往往不起效果，管理的难度越来越大，急需创新管教方式、方法。

中国监狱自夏朝开始，对监狱的建设和设置想了很多办法。比较有效的是采取在地下挖坑挖洞来关押罪犯，这种方法虽然安全性非常高，但通风排水条件都较差，罪犯死亡比例很高。后来的监狱为了保护劳动力，尽量减少死亡，基本上是采用地面建筑，围墙隔离，这种方法延续了几千年，而如今的监狱除了铁门、高墙、岗楼这些显著特征外，还增设了电网、视频监控、红外线报警等设施，安防级别提高之外，罪犯的生活设施也有了很大的改善，体现了人性化管理。

除防止罪犯重新犯罪之外，最主要的是让他们在失去自由的情况下，能够安心地改造。首先是改造生活，吃饱、吃热、吃得卫生是基本要求，每周都有改善的菜，还保证必要的豆制品、面食，回族和信伊斯兰教的人还得享受清真食物，病犯也能得到病号餐，劳动表现好的罪犯还能用自己劳动获得的津贴购买食品和加餐。只要踏实改造，积极要求进步，每个人都有获得减刑、假释的机会。其次是劳动改造。新中国监狱初创时期，罪犯的劳动条件非常艰苦，主要是开荒、开矿和种地，直到改革开放以后，罪犯役外劳动向室内转移，逐步开始从事加工制造业，比如服装、箱包、机械电子等加工。劳动环境得到很大改善，劳动管理更加规范，劳动效率逐步提高。最后说到的是教育管理，从新中国成立之初的强迫改造到说服教育，这条路几乎已经走了六十多年，而且现在还在走，监狱全部管理中最难的其实就是罪犯的思想教育工作,因为人是活的,思想是活的。对监狱干部来说,给予犯人希望是最重要的。

新中国成立以来,前后三代监狱警察都在为监狱教育改造工作做着不懈的努力和探索。可以说,我们从第一代警察这里吸取了营养,培植了信念,为监狱的发展注入了强大的动力。

我这样概述监狱,是为了让人们了解新中国的监狱,多数老监狱都经历过这样的创业历史。

沉入湖底的村庄,历史注定会铭记一切

浙江省南湖监狱所在地的西面不足一里,有一个近三千亩的水库,就是天子岗水库。无论你什么季节到达这里,都会被这平静而秀美的景致所吸引,不仅山水一色,更是水天共艳。

2012 年 1 月 3 日早晨,在浙江湖州安吉县高禹镇天子岗水库,捕捞出一条螺蛳青,身长 1.92 米,体重达 208 斤。60 多岁的王百平负责管理天子岗水库的渔场,他说,自己打了几十年鱼,也没有看到过这么大的螺蛳青,往年捕捞过一百多斤的,虽然知道水库里有大鱼,但捕捞不上来。这个水库是附近几个乡镇的饮用水源地,不可以放鱼饲料,都是天然生长的,也没有放鱼苗进去。据说,水库下面原来就有村庄和水塘,想必这条螺蛳青就是那水塘里的鱼。可以说这是淡水湖里的奇迹了。

天子湖既然如此神奇,滋养那么大的野生鱼,可见此湖非同一般。说起这天子岗水库,民间传说颇多,当地老人说从来没有见过这里的水干枯过。另一种传说在安吉很有影响力,隐藏的秘密还和一位历史名人联系在一起了,他就是元末明初政治家刘基。

刘基(1311 年 7 月 1 日—1375 年 5 月 16 日),汉族,字伯温,青田县南田乡(今属浙江省文成县)人,故称刘青田,元末明初的军事家、

政治家、文学家，明朝开国元勋。中国民间广泛流传着“三分天下诸葛亮，一统江山刘伯温；前朝军师诸葛亮，后朝军师刘伯温”的说法。他以神机妙算、运筹帷幄著称于世。

据传，当年他助朱元璋定都南京后，功成名就了，便想念家乡，整日愁苦的心情终于被朱元璋看出了，特意准假，让他回老家浙江青田县南田乡探亲。刘基途经安徽路过浙江安吉鄣吴，觉得此地林道深幽，苍松茂密，翠绿如洗，竹海似涛，灵气充溢，便留宿赏景。夜晚与友人小聚，秉烛畅饮。突然间，远处有道夜光冲天而起，刘基被这光的出现惊得酒杯落地。他赶紧起身走到空地，夜观天象，寻觅光源。此时正是中秋前夕，天上繁星密布，在空旷的天际，一束光从玉华山东北面再次出现，与天空北斗星座遥相呼应。深谙风水之道的刘基，觉得甚为奇怪，执意探个究竟。

第二天，刘基从鄣吴一路寻光而去。过了溪滩，走过草地，行了不过十多里，眼前出现一条酷似青龙的山岗，足足有几里长。在龙的上

2017 年初春的天子岗水库

方有潭碧水，清澈见底，犹如天上瑶池。一打听，这里叫禹家桥村。刘基甚为惊讶。禹是夏朝的第一位天子，因此，后人称他为夏禹，他是中国古代传说时代与尧、舜齐名的贤圣帝王。夏禹最卓著的功绩，就是历来被传颂的治理滔天洪水，又划定中国版图为九州。后人称他为大禹。禹死后安葬于会稽山上(今浙江省绍兴市南)，距此不过几百里地，至今存有禹庙、禹陵、禹祠，从夏启开始历代帝王大都来禹陵祭祀他。这里为什么叫禹家桥村无法考评，但以帝王之名为地名，必定有其道理，他想，也许这就是光源所在。再细观青龙，卧地盘旋，守护着一潭沁人肺腑的碧玉山泉，仰头西南远望，尾向东北而摆。不用说，此处是块龙脉宝地。刘基非常吃惊，这里有如此神龙宝地，不出几年必有天子复出，势必威胁大明王朝。刘基为朱家江山社稷着想，从浙江青田探亲回京后，就将此事告知了皇帝。

明朝刚定，国基要紧。刘基的想法得到了朱元璋的重视，不久，奉朱元璋之命，刘基再次秘密寻找到此，利用天黑之时，组织军队将龙

禹家桥村淹没区

地斩为三段,迅速撤离。龙地山岗斩断后,那一潭清泉也慢慢干枯少水,从此这条山岗破了风水,失去灵性,丧失了龙脉之气。

多年后龙相已经不在,但此地的风景独好,禹家桥村慢慢地又有数十户人家在此安家落户,几经挫折,直到民国,这里仍有稀少的人烟。到了 1952 年 10 月,农场选址,看中这里的地势处在整个待开发的土地中间,便决定将农场临时指挥部设在这里。土改之后,当地农会没收了一户大地主的瓦房,他们将房子借给农场,成了农场最早的办公地点,农场政委和场长就在这里开始指挥建设。

老干部回忆说:当时就有同志说,既然这里曾经是龙脉所在,我们也要沾点龙气,把农场建设好。

禹家桥的农场指挥部,没有像当年刘基一样去破坏风水,斩断龙脉,而是依靠这里的有利地势和条件,积极开荒,种植粮食,营建林区,建设美好家园。当年的碧玉山泉,不甘寂寞,终于在 1955 年被蓄水建设为水库,可以滋养更大的蛟龙,这恐怕是朱元璋和刘伯温所想不到的。

据天子岗水库管理所资料记载:1955 年国家兴修水利,要在高禹地区修建一座大型水库,经过水利专家论证,水库的坝址就定在这条山岗上。建库时,库区内的禹家桥村几十户村民,二三百口人也随之搬迁,直至 1958 年水库建成完工。由于水库坝址坐落在这条山岗上,(根据刘基斩龙岗的传说)后来这座水库就起名为“天子岗水库”。现如今神州大地治水兴水高潮迭起,水利改革发展形势喜人。天子岗水库在 2010 年经除险加固工程后,更加气势雄伟、巍峨壮观,巍巍耸立在浙北大地上。湖的四周多数是农场的土地,水库库容为 1861 万立方米,大坝全长 1250 米,是浙北最长的一条水库大坝。它就像一条卧地巨龙,日夜守护并滋润着浙北大地,为保障浙北人民生活和工农业生产用水及防汛抗旱发挥着巨大的作用。

如今天子岗水库周围还留存当年开荒和生活的诸多痕迹,而刘基曾经看到的水潭、村庄以及过去农场指挥部的遗存,都已经没入湖底。水库边上有一处被称为台湾岛的地方,至今还留存当年禹家桥村民房的砖瓦,并保留着蓄水前的原生态风貌。

深入湖底的已经变成历史,留给人们的只是无尽的想象,而我们必需记住的是水下留存着前辈们曾经的足迹。

司令员和公安局长,算得上是强强联手

据说安吉农场第一任政委刘发清,曾经担任过浙东人民解放军第二游击纵队副司令员。刘发清又名刘玉清,1913 年 2 月出生于瑞安湖岭镇鹿木青山村,13 岁就为红军送信。1934 年 1 月参加中国工农红军,1936 年 10 月加入中国共产党,随省委书记刘英转战于闽浙交界区。在部队曾先后担任:红军老四团一营侦察员;新四军老四团三营八连机枪班长、排长、副连长;新四军一师七团连长;浙东游击纵

浙江省公安劳管处安吉农场第一任政委刘发清

队警卫队队长、司令部作战参谋；浙东纵队五支队三大队大队长；浙东人民解放军第三支队、第四支队长，浙东人民解放军第二游击纵队副司令员。当时纵队下辖6个支队。1949年5月6日浙东人民解放军第二游击纵队第二支队解放诸暨。1949年5月7日浙东人民解放军第二游击纵队司令员马青率部于下午4时左右解放绍兴。中国人民解放军第二十一军先头部队抵达绍兴柯桥，翌日与浙东第二游击纵队会合。1949年5月8日，浙东行政公署、浙东人民解放军第二游击纵队司令部成立联合办事处，负责绍兴的接管工作。刘发清先后参加了东埠头（又称"洪魏"，归属慈溪）战斗、蜻蜓岗战斗、商量岗战斗和茶坑战斗，刘司令可谓战功赫赫。

浙江解放后，刘发清分别任浙江第八军分区警备团团长，浙江第九军分区人武部副部长，浙江省荣军学校第二分校校长等职，转业到公安，论级别早应该是师级干部了。转业到公安厅时，他还想着去走访已经在公安的老战友，学习一些公安知识，了解一下治安情况和如

浙江省公安厅劳管处安吉农场第一任场长尹祥立

何来管理杭州这个城市。组织上突然找其谈话，告诉他在浙江北面建设一个大型农场，让他去当政委。戎马多年的刘司令，本也想歇歇，但命令突然，没有一点儿思想准备，心里不由得咯噔了一下，不是说好转业到公安厅当警察的吗？怎么去建设农场了？军人毕竟是军人，想法归想法，服从归服从，刘发清的脸上没有露出丝毫犹豫的神色，毅然告别妻子，收拾行装来到了安吉。

当刘发清第一眼看到一片荒凉的景象时，他惊呆了：整个区域都是荒野，没有住的地方，没有睡的床铺，没有建筑材料，生活非常艰苦。这一切远比组织一次战役还要困难，打仗的时候起码有枪有子弹，再不行也有刺刀。如今什么也没有。更加让他感到惊讶的是，这个农场建制归临安公安处管辖，只是一个科级（相当于营级）单位，而自己曾经是实实在在的纵队副司令员，论级别和职务，当个副厅长，当个专署副专员是没有问题的。

第一任农场场长尹祥立已经提前几天到达了工作岗位，一间又当办公室又当会议室，晚上还当宿舍的房子里空无一人。

正当刘发清疑惑不解时，场部通讯员从外面跑进来报告，说场长一早就去了工地。

“走。”刘发清一挥手就向门外走去。

通讯员连忙阻拦：“刘政委，尹场长交代了，让你到了以后先休息，晚上等他回来之后再开个会商量工作。”

“不用了，我现在就去工地，你带我去。”刘发清命令式口气，非常坚决。

对刘发清来说，现在察看地形，了解情况，做到心中有数，比什么都重要。通讯员带他去的地方是天子岗北边的一块岗地，沿途看到许多罪犯挥动铁铲在修筑简易通道和挖地基。来到一处高地，刘发清才看清楚所谓的“浙江西伯利亚”的“真容”：方圆数十公里，茫茫一片，这里是旱无公路、水无舟道、荒草遍野、棘荆满坡。南边山势连绵，北边地域广阔，发展空间大，想必以前一定是古战场，如今也是建设农场的理想场所。

尹祥立场长正挥着多角锄头在除草，看到通讯员带着披着军大衣的陌生人过来，就知道是政委到了。

“欢迎刘司令驾到！”尹祥立一句响亮的招呼声，打断了刘发清的沉思。

刘发清没有见过尹场长，只听说过大名，此时一见，原来是一米八十几的大个子，挽着袖子，卷起裤腿，壮壮实实的像个农民，以这种方式与新搭档见面，这让他倍感亲切和惊喜。

尹祥立早于刘发清到达农场，他是从临安公安处昌化县公安局长位子上调到余杭劳管科后再过来的。昌化是唐垂拱二年（公元686年），析於潜置紫溪县，为昌化置县之始，曾经撤改易名十三次，虽说是个小县城，但地理特殊，与安徽接壤，历来匪患猖獗，解放初期的公安局长责任重大。1952年昌化地区的匪情基本得到了解决，本来尹祥立想静下心来好好研究地方治安工作，但令他没有想到的是，一纸调令将他

当年使用的灯具

调到了余杭劳管大队，随后便来到了“浙江西伯利亚”。作为军人出身的尹祥立没有任何怨言，告别妻儿，背起背包就走马上任了。到了农场尹祥立才知道，在这荒野建设农场并不比打土匪轻松。

就这样，原来的纵队司令员和县公安局长，不约而同地为了建设新的劳改农场走到了一起。

两人寒暄之后，话入正题。

“刘司令来当营长，我这心里就有底了，司令指挥，我带队伍冲，这仗一定能够打好了。”尹祥立虽然是公安局长出来，但也只是个科级，而如今纵队司令都来建设农场，他言语间表现出对刘发清政委极大的敬佩和信任。

刘发清摆摆手：“我打仗还能凑个数，搞建设是头一回，赶鸭子上架，真的没经验，你老尹才是真正的司令，指挥搞建设还得靠你。”

尹祥立满是信心：“刘政委，说句实话，我们打仗都不怕，还怕搞建设？这一回，我们一定要把农场尽快建起来。听说这是浙江省第二个大型农场，了不起啊。”

“干部、犯人是怎么安排的？”刘发清最担心的是自己的新部队。

“干部和犯人都在老百姓家里、庵堂、庙宇里住下了，条件是差了些，但是能够克服。”尹祥立显得非常有信心。

“看押部队呢？”

“过来了一个排吧。说是要调来一个营，还没有到。现在多数犯人是无武装看押。我想这里地方大，最好请上级派支骑兵连过来。”

“有骑兵是最好的。我们还要依靠当地的农会和民兵。”刘发清环顾四周，也知道管理的难度，显得有些担心。

“我们目前的通信和交通都不行，一旦出问题，处置是有些困难。”尹祥立也不隐瞒他的担心。

“犯人情况怎样？”虽然第一次管犯人，但刘发清对这些犯人的来历和危险性还是非常清楚的。

“有些同志在看守所接触过犯人，对管理犯人非常有经验，在犯人中设了组长，安排了监护，规定了纪律。犯人虽然在荒野地里劳动，但还是在我们的严密控制之中，除了个别犯人逃跑，目前还没有发生大的事情。”

听了尹祥立满怀信心的话，刘发清也感觉到这场战斗是有希望取得胜利的。

刘发清突然看到不远处有一条泥埂长达数百米，说是像战壕，更像一条龙一样盘旋在眼前，埂上有很多罪犯在走动。他心里犯疑惑，正想问个明白，尹祥立已经感觉到了，便介绍说：“刘政委，这条泥埂非同寻常啊！”

“不会是打仗筑起的战壕吧？”刘发清看到熟悉的地形，想到的只是战壕。

“这里叫天子岗，相传朱元璋斩龙脉的故事就在这里。有一天，朱元璋夜观天象，觉得南边有王气缭绕，随即命军师刘伯温巡查，果然发现了这条泥龙，生怕此地出了天子，夺了江山，便让人将泥龙斩

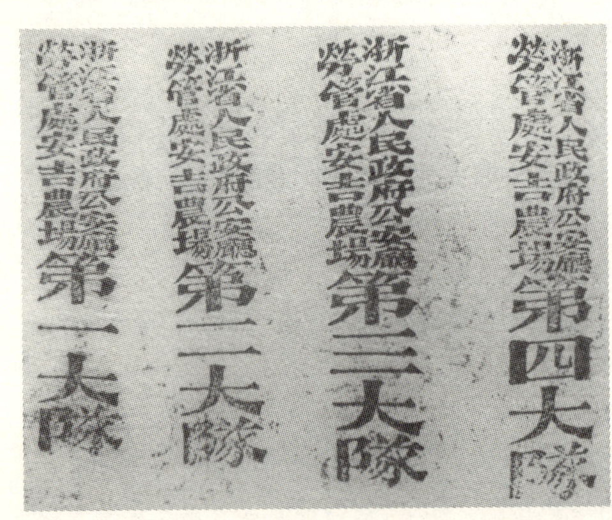

安吉农场单位印戳

断了。这一次，我们就要将这条泥龙接起来，让它活灵活现，让这里尽快发展起来，造福一方百姓。”

刘发清兴奋地说：“好一个天子岗！曾经还有龙脉在此，看来这也是福地啊。皇帝老爷也没有想到有今天啊！如今时代变了，我们一定要让它变成真龙。就这里的地形而言，以后可以建造一个水库，造福百姓。”

听到政委的感慨，尹祥立顿时感到无比的兴奋，他相信在他们的手里，百里荒野一定会变成丰收的绿洲。

筹建农场的事情就这样开展起来了。

刘发清和尹祥立像部署战斗一样，确定当下工作的方针是“集中力量、精打细算、稳步前进”。对于建设问题，确定了区别主要与次要、抓紧重点、分别缓急来进行施工的方法。目标是建设与生产相结合，边建场边生产。

刘发清和尹祥立觉得，眼前最重要的事情有两件：第一件是整顿队伍。公安厅对建设新农场非常重视，在自己能力的范围内给予了最大的支持和帮助，可以说是要人给人，要干部给干部。当时这些干部和犯人来自不同地方，事实上形成一定帮派和地方关系，必须将这些从四面八方来的干部和犯人进行整顿，打破地区、打破建制。刘发清和尹祥立分头到各单位去走访，了解情况，酝酿对策，没几天建场的成熟想法开始形成了。通过排摸，有高等技术的人员编为了设计小组，能够做泥工、木工、篾工等技术活的编为技术中队，身体强壮的编为运输中队与小工中队，身体较弱和年龄偏大的具有种植经验的编为种植中队，落实专人进行负责管理。

这样调整以后，各中队立即接受整顿，召开动员会，制定了计划，工作也有条不紊地进行起来，力争早日形成关押能力。

第二件便是有效地组织基本建设。让刘发清、尹祥立担心的事情就是建设，他们把先期到达的干部找来了解情况，反映最多的就是没有建筑材料，没有工具，缺少耕作牲畜，缺少运输车辆。

建设遇到前所未有的困难！刘发清、尹祥立商定认为，必须组建技术小组，进行攻关，一定要想出解决农场存在的诸多问题的办法。

张家友是建场的元老，曾经在 1952 年 12 月至 1954 年 6 月担任安吉农场生产股的股长，对初创时期的建设和生产作出了很大的贡献。他在总结这段历史时承认，来到农场的时候，对犯人技术指导确实不太相信，缺乏全面计划，造成了工作层面的混乱。随着农场建设的正常化，他和他的同事们认识到了急于求成、随意蛮干问题的严重性，开始注重技术和协调工作。

事实证明，司令员与公安局长的组合是成功的，在农场初建过程中发挥了核心作用。

遮风挡雨的农草房：一个在心中始终挥之不去的情结

农草房，在第一代南湖人的心里始终是一个挥之不去的情结。

创建之初，干部和犯人都是借宿百姓民房和庵堂庙宇。号称“浙江西伯利亚”的方圆百里，除了野草荒岭，零星草屋，几乎看不到几幢砖瓦房，只有在天子岗东面一里处有个东王庙和西面的地主杨家大院，有几间破旧的青色砖瓦房竖立在杂草之中，也显得那么的残破。随着大批人员到达，住宿已经非常困难，甚至露宿草丛之中。

因条件限制，有农草房住已经很满意了。建设自己的农草房成了当时南湖人的心愿，也是创业之初最为迫切需要解决的大事。

先期来到这里的尹祥立决定在北场大山，也就是东王庙后面建造两千犯人居住的农草房。整个工程分为两个阶段：准备阶段和建筑阶段，准备阶段定为八天，建筑阶段定为一个月。

场领导决定的事情很快传了出去，当时许多人抱着怀疑的态度。因为时间太紧张了，要建设那么大量的农草房，简直是不可能的事。在这荒野里没有交通，也没有建筑材料，如何在短短的一个多月里建造两千人的农草房呢?

尹祥立其实也很清楚这些困难,但军人和公安出身的汉子就是不怕困难,就是不相信有解决不了的难题,偏要在荒野上打个大战役,创造新奇迹。

已经是十一月中旬,浙北地区变得非常地寒冷,岗上泥土已经起冻干裂,刚伸出的手不用多久就感到疼痛僵硬了。到了晚上更加寒冷,当时有句流行的笑话“白天当队长,晚上当团长”。“团长”是指晚上受冻身体缩成了一团。

各中队干部带着犯人全部集中到了东王庙外的草地上,准备听取尹场长的讲话。

尹祥立觉得,眼下最要紧的就是鼓舞士气,建设农场跟打仗一个样,狭路相逢勇者胜,没有信心和勇气,尽快建造农场的愿望就会落空!

跟打仗一样,此时的战前动员显得尤为重要!

尹祥立大声说道:“大家都知道,全国都已经解放,许多犯罪的人要得到改造,成为自食其力的人,成为新中国的建设者。可是眼下国家穷,没有现成的农场,必须依靠我们自己的力量搞建设。这里的条件大家都看到了,要什么没什么,真所谓是两手空空,手无寸铁。可是我们还有双手,还有信心,还有胆量,我们不会被这里的恶劣环境所吓倒。在场的大多数干部同志是从枪林弹雨中闯过来的,我们死都不怕,还怕这点困难吗?”

尹祥立几句话征服了在场所有的人。

“省委决定建设大型农场,一是为了改造的需要,二是为了给国家减轻些负担。农场早一天建成,早一天生产,都是对国家的有力支持。我们要白手起家,我们要在荒野上种上粮食和植物,我们要把这里变成丰收的家园。”

尹祥立的话再次赢得了热烈的掌声。

“我们都来自五湖四海,干部大多数经历过战争,犯人也是来自社会各个层面,假如大家各自打着自己的算盘,不考虑大局,拉山头、闹宗派，拧不成一股绳，这场战斗就不能取得胜利。所以，我要求，干部要拿出打仗的精神来，队与队，组与组要比比；你们这些犯人也要发挥出自己的才能来，能干技术活的一定要干好，能不能完成任务，就是你们的改造表现。我丑话说在前面，表现好的奖励，表现差的要批评，捣乱的要处罚。”

据当时的老同志回忆，尹祥立的讲话极大地鼓励了干部和犯人，增强了他们建设农场的信心。

刘发清听说尹祥立场长作了很好的动员，非常高兴：“老尹啊，有了你的讲话，就好似给干部们打了气，鼓足了干劲，农场第一批农草房一定能够按时完成的。”

尹祥立摇摇头：“难说啊，安吉和长兴两地都比较穷，这大量的材料采购就是个问题。”

果然不出所料，建设所需的大量生产资料如榔头、土箕、锄头、斧头、锯子、竹刀、泥刀、泥桶等，遇到了非常大的困难。当时安吉县梅

搭建草房的场景

溪镇、长兴县的泗安镇，离农场最近也要十多里地，而且当时的物资供应量也小，很多东西无法采购到；搭建农草房最重要的毛竹需从鄣吴镇和牛头上去砍伐，路途遥远，关键是交通不便，又没有运输车辆，为此每天要派出几百人去搞运输，从事建设的人手就显得非常紧张。

运输搬运虽是个问题，但最先遇到的还有技术上的问题。由于意见不统一，整个简易草房的布局和设计也出现较大的问题。首先落成的草房是二面坡结构，人们在欢庆之余，很快就发现，二面坡的承重是个问题，一旦遇上台风和大雪，就可能会倾覆。其次是当地地势高低不平，有些草房平整土地时形成前高后低，排列不整齐，地坪没有夯实，既不美观也不踏实；再则草房制作上的技术也不完善，如稻草屋面、毛竹屋架、双扇洋门、翻窗、泥竹壁、竹条床的制作，质量悬殊非常大，完工率也较低。

当然，遇到的最大问题是人的思想问题。据当年参加建设的干部和犯人回忆，闹宗派是建设初期比较严重的问题。当时的木工组是从桐庐余杭过来的犯人，因此，有其他犯人来借用东西遇到困难，对木工技术不交流，不传授；泥工组分为两个大组之后，界限分得很清，时常闹矛盾。当时大组长都是犯人担任，犯人管理犯人。比如泥工组大组长邹强，原来就是国民党工程部队出来的，搞军事工程确实有点本事，而且自己也会动手操作。可自从来到荒野之地建造农场，心里总不是滋味，碍于是大组长不好当面抗拒，只好在背后做些动作，只要有机会，他就躲起来休息，发号施令，让别人去干，影响了组里其他犯人的积极性。木工组的汪德民曾经是个木匠，因当过兵发挥了一技之长，在营区维修建筑，自以为很了不起，时常利用这点权力占点便宜。自从被解放军俘获之后，这点习惯还是不改变。当了大组长之后，他就利用分配工具，分配生活用品上的便利从他人那里得点好处。更有些犯人出工不出力，还有的造成了很大的材料浪费。

情况和问题陆续出现，其实也是好事。刘发清和尹祥立也希望问题早点暴露出来，好采取针对性的措施。

"政委啊,我们这些干部大都是从战场上下来的,打仗的劲头是不容怀疑的,可这搞建设光凭劲头还是不行的,还要会管人。你看这些犯人,来自各个地区,社会各流,有真心改造的,也有捣乱的。这仗确实不容易打啊。我看你要亲自出马,再作一次动员。"尹祥立面对出现的诸多问题,非常担心,也希望政委要关键时候再加把火。

其实刘发清心里也没有把握,上级交给他这样重的任务,既是信任也是责任。可搞建设毕竟不是打仗,但是打仗中形成的好作风是完全可以运用的。想到这,他大手一挥,对尹祥立说:"好,老伙计,我一定好好讲讲。现在我们喝酒去。"

尹祥立一听急了:"政委啊,现在是火烧眉毛的时候,那有工夫喝酒?"

刘发清哈哈大笑起来:"我们俩人是第一次合作,这不喝酒怎么能够说个心里话,不说心里话怎么能够有统一的意见?走吧!"

浙北的 11 月,已经是寒风四起的时候,喝上几两酒,对刘发清和尹祥立来说都是很需要的。

两个大汉喝着酒,心里痛快,心里话也就说了出来。就像战前研究一般,他们把农场的形势梳理一遍,大到施工、交通、管理和统计方面,小到人员调配和工具管理,好的事和坏的事,他们都作了详细的交流和研究。最后,他们得出的方法是:一是必须贯彻生产与管教相结合的原则;二是加强干部思想指导与政治指导;三是密切场群关系;四是解决犯人的生活问题,稳定思想。

达成共识之后,所有的工作重心将是围绕思想教育和宣传发动。政委和场长动起来了,干部也是紧紧跟上。犯人们似乎看到了农场的前途,也开始拼全力施工,有些人两三晚都不愿意睡,换洗缝补衣服的时候也没有。

自 11 月 8 日起,生产股的董股长带技术研究组去勘察地形,确定草房排列开始,四天就拿出了图样。随后整个准备和施工就开始了。根据 1953 年的生产计划,必须在年底完成 2000 名犯人的居住问题。

工程技术研究组改进工作方法，加强与施工单位的联系，很多问题在现场得到及时的解决。施工单位也从闹宗派中吸取了教训，加强了交流，开展了竞赛活动，质量和效率显著提高。人员的分配进行统一，根据"定产定额"的原则，减少了人工浪费的现象。分工明确，将工程分类管理，屋面和屋架方面，将屋料架、做帽头、打洞、竖柱、扎搭屋架、扎椽子横列、劈扎篾、劈椽竹横列、打草扇、剪椽口、平地坪、平层地面等进行分项，细化管理。泥竹壁方面，分编竹壁、粉泥壁等项。门窗分为做洋门和做翻窗两类。竹架床方面，分为做竹架、劈竹条、做竹床。还有编竹窗、筑马路、运毛竹和运木料等项。据老干部回忆，虽然当时施工有些着急，但由于分工细致，管理有力，措施得当，施工运转还是比较正常的，对工期没有很大的影响。

"老尹啊，看来我们首战取得胜利了。"刘发清看着成排的草房竖立起来，感慨地说。

"是啊，刘政委，看来过冬是没有大的问题了。"尹祥立心中悬着

20 世纪 50 年代草帘房

的石头终于放下了。

短短不到一个月,建造了生产队宿舍 12 幢 108 间,生产队大厨房 2 幢 12 间,干部宿舍 1 幢 6 间,生产队厕所 2 幢 14 间。

老同志回忆说,农草房有三个特点:不避风,室外大风,屋内小风;不避寒,室内外温差不大,很多同志睡觉不敢脱衣,棉被一头还要用绳子扎紧防寒;不避雨,遇上大雨,室内四处漏雨,外面大下,屋里小下。

退休干部范金海同志感受更加深刻,他在回忆文章中写道:由于晚上住在草房里还是很冷,他向场部仓库借用 6 条双丝麻袋,两条垫身下,四条压在盖被上。就是这样仍不能抵御严寒,他只好又去医务保健所买了三只空盐水瓶,睡觉时灌满开水,放在棉被中。到了深夜,盐水瓶冷了,还得起来重新灌开水,可热水壶里的开水也只能算是热水而已,灌好热水的盐水瓶支持不了多久又冷了,这时,只好忍受着寒冷的折磨支撑到天亮了。

草房虽然挡不了全部的风,遮不住全部的雨,但农场干部群众仍感到无比的兴奋,他们在农场毕竟拥有了自己第一个家。

昌硕故里,飞出翠色的竹龙

采访方关宁、吴茂珍、陈允瑞等健在的建场元老,他们共同的感受就是当时的南湖人不怕苦、不怕累的精神,至今深深印在他们的脑海里。他们印象最深刻的是扛运毛竹的事情,南湖人的肩膀,在初创时期发挥着无可替代的作用。

当初建设草房监舍的位置就在如今的南湖公园、剧院、警苑小区一带。上级要求在 1952 年底建成能够关押 2000 名犯人的草房。建设草房需要大量的毛竹和稻草、茅草,农场区域都是杂草,毛竹生长在山里,距离最近的阳岱山也在十公里以上,更多的毛竹产地是在更远的吴昌硕故乡鄣吴镇和广德县的山野里。

怎么办？干部为此着急，如果仅靠人力，几乎是一项完不成的任务。

打仗遇上困难，难道就此下火线？这不是军人的作风。这些干部大多数是部队下来的，他们都是从硝烟里走过来的人，在他们的眼里，从来没有攻不下的山头，没有炸不掉的堡垒。说白了，就是扛，也要把山里的毛竹扛回来！

这就是他们的决心！

天刚蒙蒙亮，干部们便带着犯人出发了，携带的工具就是竹砍刀和麻绳。通向阳岱山和鄣吴的路非常窄小，且崎岖不平，非常难走，当时也没有手拉车和马车，全靠人力扛运。为了节省时间和体力，去的时候在当地村民的指引下，抄近路和小路去毛竹山。回来的时候，需要扛竹子，走的是稍大的山路。

从 1952 年 11 月 15 日开始，运输队踏上了去鄣吴扛运毛竹的路。

鄣吴村地处安吉县城西北部半山区，这里历史悠久，文化积淀深厚，是一代宗师吴昌硕的故里。鄣吴村明以前称“鱼池乡归仁里”，因鄣吴村地处古鄣郡(汉建制)之南，又是吴氏族人的居住地，故明以后称“鄣南吴家村”，俗称鄣吴村。鄣吴村依山傍水，风景秀丽，因村后高山林立，村前溪边古木参天，日照短，故又有“半日村”之雅名。

鄣吴村吴氏原非土著。南宋初年，江苏淮安望族吴谨携家人为避战祸随高宗南渡，迁居于此。后人口繁衍，香火渐炽，历宋、元、明、清数百年发展，已形成拥有五六千人之众的大村。更重要的是，一直恪守“耕读家风”祖训的吴氏族人，在明清两朝中，科举连年报捷，跻身于仕林者绵延不绝，出现了以“吴氏父子四进士”为代表的许多杰出的政治家、军事家和文学家。由于历代吴氏族人的精心经营，鄣吴村的规模和村貌不断拓展和美化。铺着卵石的街巷纵横交错，高大、雄伟的门楼、牌坊溪边林立，亭台楼阁鳞次栉比。村外的吴氏宗祠被誉为“金銮宝殿”，可惜这些建筑后来都毁于战争。山坡上的吴氏墓地，建筑宏伟肃穆，被称为“天官墓”，这一切，都使这个山村声望日增。

清末民初流传的歌谣“小小孝丰城(县城),大大鄣吴村”不胫而走,流传四方。鄣吴村成为安吉、孝丰地区,乃至浙北、皖南地区声名卓著的大村,而诞生于此的以“诗书画印”四绝闻名中外的近代艺术大师吴昌硕,更使鄣吴村的声名迈出国门,远播于域外。

这里盛产的毛竹其实也非常有名,因为这里的毛竹质量好,是制作竹扇的最佳材料。如今这些毛竹要搭建农场的草房了。

犯人们将砍下的毛竹两三根扎起来,力气大的背上两三根,力气小的甚至只能背一根,从没有劳动过的犯人,两人扛上一根大竹子,毕竟要行走几十里地,确实很累了。十一月的天,“浙江西伯利亚”已经是寒冷的冬季,山野里刺骨的寒风,吹得每个人的脸通红。但不一会儿,汗水便会湿透他们的内衣。遇上阴雨天,道路湿滑,行走困难,不时有人摔进了草丛和水沟。有一次路过溪边,有个犯人摔进溪里差点淹死。长长的扛毛竹队伍像一条长龙,延绵几里地,甚为壮观,当地的农民惊喜地叫道:“舞龙了!”

扛运毛竹

无论老少，都从村里跑到山边去看这一特殊的“舞龙”，这让干部和犯人兴奋不已。

原来鄣吴素来有灯节，始于汉初，盛于唐宋，有“舞龙”的习俗，相传承继殷周“祭天”的遗风。中华民族是一个富有创造力的民族。综观各地、各族人民的舞龙表演，种类繁多，各具特色。常见的有火龙、草龙、毛龙（贵州石阡）、人龙、布龙、纸龙、花龙、筐龙、段龙、烛龙、醉龙、竹叶龙、荷花龙、板凳龙、扁担龙、滚地龙、七巧龙、大头龙、夜光龙、焰火龙等近百种之多。鄣吴龙灯的节数一般为7节、9节和13节。从清朝开始，鄣吴的舞龙活动经久不衰，后来得到吴昌硕的指点，舞龙技艺突飞猛进，四乡闻名。

而今日，农场人员扛着毛竹从深山里出来，如游出竹海的蛟龙，盘旋游动，又一次震撼了当地百姓。

扛毛竹的运输队即使连续不断地扛，还是赶不上建设的速度。怎么办？干部和运输队的犯人都着急了，特别是那些身强力大，想通过劳动赎罪的人，纷纷要求晚上加班。

“队长，我要求再去扛一次竹子。”回来稍早的犯人积极请战。

干部们虽有积极性，但此时有些为难了。两个运输队扛毛竹的加起来有近百人，只有三四个干部，白天扛运毛竹的时候，队伍已经拉成几里长，被村民称作“舞龙”，第一名犯人扛毛竹到了工地，最后一名还在十里外的路上，已经非常难管理。如果晚上再扛毛竹，根本无法管理，发生犯人脱逃了怎么办？谁担当得起责任？

农场的领导决心难下。

运输队的干部也知道领导为难，本想放弃，但想到完不成任务，他们向领导保证不发生问题。

队长当晚召集犯人大会问：“晚上扛竹子，你们会不会逃跑？”

会场上响起一片喊声：“不逃跑，不逃跑。”

所有的犯人经过教育后，承诺不违反纪律，不逃跑。

那一夜又一夜，犯人们从毛竹林下来的时候，已经天黑，每个人一边举着火把,一边扛着毛竹,一脚深一脚浅地走着,似乎每一步都很艰难。

漆黑的山道上,这支火龙队再次震撼了当地百姓。

老干部回忆,漆黑的夜晚,看押警力极少,队伍延续几公里,周边环境又非常恶劣,如果要逃跑那是轻而易举的事情。然而,在运送毛竹的任务中,没有发生犯人脱逃事件。

扛运毛竹总算是有惊无险,圆满地完成了任务,犯人们也经受住了考验。

据老人们回忆,当时的运输队是五中队 122 人,七中队 85 人。从“北场建筑总结报告”中显示,1952 年 11 月 15 日至 1952 年 12 月 15 日,仅仅一个月时间,扛来的毛竹有 408, 353 斤。稻草却要去安徽广德一带去运输,这期间稻草运了 300, 858 斤。还有木头 19, 000 斤,青砖 16, 161 块,全年运输的建筑材料总计达 500 万斤。

农场人开垦了自己的路,也打开了生存通道

当时建设农场的方针是“垦务先行,道路跟进”。

创业者们非常清楚,如果要在这荒野里生存下去,必须打通通向城镇的道路。南湖区距离安吉递铺镇约有三十公里,距离梅溪镇有约二十五公里,最近的泗安镇也有十几公里。原有的主要道路其实也很小,仅能使牛车勉强通行。对监狱来说,当务之急是连通到县乡级的公路,能够运送建设用的物资。

1952 年 12 月 5 日,交通工程开始了。

刘发清和尹祥立对打通交通线非常重视,这两千多号人在这里生活,每天靠肩挑人扛怎么行,不管有多少困难,必须打通到泗安镇的通道。这就好比打仗,兵马未动,粮草先行,粮草之前,必须探明线路。

技术人员已经在地图上标出了筑路的线路。尹祥立反复看着，但心里还是没有底。

第二天一早，刘发清、尹祥立嘱咐带上干粮，要实地察看线路。没想到这一走，足足走了两天。到第二天中午就断了干粮，直到晚上回来才吃上饭。

刘发清心里非常纠结。尹祥立说好去一天，两天还没有回来，他毕竟是带着犯人出去的，万一发生了危险，他该如何向上级交代?!

当晚上九点多，尹祥立疲惫地推开房门时，刘发清像块大石头一样悬着的心终于落了地。

农场区域先后踏勘了七条线路，计划先建成四条干线，北向干线——接通广德东亭乡通泗安大道，3108 米；西向干线——陈家塘到叶家冲接通泗安大道，3500 米；东向干线——大山东下坡经高龙坝到孔家磨坊接泗安至安吉公路，1100 米；南向干线——准备通郭吴到孝丰的公路，2800 米。

"我们必须用十天时间先修出通向泗安方向 3000 米干线道路，只有这样才能从泗安加快运输物资进来。"

刘发清在交通施工干部动员上这样讲。

十天？干部们的眼睛全部瞪了起来，要在那么短的时间内，并且没有施工设备的前提下，要完成这样艰巨的任务简直是无法想象的。

尹祥立抽着烟，沉默了。

这是他第一次没有立即表态给予支持。

会议室里的空气顿时凝重起来。

刘发清也没有想到，自己的激情发言，竟然遇到了冷场：他认为，至少场长尹祥立会表态支持他的。

"老尹，有什么困难？你说说吧？"刘发清希望他能表态。

尹祥立摘下帽子，拍拍帽子上的灰："先听听同志们的意见吧？"

听了尹场长的话，大家不约而同地看着场上一个人——从临安专区调来的干部颜德贵。不是因为颜德贵有什么特殊本事，而是因为他是最了解当地情况的本地人。

秘书跟刘发清讲了名字,但他并不了解情况,就问了一句:“颜德贵同志有什么意见?”

颜德贵见尹场长也没有表态,自己也不好说话,显得有些为难。这时有人说了一句:“颜德贵是本地人。”

颜德贵确实是当地人。他是安吉古城乡人,当年他在家里放牛、种田,十八岁后多次被国民党拉去当兵,逃回后一直在地主家做工。安吉解放后,颜德贵到临安地委军政干校学习,回来后曾在南湖区、昆铜区区公所工作,对当地情况非常熟悉,又是第一批从余杭劳改大队调过来。

刘发清这才知道大家想听颜德贵的意见的原因:当地条件是恶劣点,情况复杂,必须依靠当地人。刘发清说道:“既然是当地人,一定有发言权。颜德贵同志请大胆说。”

听到政委指名要他发言,颜德贵有些紧张起来。听了政委的话,

建场元老颜德贵

颜德贵经过考虑,觉得任务的确是非常重,但他相信,如果好好计划,还是有可能完成的。

“刘政委说十天完成任务,困难是很大的,主要是当地是低丘缓坡地形,土质坚硬,就地取材比较困难,填方量比较大,工程非常艰巨。同时,这里与当地农村土地交错,修筑直行道路要经过他们的土地,需要经过村镇的协调才行。南湖区的情况我比较了解,区政府支持我们的力度是非常大的,村里工作也能够做通。我想,打通道路,关键还是看我们的决心,如果计划周密,做通当地村民的思想工作,在政府的积极支持下,十天的工期也是有可能的。”颜德贵尽量把想到的困难说了出来,同时也表示了面对困难的决心。

政委刘发清听了颜德贵的话满意地点点头。

“颜德贵同志分析得很对,我们就是要把困难考虑得充分一些。我提出十天工期,是有原因的,一是我们建设农场以来,干部同志发扬部队的精神,敢打敢拼,建设进展非常快。但是交通制约了我们的发展,使很多建设材料运输困难,影响了农场建设,必须解决通道问题,这是同志们的共识。二是 12 月 15 日,台州将有 1500 名犯人要过来,接着金华有 773 名犯人也要送到农场,马上就可以投入劳动,劳动力不是问题。人数大量增加,可是我们目前的建设速度和规模,远远满足不了关押任务啊。任务紧急,同志们想想看,还有什么更好的办法?”刘发清清楚地认识到,下达的任务是重的,但他更清楚,除了赶进度,目前农场没有更好的办法了。

尹祥立深知政委的苦衷,他也知道目前农场的施工条件太落后了,而且在干部和犯人的生活上也完全保证不了,在这样的条件下,完成这样艰巨的任务的困难程度是可想而知的。

听了政委的一席话,尹祥立觉得已经没退路了,他缓缓站起来说:“政委分析了形势,当下我们是没有退路了,再困难也必须把路修好。我的意见也是尽最大努力,确保十天完成任务。”

刚刚从温州到达的干部金通宝说:“政委,我们昨天带来 1500 名犯人,干部们早就等不及了,就盼着给我们派任务了。虽然有困难,但我们愿意打头阵,把筑路的任务交给我们吧!"

颜德贵自然也不甘示弱,信心十足地说:"政委、场长,当地村民有阻挠,我会全力配合做工作。我向党委保证,我们临安专区来的同志也不是吃素的,只要有任务,我们一定能完成!"

筑路任务比较重,当时对干部的思想还有些影响的,但他们很快就统一了思想,决心一起去克服困难。

第二天,西向干线、南向干线路线同时开工建设,整个施工现场沸腾起来,人们充满了干劲。临安专区来的人和温州专区来的人一到农场,顾不上休息,带队领导就来政委、场长这里要任务,最后他们各负责一条路的建设。

颜德贵所带领的队,在施工现场人挑肩扛,热火朝天,干劲十足,进度非常喜人。但当天晚上报来的数据让刘发清和尹祥立感到吃惊:如果照此进度,恐怕要十七八天才能完成修路任务,这是怎么回事?

带队的干部也感到奇怪,技术人员对图纸复查也没有发现问题。

尹祥立也是个急性子人,抓起马灯就要出门。刘发清连忙叫住了他:"老尹,你干吗去?"

尹祥立头也不回地说:"我去工地看看去,我就不信才修了这么一点。"

高一脚低一脚到了施工现场,尹祥立一会举起马灯,一会又紧贴地面察看,看着两个专区中队筑的路,又宽又平整,也没有看出什么问题,他有些纳闷了。

突然有人说:"这么宽的路,可是双车道了。"

无意中的一句让尹祥立突然清醒过来,他注意到加上路基的沟渠,道路足足有五米宽。

"你们是不是没有按照施工图进行?"尹场长问。

颜德贵连忙否认:"怎么可能?场长不信,你拿图纸比对一下。"

说罢,颜德贵让人把图纸打开,一对比没有错。

是不是真的设计成双车道了?当场长再次把目光投到图纸上,灯光下明明看到道路是五米的时候，尹祥立用力拍了一下自己的脑袋，大喊一声："谁让设计成五米的道路的？"

设计组长从人堆里走出，用颤抖的声音回答："是我。"

尹祥立走到他跟前，打量着这名犯人，那是一个比自己年龄还大的人，他把怒气控制着，低声问道："我说过能过牛车、能开汽车就行了，为什么要设计成两辆车能开的路？"

设计组长知道闯祸了，这时只能如实报告了："报告政委，我想农场建成后，以后车辆多了，一个车道是不够用的。"

尹祥立拍拍他的胸脯，点点头，沉吟了一会说："好，好，想法不错。可是眼下我们没有时间，也没财力修建双车道，我们真的做不了。最宽处不超过四米，必须按这个要求做，以后我们会修四车道，六车道，但现在不行，不行！"

以我们现在的标准，起码要修四车道了。对农场来说当时受经济条件所限，只要能打通道路，能够运输物资就已经足够了，可见当时

20 世纪 50 年代农场修筑的道路

农场的财力是多么的紧张。

设计组长听了尹场长的话,眼泪就掉下来了:“场长,是我的错,我马上改为一车道。”

路的标准解决了,工程量自然少了许多,节省了材料,施工进度也上了去。可想而知,如此大的工程量,让所有的人感到前所未有的压力,有些犯人开始消极怠工,更有装病不出工的。施工之余,干部们还是做思想工作。没想到质量问题又来了,温州专区的犯人为了抢进度,将原来一段旧路连进去了,造成本来不该弯曲的路变歪了。

尹祥立到现场就骂人了。他限令当天晚上加班必须将路改过来。

质量问题总是一二不过三,当最后还有两米的时候,各施工队都觉得胜利在望,问题也暴露出来了。道路的阴沟和过水道存在很大的问题,有些缺口填埋不实,天下雨就会塌陷。这一次没有等到尹祥立上工地骂人,施工队已经连夜整改了。

路的打通为农场的进一步建设打下了坚实的基础,据说农场当年修筑的路有的至今还保留着,为农业生产和改造工作,发挥着很大的作用。

荒野之中,凝结着牢不可破的情谊

安吉农场的筹建,源于当时的条件限制,可以说样样缺:缺电、缺水、缺粮、缺原材料、缺工具、缺技术,“白手起家,自力更生”是当时的真实写照。然而,如果离开当地政府和群众的支持,创建也是不可能的,这是当时许多干部切身的感受。

刘发清政委在干部会上经常引用毛主席的话:“我们要时时关心群众,处处为群众着想。”按照他的意思,农场建设要依靠当地百姓,靠当地政府的协助。

据老同志回忆,由于农场条件艰苦,到达农场的人员情况复杂,有些干部从部队下来，资历高但文化不高，作风勇猛但纪律观念淡化，工作认真但对待群众态度比较简单生硬。如有些干部习惯了原来的工作方式，遇事专断，不考虑后果；有些同志只知道蛮干，不听技术人员的劝导；有些干部不考虑群众的利益，仍然是打仗时的粗暴作风，随便占用农民的土地，随便使用农民的东西，周边群众告状的事情已经发生多起，在群众中造成了一定的影响。

有一天傍晚，刘发清和尹祥立开完会已经很晚，正要吃饭，突然有个农民闯进来，安吉口音里夹杂着很重的河南话："谁是场长？谁是场长？我要找场长，我要控告。"

通讯员将农民拦在外面不让进，农民气势汹汹推搡着硬要闯进来。

尹祥立放下碗，走出去，在农民跟前一站。尹场长本身高大，威风凛凛，气场了得，农民不由得退后了几步，瞪眼瞅着。

"农民兄弟，我就是场长，找我有事？"尹场长和气地问。

农民瞪了场长一眼，火气依然非常大："你们占我的地，必须还给我。"

占用农民的土地，问题确实严重。

既然农民上门兴师问罪，尹场长觉得事出有因，仔细一问，这才知道，原来农民叫张家义，控告中队开荒时将他家的土地占为公家了，几次找中队和管理干部交涉没有效果，便壮胆找到场长。

"你带我去看看。"尹场长提出自己的想法。

张家义带上尹场长一行到了土地上，指着土地要讨个说法。尹场长把中队长叫来，中队也有自己的理由，当时测量土地的时候，张家义并没有指出这里的荒地是他家的，开垦的时候就过了界，如今开垦成了耕地，他来要土地了。

尹祥立没有责难百姓，而是对中队长说："是农民的土地，我们一寸也不要占。"

尹场长觉得这个事情有代表性，不能随意处置，便交代跟区乡商量。区里知道了场长的意思，非常重视。

经过测量和核实，土地只有小部分是张家义的，便返还了张家义。此事圆满结束，在周边农村影响广泛，同时也带给场领导新的思考，办理土地手续必须尽快提到日程上来。既要解决农民的问题和矛盾，又要依靠他们建设农场。经过研究，场部决定，对干部进行教育，整顿作风，同时组成了工作队，派遣九名干部，分别负责南湖、禹家、高房、溪港、莊芝等乡，在区政府统一领导下开展工作。

当时对工作组提出的要求是四点：(1)为了巩固本场土地，以便长期进行土地建设，进行农业生产，必须按政策解决土地问题，办好手续，以密切场群关系，避免纠纷；(2)必须加强对群众的宣传教育，提高农民对农场的认识，共同管制反革命，搞好农场；(3)要求办理土地手续时，由政府决定办理，经过区乡政府同意，群众自愿献出土地的，也要经政府批准后才能办理具体手续；(4)严格遵守群众纪律，加强群众观点，爱护群众，并深入调查研究，切实掌握政策。

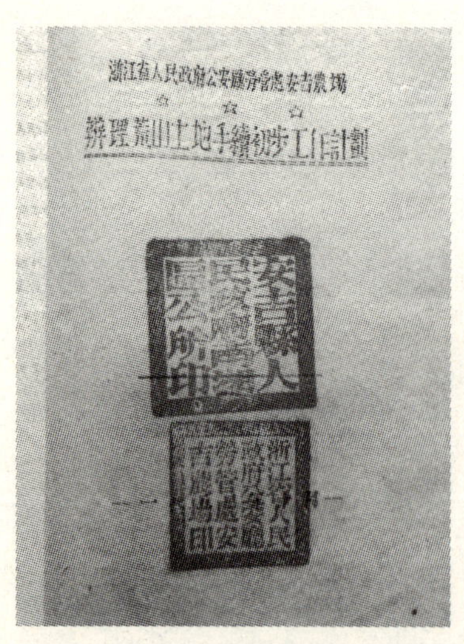

1953 年农场与安吉南湖区
办理荒山手续计划

工作组在区委的领导下，下到各乡村，甚至到农民的家里，到田间地头去做工作，但效果并不理想。有些群众认为，农场建设会夺走他们的家园，说不定会再一次移民，个别群众有抵触情绪。

据建场元老的回忆，有段时间农民见到农场干部就躲起来不见面，测量土地的时候多次催促也不到地里，也不配合，致使边界划不清楚，事后又是矛盾。更有些农民心中有想法，趁农场收工以后，对种植的东西进行损坏，个别人还把农具偷回去。

工作组针对各小组摸出的情况，觉得光说服教育还不行，必须联系农场的实际，从农场的建设方向和农场前途来教育，大搞农业，发展经济林、油桐、油茶、茶叶，建立大规模的果园，发展畜牧业，利用新农具，逐步走上机械化生产道路，这样的远景，会带给农民实实在在的希望，如要从政治高度来说，强迫反革命分子劳动改造的农场，也是巩固人民民主专政，维护社会治安，保卫生产建设顺利进行不受破坏，在农村就是不再使这些反革命分子为非作歹，让人民群众能安

建场初期干部在了解土地情况

心生产生活。农民主动将自己的土地献给国家,作为改造反动阶级的场地,是一种积极的爱国行为。利用这些不劳而食的寄生虫进行生产,一面改造反动本质,一面增加国家财富,减轻人民负担与节省国家财政开支。

通过区政府和工作组的努力工作,召开大小会议,集体教育与个别谈话结合,树立了一些典型人物,收到了很好的效果,当地村民的思想得到很大的提高,配合政府和农场的主动性大大增强了。据统计,1953 年就献出荒地 7801 亩,松山 99.4 亩。

当地政府,对农场建设所需的材料也是尽量解决,他们划定了供应站和区域,当地乡村组织最好的村民砍伐毛竹,排好了计划,为运输开辟道路;有些物资一时紧张不到位,还占用了当地的计划。农业发展中,得到了当地农业部门的支持,不仅选送了一些优良种子,还传授种植技术;干部和犯人生活上所需的大量物资,他们通过各种渠道组织货源,尽量保证农场生活物资的正常供应。

农场也是尽自己的能力,为地方提供支持和帮助。农场主动为农民解决问题和困难。对一些困难群众,派出劳力为他们耕田种地,借给农民一些生产工具,卫生所治好了八名重症患者,挽救了他们的生命,群众视农场干部为救星,密切了干群的关系,消除了多数人的顾虑。

百屋村的李长银,八十多岁了,但她对农场的记忆还是历历在目,记忆犹新。

李长银是随母亲从山东逃荒而来,那时她只有八个月大,父亲在逃荒路上走失后,母亲只身带着她到了这片荒野。母亲靠着给别家的孩子喂奶,勉强度过艰难的日子,把她抚养成人。新中国建立后,她家是外来的,没有房产,政府便将地主杨家大院分了几间给她们,告别了寄人篱下的生活。农场刚进点的那年,李长银正好结婚,喜气还没有消散的时候,农场干部在农会的陪同下,借用了她家的房子,前屋借给了农场,后屋她住。尹场长当时就住在杨家大院,因为她刚结婚不久,时常叫她“新娘子”。李长银记忆最深的就是医务所的领导经常给百姓看病，没水的时候干部帮她挑水，地里的农活他们帮着做，经常给她家送冬瓜之类的蔬菜，有一次还把海里的带鱼送来，因为从没有见过这种鱼，她放在灶头无所适从，不知道怎么烧来吃。她只好红着脸请教农场干部，闹了一场笑话。

我问她："当时的干部对你们村民好不好？"

老人说："农场干部对我们很好，就像对待自己的亲人一般。"

高禹村现年81岁的徐萍珍老人回忆，农场进点时的情形她记得非常清楚，她说农场当时条件较差，干部精神面貌却很好，待人和气，跟村民相处非常融洽，也非常关心她们，时常会帮助她们干些农活，至今令她难以忘怀。

百姓理解了农场的做法，从各方面对农场进行支持和帮助，当地政府和农民理解了农场建设的意义，在共建当中凝成了友谊，为农场的长期建设和发展打下了坚实的基础。

兵马已动，保障后勤异常艰难

俗话说：兵马未动，粮草先行。

提起粮草的重要性，想起下面的故事。当时曹操正与袁绍作战，袁绍号称有百万雄师，而且粮草充足，曹操处于明显的劣势。许攸在袁绍处得不到重用，投奔曹操，曹操以礼相待。许攸建议曹操偷袭袁绍粮草，切断了袁绍的后勤保障，结果最后曹操反败为胜，成为一代枭雄，而曹操当时仅剩下三天的粮草可以支用。

朝鲜战争中，李奇微担任联合国军司令后，对我志愿军的作战进行总结时，发现我军的进攻一般只维持一周的时间。通过情报分析，得知我军因为后勤补给困难，在进攻前只给参战部队配发一周的粮食和弹药给养。李奇微称之为"礼拜攻势"，有针对性地加大了对我后勤运输线的空中攻击，使志愿军不得不分出更多的精力去解决这些问题，我军进攻的步伐不得不慢下来。停战后，我军总结出来现代战争就是打后勤的宝贵经验。

契丹人没有“兵马未动，粮草先行”，而是一路抢掠。《辽史·兵卫志上》记载，契丹人出征“人马不给粮草，日遣打草谷骑四出抄掠以供之”，这种军需粮草全靠军人自筹给养，掳掠民间粮草财物。

数百名干部带着数千名犯人到荒野开荒创业，后勤全部依靠自己解决。百里荒野，几乎没有什么可以食用的东西，要解决如此庞大数量的粮食，可想而知，当时的困难有多大。

据老干部回忆，犯人集中送押过程中，每个犯人都随身携带了一周的干粮，尽可能缓解粮食运输的困难。但谁也想不到，这些队伍竟然是没有后勤保障的，一切都要到达目的地之后想办法去解决。

农场建设需要大量的犯人劳力，当犯人陆续到来时，首先要解决的是两大难题：一是住宿，二是吃饭。住宿的解决办法是借用农民和政府的房子，搭建临时的草棚，只要能够睡觉的地方，都用来解决犯

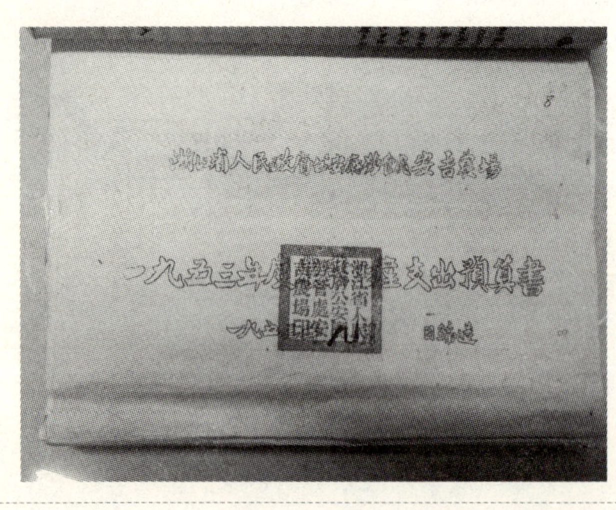

安吉农场 1953 年农业支出预算书

人的住宿。

吃饭这个大问题如何解决？农场派出人员联系周边城镇和乡村，只要有粮食供应的地方，都派人去采购。人员的大量增加，确实给地方增加了负担，多数粮站表示供应不了。

负责后勤的同志向场长报告说："场长，我们的粮食只够吃三天了，怎么办？"

场长挥挥手："你是负责后勤的，只够三天的量你才来报告？"

后勤的同志有些为难："突然增加大量犯人，地方上也没有准备，供应确实有些困难。再说各队开垦修路任务重，派不出人手，也没有交通工具，就是能够买到粮食也运不回来。"

"这你放心，只要采购到粮食，劳动力我解决。但是你别挑力气最好的，力气好的我要留着开荒种地呢。"场长大手一挥，像是下了命令。

"这怎么行？场长。力气差的给我也没有用啊！"后勤的同志

1953 年安吉农场综合工作总结

急了。

场长哈哈大笑："一人挑，两人抬，三人轮流背，不管怎么样，你得想办法把粮食给弄回来。"

离农场几十里的地方主要有两处最近的供应点，一是梅溪，二是泗安。这两个镇在南宋嘉泰年间就是湖州六大名镇之一。

梅溪因西苕溪沿岸盛开紫梅而得名，历史悠久，文化深厚，水陆交通便利，历来商贸发达。梅溪可谓钟灵毓秀之地，历代名人众多，南梁著名史学家吴均、南宋目录学家陈振孙、近代林业学家陈嵘、电信学家莫庸等均出自梅溪，唐代大书法家颜真卿、南宋词人史达祖也曾在梅溪生活过。更重要的是梅溪有着优良的农业基础，土地肥沃，有"鱼米之乡"之美称，是太湖平原重要商品粮、商品油基地。然而，梅溪的粮食早就被国家统一调配了，大量人员的涌入，让这一小镇顿时感受到压力，当地粮食供应部门表示不能全部满足供应。

泗安离农场也比较近，曾经也是重要城镇。泗安地形复杂，东西

农场创业初期编织的草鞋

地势平坦，水田较多，南北丘陵山地比较多，多年来以传统农业为主。泗安资源丰富，交通便捷，区位得天独厚，文化积淀深厚，素有江南“鱼米之乡”和“文化之邦”的美誉，也是浙北主要粮食供应点。

农场的吃饭问题得到当地政府的大力支持，他们尽可能地增加粮食供应量。但是，庞大的人群的到来，计划之外一时也难以解决。

据老同志回忆，刚到达农场的时候，农场组织犯人到梅溪、泗安、递铺去运粮食，由于路窄小，基本上靠肩挑人扛。一早出发，回到农场已经天黑。毕竟是吃饭的人多，需要粮食的量非常大，光是运粮食就耗费了大量的人力。

后勤同志报告说：“粮食供应不足，必须采购其他食物补充。”

场长此时也感到了压力，总不能干部犯人饿着肚子开垦吧。他想了想，用力一拍桌子说：“不要怕，饿不死人的，不管什么，只要能填饱肚子先搞来，别人不愿意吃，我先吃。”

有了领导的决心，后勤部门到处去收集粮草。有时候供应上有些困难，农场就组织人员到农村和各地市场去收购地瓜、南瓜、玉米之类充作主粮，按“低标准，瓜菜代”进行，弥补粮食的不足。

由于物资短缺，干部们节约挖潜的思想根深蒂固。在建场元老曹正金的总结材料中这样写道：中队里秋收花生的时候，藤蔓上总会遗漏些花生，每次都会组织犯人重新检查摘下，队里因此多收花生150多斤。

政委和场长每次走到食堂，心情就变得非常沉重。是的，很多天伙食没有见到肉类，很多天没有看到海鲜了，特别是台州、温州籍的干部，习惯海鲜和清淡的东西，而这里靠近安徽，不仅味道重而且辣。海边来的同志，就是从这时候开始学会了吃辣。

政委看着干部们吃着地瓜，心痛地说：“现在到了最困难的时候了。”

“政委啊，你是管思想政治工作的，如今干部队伍中思想问题很多，就拿生活来说吧，台州和温州的同志几个月都吃不到海鲜，安徽的辣味又无法吃,很多同志营养不良啊,我们对不住他们啊。"尹祥立不无担心,有一天吃晚饭的时候对政委诉苦了。

刘发清非常清楚农场的实际,也十分焦急:"我听说,有的同志来到农场后,已经轻了十多斤,长此下去,这个队伍是要被拖垮的。"

怎么办?第二天,政委带上给养人员专门到杭州,托老战友关系找相关部门说情,总算采购到了一点海鲜。所谓的海鲜,其实就是很小的带鱼,不到两指宽。带鱼虽然小,但让来自海边的同志感受到了家乡的风味,着实让农场的干部高兴了一阵。

农场通过各方面的努力,克服了粮食短缺的困难。

除了住宿和吃饭问题,还有的就是缺医少药的问题和日用品的短缺。

当时农场建在偏僻的荒野之地,离乡镇较远,交通不便,农场成立了卫生所,组织懂些医学的犯人,完全依靠自己的力量,医治干部和犯人的疾病。据 1953 年的一份统计报告,一般的痔核痔瘘、蜂窝组织

20 世纪 50 年代的独轮车

炎、皮炎、创伤传染、疥疮、头癣、沙眼、中耳炎、骨折、外伤等，大多数能够进行处置。而一些心脏病、肾脏病、腹膜炎、脑溢血等危重病，则无能为力，只能稍做处理进行症状缓解，随后送县城和省城救治。由于交通不便，救治也非常困难，有一名青年干部来到农场，患病时也不肯离开岗位，终因救治不及时而牺牲。

日常生活用品，则非常短缺，甚至连肥皂、牙膏和草纸都供应不了。有的同志家中条件稍好些，寄来了生活用品，但大多数分给了其他干部，自已只能用到很小的一部分。

有些人用土法制作方法解决日用品短缺困难，他们用毛草烧成的灰沤了以后，沥出来的水当洗涤剂用。因为沥出来的水含有碱的成分，去污能力很强，用来洗衣服、洗澡。当地盛产陶土，有人用陶土磨成粉，加入苏打制成牙膏使用。

干部和犯人都知道目前的困难，尽力克服。有的干部说，一年都没有买过日用品，也没有买过新衣服，穿的就是部队时发的旧军装。

我查阅当时的总结材料时发现，所有留存至今的监狱创业时期的材料，只有基建、生产、管教干部的总结，没有查到当时干部以及犯人生活的详细材料。在他们的思想里，生活的困难是客观存在的，是不足以特别关注的，他们没有把困苦的生活当回事，没有把这些困难记录在档案里。在他们的意识里，只要把农场建起来，所有生活上的困难都是可以克服的。在我看来，正是当年老一辈们乐观的革命英雄主义、大无畏的革命精神和积极向上的生活态度，支撑着这一代人走过了艰难创业的岁月，谱写了监狱建设进程中史诗般的篇章。

CHAPTER 03 ≫

第三章 碎片中的记忆

2011 年 10 月，我从浙江省长湖监狱调任省南湖监狱工作，首先介入的工作就是土地管理。在我的办公室里，挂着前任领导杨茂军同志留下的一张地图，那是一张南湖监狱所属土地区位图，详细标注了土地的区位、面积、性质。刚到任时，监狱政委鲍济波同志指着地图对我说："文华同志啊，你是分管土地工作的，老一辈留下了这片土地不容易，一定要守护好啊。"

是啊，南湖监狱是浙江监狱系统土地面积最多的单位，整个区域

公安系統

四好单位、五好干警运动試行办法

1963 年 12 月，公安部在全国公安系统开展"四好单位、五好干警"运动

有近五万亩。据说农场土地最多的时候达到七八万亩。几十个点星罗棋布在浙江省安吉县、长兴县和安徽省广德县境内，涉及五个乡镇，十多个村庄，最远的地方距离农场机关有二三十里地。有一个叫黄泥沟的地方，我专门去了一次，简直是前不着村后不着店，偏僻且环境非常恶劣。2015 年我还去寻找鄣吴方向的乔会山、华坟山，那也曾经是农场干部坚守的地方。如果不是农场的程乾毅和土地管理科杨金白同志带路，根本就找不到原址。可想而知，在 60 年多前的艰苦条件下，在那样封闭的地方，农场的创业者们却在这里坚守了数十年，他们的工作条件和生活环境是多么的艰辛。

在农场的土地上至今随处可见当年垦荒的痕迹。

天子岗周边、大堡子等地是最早开垦的林地之一，这里的土地适合林业的发展。八角塘、十里长岗、大约包、界牌等地也是适合开垦为林地，种植树木。

长隆、九宫房、铁板冲等地是油桐和油菜的主要产区，同时还出产蔬果，而杨家桥、南北湖、东阳村一带是粮食的主产区。当然，还有牛

1982 年建场三十周年元老合影

头山、邦山、乔会山都是开垦的地方。牛头山上至今还有500亩的竹林。现在，很少有人知道这座山曾经是老一辈坚守的地方。

游击山区域至大茂冲水库一带和十九队一带的茶园也是最早开垦的地方之一，当年种植的茶树至今仍生长茂盛。这里的土地是最早开垦，最早得到利用的，据说在当年省委书记江华号召下，南湖建成了万亩茶园，现存3000多亩茶园，也是目前安吉境内保存历史最长的茶叶园区。

“不与民争地，不与民争粮”是当时开垦的原则。农场区域地势多低丘缓坡，平坦的适宜种植粮食的地方已被农民占用，而农场开垦的土地在高处，自然条件比较差，几乎没有水源。可以说，农场所有的土地都是在这种环境和要求下开垦的。

当时的农场党委，在决定建设农场的同时，已经将开垦和种植生产提前作了考虑。据档案史料记载：1953年计划开垦生荒25,000亩，采取“农林牧并进，以牧养农，以林护农，以农为主，以畜牧为辅，双管齐下，三者结合”的方针。

基层先进中队的干警

有人说这是梦，当时的人情愿这就是梦，他们一定要为梦想而战，让梦想成真。有了梦想，就有了计划；有了计划，便有了行动。

垦荒开始的时候，农场的人都无法预料结果，会是怎样。如此大量的垦荒行动是历史上前所未有的。

档案资料显示，农场对生产作了详细的计划，整个工作分两步走。第一步：自 1950 年 12 月下半月起，除担任建场任务的 1000 名犯人外，拟调配犯人 2000 人争取时间，提前开垦。具体来说，1953 年 1 月需调配人犯 1000 人开垦生荒 6000 亩，3 月又需增设人犯 1000 人至 4 月止，开垦生荒 9000 亩，合计 15, 000 亩。如果提前至 3 月底完成，并能腾出时间和人工播种春花 2500 亩。第二步：自 8 月起至 9 月底，建设稍具规模，秋收冬种尚未来临之前，调配 2500 名犯人，完成经济林荒地 10, 000 亩播种任务。

1. 蔬菜种植计划

拟将第一期开垦的 15, 000 亩中，依地形分布、坡度高低、土层厚

农场林业

薄和土质优劣，分配普通农地14，000亩，蔬菜园地750亩，经济林苗圃150亩，育种实验地100亩。具体实施方法是，播种作物以多种植豆类和根薯类作物为原则，并结合开垦进度，种植马铃薯、赤豆、绿豆、蕃薯、黄豆、油麻、花生等。春播蔬菜主要是苋菜、葫芦、四季豆、黄瓜、南瓜、冬瓜、茄子、蕃茄、豇豆、夏白菜、辣椒等11种；秋播蔬菜主要是菠菜、萝卜、白菜、黄芽菜、油冬、儿胶菜、雪里红、洋葱及大蒜等12种。保持常年蔬菜750亩，一分半地供给一个人食用蔬菜，总计供应5000人。产量估计是，春乔麦每亩60斤，马铃薯每亩800斤，油麻每亩30斤，黄豆每亩60斤，绿豆每亩60斤，赤豆每亩70斤，蕃薯每亩1000斤，落花生每亩80斤，蔬菜全年可收每亩28担。

2. 畜牧饲养计划

根据“以牧养农”的方针，在1953年饲养种猪58头，肉用猪650头，养羊200头，养兔40只，养骡10头，养牛14头。

3. 经济林及果树种植计划

根据以林护农的方针，并为长久利益打算，拟植造油桐及茶叶的混交林5000亩，油桐和油茶的混交林5000亩，乌柏纯林1500亩，桃、李各200亩，梨400亩，板栗500亩，葡萄200亩。

肥料供应和机耕计划也都作了明确的部署。

“老伙计，计划怎么样？”尹场长对农场计划满怀信心，征询政委的意见。

“如果真的能够实现，那我们农场就大有前途了。”刘政委非常感慨。

“一年以后我们还要扩大，到时候一定是全省最大的农场，到处能够看到粮食，看到鲜花，我们农场就是一个大花园了。”尹祥立对未来信心满满。

刘发清想着1953年的计划，突然忧心忡忡地问：“老尹啊，我们有没有算过账，如果按照这个计划进行，我们的收入是多少？”

尹祥立虽然是公安出身，但作为场长，也不得不精打细算起来。

他说："刘政委，我们已经组织人算过了，如果实现种植计划，生产耗用资金在19.96亿元，生产低值设备资金4.17亿元，合计在24.13亿元。生产品销售收入只有19.69亿元。收支相抵净亏损4.44亿元。当然，全年人工费支出更高，需要51.38亿元。"

这些是旧币的数据，其实看上去数字并不大，但在当时已经是巨额资金了。这一系列数据让刘发清陷入了沉思，农场的创建压力显然是非常沉重的，这种算法还是理想的算法，并没有考虑天气的影响。假如遇上了灾年，更是不堪设想。

尹祥立慢慢抬起头，见班子的人都在看着自己，他感到了肩上的千斤重量。但此时，他已经没有退路，他站起来，用力掐灭烟蒂，铿锵有力地说了一个字："干！"

农场建设初期，各地调来的干部246人，犯人4905人，干部数量明显不足，平均一人要看押20人，如果除去机关、后勤人员，基层管理干部缺少是客观事实，每个干部都付出了全部的精力，恨不得不睡觉不吃饭，也要把工作做完。

一边建设、一边改造、一边生产是何等地艰难！现在的人是无法感受到的。

风风雨雨，走到今天的第一代垦荒人

我国最早提出创建监狱的人是皋陶，中国神话传说中公正的法官。皋陶清脸鸟嘴，铁面无私，他有一只独角羊（也就是独角兽），能知道谁是有罪的人。皋陶审理案件时如遇到疑难，就牵来神羊，神羊只触有罪的人。

监狱的起源可以追溯到远古时代，真正意义上的监狱出现在中国的夏朝。最初关押犯人的方法是挖坑进行管理，挖地为狱，叫做地牢。直到明清时期还有狱底的称呼（古代监禁重犯的地下室），随后监狱才有地面建筑关押，有围墙、有电网。

目前国际上对监狱的研究已经非常细化，建筑功能相当齐全。2010年我到英国参观了两所监狱，其中有一所监狱建筑采用了拼接模块，所有犯人监舍都是独立预制的，里面设施全部一次做成，只要拼接安装就行，建设一幢四层监舍，只需几天时间。

南湖监狱前身的安吉农场收押犯人是跟农场建设同步进行的，犯人一边劳动，一边等着建造草房居住，这在中国监狱史上，甚至世界监狱史上都是很少见的。

从临安过来的犯人住在农民家里，在建成了草房后全部搬入草房。集中管理之后，农场为防止犯人出事，决定设置简易围墙和壕沟。

吴茂珍是当时最早组织挖掘壕沟的人之一，也是最早的垦荒人。

出生于1928年的吴茂珍现年90虚岁，他是目前建场干部里健在的“四元老”之一。

当我在监狱老年活动室找到他的时候，吴老正看新闻。吴老年头

建场元老吴茂珍

脑清晰,乐观开朗。对他来说,每天去天子湖菜场买好菜,然后在活动室看电视,与老战友们叙叙友情,唠唠家常,随后回家做饭,这是他一天必做的事情。

吴老是1952年12月4日到达南湖区的。他是浙江乐清人,出身穷苦人家,虽然贫穷,父母还是承受着巨大的经济压力,供他读完了小学。后来因家庭经济实在困难辍学在家,直到二十岁的样子去了药店打工,做了学徒。没有多久,乐清解放了。解放军进驻,秋毫无犯的纪律,让吴茂珍肃然起敬。土改活动开展后,有些文化的他主动去帮助他们工作,性格阳光热情的他,受到了人民政府干部的重视。土改结束后,民政科的同志问他想不想到民政来做事,吴茂珍觉得新社会一切都在变,穷苦人当家做主了,生活有了盼头,就点头同意并放弃药店的工作。有一天,他跟着民政科的同志去了看守所,这是他第一次遇见犯人,狭小的空间里关押着近千名犯人,其中有当地有名的种植鸦片、贩卖毒品的犯人,还有土匪恶霸,国民党被俘人员等。

他好奇地问民政科的人:"会枪决他们吗?"

科里的同志回答:"罪大恶极的当然要杀掉,罪行轻的,我们共产党人讲政策,讲人道,要宽大处理,要让他们劳动,要让他们赎罪,让他们用自己的双手创造物质财富,自食其力。"

这些话在吴茂珍的记忆里留下了深刻的印象。

"三反"运动开始,社会各阶层有问题的人不断汇聚到了看守所,情况更加复杂。到1952年11月,民政的同志对他说,省政府要在浙江安吉县建设一个大型农场,关押罪犯进行改造,问他愿不愿意去。这让吴茂珍有些纠结,一来自己刚刚跟邻村姑娘林翠花结婚,二来安吉离温州远了,有四五百公里路。回家跟父母商量,父亲问是不是吃公家饭了?吴茂珍又去打听,证实是招为国家正式干部了。就这一点,有正式工作,有个铁饭碗、有饭吃,吴茂珍便在家里的支持下离开了家乡。

吴茂珍以为只是招为干部的60人去报到,想不到还让他们带走1500名犯人。与这批杀人放火、坑害百姓、罪恶深重的犯人同行,陡然增加了危险感,他感到不寒而栗,更有些后悔。

千里大押解开始了。当年从温州到安吉也是山水相隔,道路崎岖。如今从温州出发,无论高速还是高铁,几个小时便到达目的地了。而吴茂珍所在的押解大军分成若干中队,根据预定的线路,从温州出发步行前往丽水,随后坐车到金华,从金华坐火车到杭州,然后转道坐汽车到泗安镇进入安吉,解放军派出一个连队押送。连长是个老八路,虽然没有文化,却是管理经验丰富,措施非常有效。队伍行进到丽水边界时,因为赶路错过了最佳的宿营地,那时天色很晚,干部、犯人都已经饥饿疲惫不堪,队伍也有些混乱。当时吴茂珍想,一旦队伍散乱,犯人跑进山林里,后果不堪设想。正在这时,一处高坡上响起两声枪响,只见连长挥动着手枪,大声喊叫:“大家听好,谁也不准乱动,否则我的枪不认人。”

队伍渐渐平静下来,连长又下命令:“所有犯人手牵手,四人一排,不许松手。再走三里路就到达宿营地。”

队伍在连长的厉声命令下,缓缓而行,虽然天黑了,还是安全到达了目的地。

当队伍经金华到达长兴的时候,农场的人已经在迎接。足足又走了半天,队伍才到达了农场,眼前呈现的是一片荒野丘陵,这与吴茂珍想象中的农场差距太大了。

犯人被押进了已经搭建好的草房里面,关押犯人的区域四周用竹篱笆围着,有看押部队六个哨棚,看押设施十分简陋。而吴茂珍他们被安排到庵堂里,地上铺着稻草,就在地上和衣睡着了。吴茂珍起初有些不适应,白天冷,晚上更是冻得够戗。在温州生活时,吴茂珍从来没有穿过棉衣,仓促来到安吉,没有厚棉衣,想不到天气是那么的冷。如今他回想起来,还觉得真不可想象,全凭着年轻身体好度过了寒冷的冬季。令吴茂珍印象深刻的还有睡草铺。晚上睡在草铺上,一翻身稻草声“沙沙”地响,根本无法睡觉。可接待的同志说,政委、场长都睡地铺,其他干部也一样,他也无话可说了。

第二天,场长给他们开会,部署任务。吴茂珍被编入二大队五中队,负责挖壕沟。据说上级领导视察了农场后,觉得竹篱笆太简陋了,必须挖些壕沟来防范逃跑。

据吴茂珍回忆,当时条件确实非常艰苦,每个干部只有 10 元津贴,6 元交给食堂,作为餐费,自己只有 4 元零用钱。早晨他到食堂吃过饭,然后到事务长这里领取中午的米,带上一点菜,将犯人带向工地。中午就找农民搭伙烧饭,如果找不到农民,就可能吃不上饭。晚上把犯人带到宿舍后再去食堂,有时候回来迟了,饭菜都冷了,只能勉强食用。

开始几年的生活和工作就是如此艰苦、单调而重复。

挖壕沟的任务非常繁重。100 多人的中队,干部却只有两人,管理任务非常繁重,根本无法轮换休息。他们从温州过来的人,大多是平阳人。平阳历史上其实是个移民之乡。有人总结说,平阳人性格倔强、坚毅、耐劳、狡猾、自我。这一点,吴茂珍非常清楚。所以说,他们温州中队任务完成得好,但问题出得也多。每个组的任务是根据人数确定的,如果有一个人做得少或者不做,就意味着其他人员增加了工作量。二组的组长实在支持不下去了,跑来找吴茂珍,说这个组长干不了了。

吴茂珍问:"为什么?"

组长回答:"吴队长,你必须给我调整一个人。"

吴茂珍问:"谁?"

组长回答:"王醒来。"

吴茂珍心头一震,王醒来是复旦大学的教授,是中队学历最高的人,平常看上去也比较斯文,他会有什么问题?

吴茂珍连夜把王醒来找到办公室。

王醒来还没有弄清怎么回事,吴茂珍便冲着他发了火:"王醒来,为什么出工不出力?你们组长都不想干了。"

这火一发,王醒来似乎清醒了。令吴茂珍没想到,王醒来似乎早就胸有成竹了。

他不慌不忙地说:“吴队长,我不否认我挖壕沟拖了小组的后腿,但是我是有情况的。我是复旦大学毕业的,是教授啊,让我教书,让我做统计,让我出黑板报都是可以的,怎么能让我干这些体力活?壕沟我挖不了,至少完不成别人的任务,你们就是打死我,也是没有办法完成的。”

吴茂珍听了他的话,竟然无言以对。他觉得王醒来讲的是有些道理,这应该怎么办呢?他想了想后问道:“你想干什么?”

王醒来说:“劳动分为脑力劳动和体力劳动,我并不是不愿意劳动,而是适应脑力劳动。”

王醒来作为教授,已经 50 多岁了,是中队里年纪比较大的,将他放在与年轻犯人一个水平上比,的确是不公平的。但是现在将完不成任务的人调离岗位,恐怕其他犯人不服。他一直想当文化教员,但是过不了劳动关的人怎能安排脑力劳动呢?想到这,吴茂珍说:“王醒来,看在你年纪大点的分上,我给你减少三分之一的任务,如果一个月之内完成得好,你就是中队里的文化教员了。”

王醒来这次是不醒来也不行了,连忙表示态度,保证完成任务。结果他真的完成了任务,王醒来自己也感到不可思议,竟然渡过了艰苦的劳动关。

多年以后,吴茂珍回忆起当时挖壕沟的工程时,仍然感慨万千。挖壕沟是体力活,全靠双手挥锄,人挑肩扛,那些从来不劳动的犯人,经受着脱胎换骨的考验,劳累和艰辛可想而知。

壕沟挖好之后,便开始了连续的垦荒。我问到犯人的管理时,吴茂珍说在当时的高压态势下,犯人管理还是比较顺利的,除了个别犯人思想上的问题,特别是害怕艰苦的环境,中队并没有因此发生其他大的问题。

在安吉的生活是艰苦的,但也是快乐的。吴茂珍回忆说,调到安吉农场工作,直到老婆 1955 年到安吉,两年多时间里他只回家去了一次，真的是以农场为家了。

1952 年，当吴茂珍去安吉农场工作时，大女儿出生了。远在安吉的他只能通过老婆寄来的女儿照片享受天伦之乐。1955 年初，他回家了，这一次他把老婆和孩子也接到了安吉农场。年底，二儿子出生了，1957 年二女儿也来到了这个世界，对吴茂珍而言，他将在这里为老婆孩子创造一个美好的明天。而事实却相反，老婆一来就住在了草房，更没有工作可以安排。一家人靠他一个人的工资恐怕是支撑不下去的，他的老婆也只能为干部洗洗衣服，打扫卫生，挣点工钱。

由于有小学文化，吴茂珍被安排到机关当过秘书，后来还到大队当过文书。让他感受最深的是，1956 年 10 月 21 日动工的天子岗水库，1958 年 5 月竣工，完成土石方 50 万立方米，投入劳力 40 万工日。他曾经带着犯人在梅雨来临之前，连续奋战三天三夜。武装人员在四周警戒，他们干部也和犯人一起劳动。毕竟没有干过这样的重活，肩膀很快就磨掉了皮，两条腿第二天连站都站不住了。我问吴茂珍这样辛苦，为什么还要留在农场？他说，我当时想，只要有份工作，有口饭吃，能当个国家干部，什么困难都可以克服。

吴茂珍坚信，坚持下来就是胜利，他真的做到了，真的坚守了一生。

吴茂珍想到过去的岁月，眼眶渐渐红了起来。

通讯员“陈小鬼”，农场年龄最小的干部

2012 年 11 月，浙江省南湖监狱成立 60 周年时有幸请到了建监第一任场长尹祥立同志。当年近 90 的老人蹒跚走上新指挥中心台阶，看到许多年迈的老战友时，他的眼泪禁不住流下来了。他那双被泪水蒙住的眼睛在人群里不断地找寻一个人。工作人员问他找谁，他说找陈小鬼。工作人员不知道谁是陈小鬼，便去问老干部。打听之后才知道，原来陈小鬼就是退休干部陈允瑞。

当陈允瑞走到老场长跟前，用那颤抖的手握住老场长的手时，老场长仔细地看着眼前的陈小鬼，唉！这哪是以前的小鬼啊，已经是一个老头了。

“尹场长您好啊！我，我是陈允瑞，陈小鬼啊！”陈允瑞激动得说话有些说不清楚了。

这一晃已经60年了。昔日风华正茂的青年，如今已经白发苍苍。

“陈小鬼啊，你不是小鬼了，你也老了！”老场长感慨万千。

陈允瑞对这次相见一直记忆深刻，他想不到60年后，老场长还能记得他。农场建场的时候有几百名干部，老场长为什么独独对陈允瑞记忆深刻？原来陈允瑞是农场的通讯员，又是全场最年轻的干部，当时实际只有16岁，大家都叫他“陈小鬼”。

陈允瑞是浙江黄岩龙桥人，1936年生。他家里比较穷，兄弟也多，有一个哥哥，三个弟弟，一个妹妹。1952年台州公安处招收公安部队，陈允瑞非常想参军，为家庭减少负担，就隐瞒了真实年龄，报名

建场元老陈允瑞

参加了公安部队。陈允瑞至今还记得,当时招收兵员的同志见他长得太小,不相信他已经18岁,便不让他参军。他死皮赖脸,招兵同志被他纠缠得头痛了才答应收下。刚入伍,个子不高的陈允瑞穿上军装后也没有显得壮实些、长大些,毕竟才是16岁的孩子,怎么着也是未成年人。复员大队的大队长碰巧路过,看到公安处招了个小鬼,人长得挺机灵的,就当即把他要去,当了大队的通讯员。

陈允瑞参加了部队,有了正式工作,心里非常高兴,整天开开心心,一会跑腿送文件,一会替大队领导传话,也不知道什么是累。照顾领导的生活时,特别勤快上心,大队上下都挺喜欢这个小鬼。

到了1952年底,突然宣布他跟随看守所押送犯人到浙江安吉农场去。

陈允瑞一下子愣住了。

安吉在浙江的北面,离台州几百里地,而且还是山区,生活习惯与海边也不一样,以后怎么办?况且刚当几天兵就要脱下军装了,真的舍不得。想到这,年纪轻轻的陈允瑞哭了起来。

大队长也舍不得这个小鬼,如今大批犯人要送走,地方上公安部队也不用那么多人了,部分复员的同志只好去农场工作。大队长找到陈允瑞说:"小鬼啊,我们共产党干部就是一块砖,哪里需要往哪里搬。农场虽然远一些,但它是个新建设的单位,以后你们年轻人会有很好的发展前途。去吧,当年我们参加解放军,可是从北方渡江过来的,我的家在山东,一千多里地呢。我们为什么?还不是为了革命吗?"

大队长这饱含深情的一席话,对陈允瑞产生了极大的作用,也是他后来能够坚守农场一辈子很重要的原因。

1952年12月,在张家友、方哲高、王相佑、陈允瑞等39名同志押送下,台州的1500名犯人踏上了北上之路。

陈允瑞至今还记得,除步行以外,他们还租用了民用木炭车,那是一种当时非常简易的车辆,浩浩荡荡几十辆一路向北,沿途引来大批群众驻足围观。

给陈允瑞印象最深的是队伍经过杭州城时,犯人留在体育场过夜的那个夜晚:汽车在体育场整齐排列,犯人就地休息,看押部队在台上执勤警戒。

体育场在如今的杭州体育场路一带,就是《浙江日报》和浙江体育馆的地址。

当年,曾国藩在湖南创立了湘军,左宗棠在浙江创立了楚军,主力就驻扎在杭州,以前这里叫楚军营盘,也叫大营盘练兵场。1929 年 4 月,杭州在这里举行了民国第四届全国运动会,营盘改建成了 400 米跑道、足球场、排球场、网球场,各场之间用竹篱相隔,四周均有木质看台。

想不到这个体育场,竟然还临时收押过犯人。

在杭州留宿一晚后,天刚蒙蒙亮,队伍便出了城,一直到下午三四点才到了浙江长兴县的重镇泗安。但泗安镇距离农场所在地还有十几公里。

泗安镇位于浙江省西北部,太湖西南岸,雄踞浙、皖,长兴、安吉、广德两省三县结合部。泗安镇建于隋朝,筑有城池,城有长安、广安、吉安、宜安 4 门,故旧名四安;另因其四方平广,或以保障吴兴、宜兴、故鄣、广德 4 处而名。据传近代此镇向西发展为上、中、下四安,并有水路可通湖、杭、苏,故在“四”字上加上三点水为“泗”,即称“泗安”。1949 年解放时建泗安镇,为区人民政府驻地。

到了泗安,看上去是个不错的镇,陈允瑞也非常兴奋,但接应的农场领导大手一挥,说还要走几十里路时,与很多干部一样,陈允瑞的心都凉了半截。

押送犯人的大军走在弯曲、坑洼的小路上,四周全是野草,路上不断有人被树枝和草根绊倒,还有的被地上植物的刺划伤,这让陈允瑞他们感到非常的紧张。直到天黑,队伍才到达农场,待押解犯人被安置在搭建好的农草房里后,干部才被安排住进农房休息。

经历了几天的押解,疲惫的陈允瑞本想休息一下,但想到新单位还有许多工作要干,第二天很早就起床了。当他走到农房外,看到到处是荒野杂草时,他的心情又变得更加复杂起来。

从小在海边长大的他,对这样的荒岗野岭十分陌生,况且远离家乡和亲人,16 岁的他不知道以后该如何去面对这一切。

犯人被收押在一个坡地上,四周都是用竹篱笆围着,还有竹棚岗楼。台州来的编入四大队,一个大队有十八间草房,打着地铺睡觉,据说正在编竹床。吃了早饭,那是面包和稀饭,陈允瑞觉得还行,反正肚子觉得饥饿,三下五除二就把自己这份吃得干干净净。干部带着犯人到了一块空草地上坐下,露天召开了一个大会,刘政委和尹场长都讲了话,对台州的干部表示了欢迎。当然,陈允瑞记得最清楚的是,尹场长说这里条件艰苦,能不能坚持下来是对每个同志的考验。

台州来的犯人被派的任务是开荒。大队人马被带出几里地或者十几里去开荒,午饭在工地上吃,晚上回到食堂吃。

带犯人劳动虽然辛苦,但毕竟要管理犯人,组织生产,个人的事情便放在一边没有多少心思去考虑。有一天,尹祥立场长到工地察看开荒的情况,突然他的眼睛一亮,表现出非常的惊奇。原来他看到了陈允瑞,怎么还有娃娃脸的干部?这不是个小鬼吗?他怎么当了干部?一连串的疑问在尹场长的脑海闪过。

“小鬼,你过来?”尹场长向陈允瑞招手。

陈允瑞也知道高个子的北方人是场长,只是从来也没有打过招呼。场长叫他过去,令他有些紧张,走到场长跟前还不敢说话,只是看着场长。

“小鬼几岁了?”

听到场长问自己几岁,陈允瑞心里更加慌张,生怕领导知道自己虚报了年龄。于是回答也有些结巴:“我,我 18 岁了。”

尹场长哈哈大笑起来:“小鬼,我看你不到 18 岁吧?骗人的吧?”

陈允瑞涨红着脸说:“我真的 18 岁了。”

尹场长摆摆手,表示相信他说的了,又说:“小鬼,我看你挺机灵的，年纪又轻，到场部当通讯员怎么样？"

尹场长这一说，陈允瑞不知多么高兴。以前在民政局就当过通讯员，这回又干上老本行了，便点头答应了。就这样，陈允瑞当上了通讯员，成了农场瞩目的"小鬼通讯员"。

说起通讯员，似乎比带犯人劳动轻松一些，其实不然。当时农场没有交通工具，要去县里、乡里、村里、大队、中队，全部靠两条腿，一天的路下来，起码几十公里。据陈允瑞回忆，每次到安吉梅溪去拿送文件和材料都要一天时间，早晨天不亮出发，中午才到达县里，办完事情连忙往回走，一般是天黑才到家。特别是遇上雨雪天气，道路被水淹没，大雪掩盖了路面，此时，叫天天不应，叫地地不理，加上荒野的寂静，他现在想起来也感到可怕。有一次去的时候，沟里的水还能过人，回来时因雨水大，水流很急，他不知如何是好，情急之下，去找了竹杆撑着，好歹人没冲走，勉强过了沟。

在陈允瑞的印象里，自己最费的就是鞋，经常在走路时被磨破损坏，几乎每年都要换几双。由于跟着场领导，领导上班他上班，领导下班后他才能休息。建场初期，农场领导整天下工地，晚上经常开会，工作常常到深夜，根本没有休息天，陈允瑞也就照样"奉陪"到底。

通讯员"陈小鬼"虽然吃了不少苦头，终究坚持下来，通讯的工作也干得非常出色，场领导对这个小鬼都非常喜欢。陈允瑞说，他一直干到 1955 年才调去开荒队。

方关宁：农场史上最早的会计

南湖监狱的退休老干部方关宁，可谓是大名鼎鼎。名气在哪？方关宁是勘察小队成员，是目前建场"四元老"的第一位，他是最早到农场的干部，又是农场最早的会计。

2002 年，农场走过 50 年历程的时候，方关宁写下了《1952 年，难忘的岁月》回忆文章。方老的回忆真切翔实，仿佛让我们又回到那轰轰烈烈的艰苦创建的岁月中了。

对这位老人的经历，我一直有着极大的兴趣，因为他是目前监狱所能找到的、最能清楚地述说农场最早创业史的人。2017年春节后的一天，我特地去湖州市区塔下街拜访方老。年过九旬的方老依然非常健康，看得出，农场繁重的劳动艰苦的生活，不仅锻炼了他的身体，更加磨炼了老人的意志。但他耳朵失聪，已经无法听清交流的语言，借助助听器才能勉强听到我的提问。

谈起过去的生活和工作，方老显得非常激动。60多年前的往事，时时萦绕在老人的脑海。随着年龄增加，那种回忆和留恋的心迹更加明显。现在的事情他可能很快忘记，而过去经历过的艰苦岁月，经历的往事，在老人的心中却永远无法忘怀。他对我说，之所以现在能够吃辣，就是从建场的时候开始的。

方关宁是第一批进入"浙江西伯利亚"的测量队六名干部之一。

建场元老
方关宁

而六人当中，留在农场干到退休的仅他一人。

方关宁是浙江永康龙山人，父亲当过小学老师，做过生意，后来是京沪铁路局的职员，母亲吕氏务农，有两个姐姐，二个妹妹，一个弟弟；家里有几十亩地，十几间房，家境还行。抗战时期，永康沦陷之后，他一度辍学在家。后来形势稍为稳定，也因为条件允许，他在杭州安定中学（缙云校区）读完了初中，后又转到杭州安定中学（杭州葵巷）读完了高中。当时，杭州刚刚解放，方关宁也没有什么事可以做，便在家待业。有一天，方关宁正在浙江干部学校三部二班学习的堂兄方士心来看他，堂兄的介绍，让方关宁兴奋、激动不已，他的心再也不能平静下来。不久，方关宁就报名去参加浙江干部学校三部十班学习，结业后向组织承诺，在浙赣一带工作都能服从组织分配。方关宁的文化水平被领导看中，被招录到浙江公安专署公安处，担任了内勤统计工作。自此，方关宁便一直没有脱离财务工作。

1951 年 3 月，方关宁调入临安专署公安处劳教院，第一次接触到了犯人。1952 年秋，被派往安吉勘察农场地址，随后留在安吉农场工作，成为创建南湖监狱的元老之一。1955 年 6 月，他被调往舟山 0086 部队营建委员会，担任总务会计。1955 年 12 月，他被突然调到杭州郊区的某单位担任生产会计。在这里，他遇了爱情——一个名叫丁水娟的女会计。他的爱情始于杭州。日后，丁水娟成了他的妻子。1956 年 3 月他被安排到省公安厅文化学校总务会计，打算与心爱的人一起在西湖边生活与工作。没想到，1957 年 12 月的一纸调令把方关宁调到几百里之外的衢州官碓手工厂当了会计。那也是一家关押犯人的工厂。在仅仅待了三个月之后，他又接到调令，去了衢州化工陶瓷厂。这一次不是担任会计了，而是下放劳动。下放劳动日子果然与当会计时不一样了，必须在车间劳动。累，他并不怕，而是思念让他揪心，原来他的恋人已经调到安吉农场去了。这一次方关宁下定决心，必须回到自己曾经开创的那片土地上去。1959 年 8 月，他又回到了安吉农场，担任的依然是会计，回到了与自己的爱人，与自己日夜眷念、朝思暮想的那片土地。

短短的几年，方关宁调动了许多单位，经历了很多，但他觉得自己印象最深的就是南湖林场，自己的根就在那。

回忆建农场的经历，让老人感受最深的就是环境的艰苦。当年，方关宁作为勘察队踏入有“浙江西伯利亚”之称的浙北荒野的时候，这里人烟稀少，环境恶劣，就连村民也很少，定居周边的百姓，也是从他处移民而来。这样恶劣的自然环境和生存条件，有谁敢相信这里能够建设农场？

在当地农会的支持下，勘察队进驻整个区域最好的房子——被农会没收的杨家大院。这是由五六间构成的地主庄院。勘察队从地主家借了两间，一间犯人住，一间干部住，全部打的地铺。

每天天一亮勘察队就去勘察，直到晚上才能回家。中午吃饭只好找人家搭伙，如果没有人家，勘察队员就得饿肚子。

这里的生活非常艰苦，方关宁吃辣也是从这里开始的。据他回忆，当时缺油，炒出的菜没有味道，只好放辣椒，刺激味觉，慢慢地他竟然养成了吃辣的习惯，以后的几十年再也没有改变。

第三天，队长张浮泉特地嘱咐方关宁买 17 只哨子和一些煤油回来。煤油可以理解是晚上点灯用，可是哨子派什么用场呢？他一路走着一路想着，百思不得其解。方关宁清晨出发，傍晚回来，来回七八十里，走得两腿酸痛。虽然累，第二天，他还是跟着去了荒岗，哨子声响了，这时他才知道，哨子原来有极大的作用，因为茅草较高，人走进去就会失踪迷路，有了哨子可以相互联络，避免发生危险。

勘察队很快遇上了另一种危险。这里村民普遍养狗，见生人就狂乱扑叫，还有荒野里的野狗都非常凶猛，见到人就扑上来咬。一名犯人的腿差点被咬坏。张队长回到驻地就制作了木棍，给每个人都配备了一根打狗棍，以防被狗伤害。

由于地形不熟悉，当地村民又不了解勘察队，测量中走了很多的冤枉路。

为了节省时间,勘察队在一个地方待上几天就走,测量到哪里就住在哪里,搬家找地方睡觉成了常事,有时住进别人遗弃的房子,里面臭气熏天,甚至还有没有清理的尸首。

勘察非常艰难,但所带来的这些犯人都具备了很好的测量技术,工作进行得比较顺利。两个月后,勘察报告提交到了省公安厅。方关宁当时想,勘察结束了,可以回教养院了。可上面仍然让他待在"浙江西伯利亚",难道真的要在这里奉献青春了?那颗本来悬着的没有放下的心,这一次变得更加沉重了。公安厅同意在禹家和高房两乡这片荒野建设农场的批复下来了。这样,方关宁成为农场建设的第一批干部。作为已经进入场址的干部,方关宁只能面对现实、面对眼前的困难了。

1952 年 11 月开始,大规模的犯人和干部进入农场,正式开始了农场的初创。

作为会计的方关宁,仍然担负起会计的工作。虽然是浙江干部学校结业,又是高中生,其实对财务会计工作是不太熟悉的,打打算盘还行,但要独当一面进行财务分析,对于只有高中水平的方关宁来说,可谓压力不小。勘察队十几个人的伙食账还能应付,可是建设需要大量的材料,进出手续复杂,做账是非常困难的,怎么办?方关宁心事重重,整晚都没睡好。

一天,场长把方关宁叫到办公室:"小方,农场建设马上开始了,你是会计,得把账给我算清了,做实了。我们现在可是叫花子要饭啊,手上没有几块钱,每一分都要省着花。"

方关宁一听这话,心里便有些负担,低头不语。

"有困难?"场长问。

方关宁很为难,只好直言相告:"场长,基建的账我没有做过。"

场长一听,哈哈大笑起来,挥挥手让方关宁跟他出去。

场长个子大,腿又长,方关宁几乎是小跑似地跟着来到了犯人居住的农户家里,只见有四个犯人在等候。

场长指指几个犯人:“不懂会计,我们可以学习。这几个人交给你了,他们过去都做过会计财务工作,以后就是会计组的。”

场长说完就走了。方关宁这才明白,场长已经为他找好了犯人会计,专门成立一个会计组,这下子农场的财务会计工作,终于可以做得像样一些了。

在当时,使用犯人是很普遍的现象。这四个人过去都干过会计之类的活,其中一个苏州籍的高级会计,能力水平非常高,账目也做得很好,方关宁从中学到不少的东西。我从保存下来的财务报表里看到,当时农场的账做得非常细致,内容极为翔实,在当时的条件下,全凭算盘和人工抄写,是很不容易的。

会计工作总算是建立起来了,各种台账每天晚上送到方关宁的桌前,他要利用晚上的时间审查这些账目,由于进出量大,内容多,常常忙到深夜才能休息。

我问方老:“苦吗?”

方老回答:“真的苦!”

“当时没有想过再调走吗?”

方老听到我的问话,迟疑了一会,像是自言自语又像是回答我说:“有感情了,离不开了。”

“大老王”,一个来自北方的汉子

2006 年,作为监狱第二代的王统献同志退休了,他是第二代中退休最早的人之一。

说起王统献,南湖人都知道,他在很小的时候便随父亲到了农场,后来担任了监狱的副政委和工会主席。他的父亲王铸兴,人称“大老王”,也是农场创业时最早的人之一。

王铸兴 1914 年 7 月出生在江苏赣榆县,年轻时在家务农,一家七口，靠着两亩地，三间房，艰难地生活着。年轻力壮的王铸兴为了补贴家用，帮人挑担、推车，也因此见了些世面，当然也渐渐知道了一些共产党的事情。1943 年，由于人长得高大，为人爽气，被当地游击区伪政府看中，让他担任赵家沙村的保长。那是日本人统治时期，他怕担任这一职务以后说不清楚，便找到武工队霍队长。霍队长让王铸兴继续担任赵家村的保长，以便了解日军的内部情况。王铸兴凭着胆大心细，与鬼子伪军周旋，跟着鬼子伪军要粮要捐，但没有伤害过百姓。身在朝营心在汉，自然陡增了危险，几个月之后王铸兴便辞职不干了。鬼子投降后，王铸兴参加了村革命组织，担任宣传委员，后来参加了区工作队。

1948 年，王铸兴随南下第三纵队六大队到了浙江，组织上决定他到浙江仙居县粮草供应站当站长，1952 年他担任了城关区粮库的主任。本打算在地方干一辈子的他，怎么也没有想到，1952 年底，王铸兴突然接到命令，命他到安吉农场担任队长。自此，王铸兴与监狱结

建场元老王铸兴

下了不解之缘。

王铸兴得到“大老王”的绰号，他的“三大”，也是名副其实：个子大，他有一米八高，在部队时就常常是“排头兵”，到了农场干部队伍中也总是鹤立鸡群、威风凛凛；嗓门大，中气足，老远就知道老王铸兴在说话了，听声音就知道他在干嘛了；脾气大，北方人的豪迈，做事干脆利落，从不婆婆妈妈，大伙习惯叫他“大老王”。

从仙居到了安吉农场，生活发生了很大的变化。当时在粮库的时候，王铸兴准时上下班，生活过得挺好，有滋有味。而到了农场，住的是草房，饭也吃不饱，与城市相比，反差实在太大了，这多少有些让王铸兴后悔。

尹祥立场长也是大个子，对新来的王铸兴满心喜欢，同时也看出了王铸兴的心事，便对他说：“铸兴啊，粮库主任的好日子一去不复返了，以后就要适应这种苦日子了。农场目前是比较苦，相信今后会好的，在哪还不是革命嘛？当初参加革命打仗，能不能活下来还不知

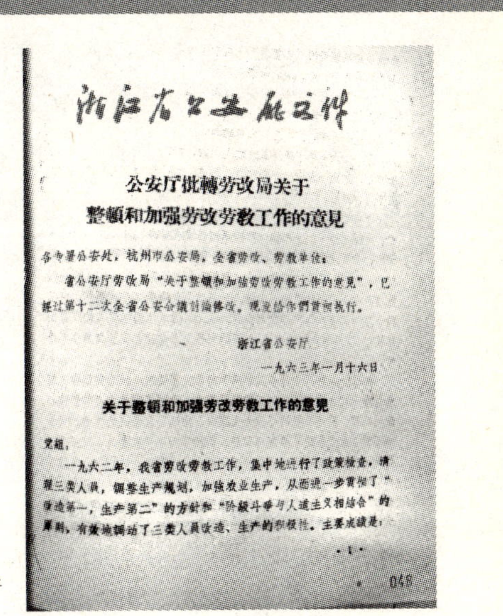
浙江省公安厅文件

公安厅批轉劳改局关于
整頓和加强劳改劳教工作的意見

各专署公安处，杭州市公安局，全省劳改、劳教单位：

省公安厅劳改局“关于整頓和加強劳改劳教工作的意見”，已經过第十二次全省公安会議討論修改，現发給你們貫徹执行。

浙江省公安厅
一九六三年一月十六日

关于整頓和加强劳改劳教工作的意見

党組：

一九六二年，我省劳改劳教工作，集中地进行了政策检查，清理三类人員，調整生产規划，加強农业生产，从而进一步貫徹了“改造第一，生产第二”的方針和“阶級斗爭与人道主义相結合”的原則，有效地調动了三类人員改造、生产的积极性。主要成績是：

·1·

048

1963 年浙江省公安厅文件

道,哪还考虑过什么好日子?”

王铸兴知道,坐在他面前的尹场长,是曾经的公安局长,场长都能坚守在第一线,也能适应这里的恶劣的自然环境和生存环境,自己难道还坚持不了?他对尹场长说:“场长,放心吧,我王铸兴不会当逃兵的。”

尹祥立等的就是他这句话。

尹场长交给他的第一个任务便是采购稻草。

“场长,我没有收购过稻草。”王铸兴对能否完成这个任务有些担心。

尹祥立看着他,口气有些嘲弄:“粮库主任难道没有见过稻草?”

“稻草怎么没有见过?我还经常下乡察看过稻田。”

“那就对了,只要有稻草的地方,你都可以去,用最便宜的价格买回来就行了。”

王铸兴开始为购买稻草忙碌起来。他对当地情况不太熟悉,便带上当地人,到各乡里去转转,每天走个五六十公里是常事。可是辛苦归辛苦,任务却不好完成。周边农村稻草非常少,根本不够用来盖房子的。怎么办?基建工程已经开始,其他中队陆续从山里运来了毛竹,一旦屋架形成,就需要稻草了。

王铸兴急了,四方打听,说是安徽广德县有稻草。他打听到这个消息,便马上带人连夜出发,走到天亮才找到了稻草,这时候他已经累得趴下了,不管老百姓怎么看,索性躺在稻草上就睡了一觉。

100 多万斤的稻草采购好之后,尹场长又找到了王铸兴,决定让他去带中队建草房。

建草房?这事没那么容易了。王铸兴扯开了大嗓门:“场长,你就饶了我吧,我没有搞过建设,根本就不会造房子。”

场长不因他的嗓门而改变主意:“你不会采购,不是把稻草买回来了吗?不会搞基建就不能学习吗?”

“买材料跟建造房屋是两码事,那需要技术。”王铸兴还是不想去建筑队里。

“劳改干部多数都没有管过犯人，现在不都在管吗？不懂，我们就不干了？现在建筑队缺少管理干部，你个子高，去当柱子顶一下还不行吗？”

尹场长这么一说，等于下了死命令，不服从也不行，“大老王”不好推脱，虽有些垂头丧气，也只好到中队上任去了。

让王铸兴没有想到的是，这个中队工作进展比较慢，思想上也有些混乱。

原来是个落后中队，场长这是在整我呢？“大老王”心想。

虽然“大老王”有些想法，但遇上问题时他来劲了，自然就不服输。王铸兴人高马大，在外人看来一副粗人相，其实他的心是非常细致的。王铸兴观察了两天，发现了队里存在的问题，便突然宣布停工一天，要求犯人好好洗换一下，睡个觉，想睡多久就多久。

队里几个同志有些不理解，如今时间紧，工期急，怎么还停工一天？

“我说‘大老王’啊，你这一停工，我们中队猴年马月才能赶上别的中队？”二分队的祝队长当面向他提出疑问。

“场长让我来管这个队，我能说了算吗？如果不算，你们让场长把我调回去，我还不想待在这里呢。”“大老王”依然是大嗓门、大脾气。

队里放假休息不出工影响工期，有人连忙将事情报告到政委、场长那里。场长摸不清“大老王”的意图，犹豫了半天，尹祥立还是决定不过问，也不阻拦，看看“大老王”葫芦里装着什么药。

当天晚上，“大老王”又突然将犯人集中起来训话：“大家都知道，休息了一天，意味着任务已经落后了一天，别的队就超过了我们。任务那么紧张，为什么还要休息？明摆着，这是按着脑袋往火坑里钻，心中窝着火呢。你们不觉得吗？”

“大老王”大嗓门一响，场上顿时鸦雀无声。

“我让你们停下来，一是让你们休息。你们来到安吉农场后，几乎就没有好好休息过，谁都不是铁打的，人是需要休息的。本队长让你们都换洗了衣服，好好睡了一个觉，给家里人写个信。目的就是一个，养足精神。第二嘛，人静下来就会想心事，好好琢磨一下自己哪儿做得不够，总结总结经验，目的就是明天要超过所有的中队。超过其他中队有可能吗？答案是肯定的，为什么？他们是泥工，我们也是泥工，他们是竹工，我们也是竹工，每个人都是两只手，同样是两个肩膀扛一个脑袋，我们队就比别人差？我‘大老王’第一个不相信，你们相信吗？”

“大老王”的话音一落，全场反响强烈，异口同声：“不相信！”

“不相信就好！建设农场也是为了国家经济建设，你们当中许多人都是农民，知道土地的珍贵，知道少不惜力，老不歇心的道理。如果我们把这几万亩荒地变成了良亩，是不是做了件有良心的事情？今天吃点苦头，就是为了今后的幸福。你们虽然是犯人，但很快就会变成好人，回到家乡就是一个好庄稼人。明天是驴是马，我们就在工地上见识一下。”

其实“大老王”首先要解决的就是士气问题。这些犯人被押解到这偏僻的荒野里，思想上还想不通，干活没劲。所以，解决思想问题是最主要的。

第二天，休息了一天的犯人生龙活虎，干活的劲头十足，当天就超过了其他中队的任务，这让场领导和其他中队的同志非常吃惊。

当“大老王”也为自己的成功庆幸时，麻烦事来了。有人报告：“王队长，茅专员不干了。”

“大老王”对“茅专员”知之甚少，只知道“茅专员”是江苏人，国民党中统局专员，上校军衔，1952 年被判处三年徒刑，明年就能回家了，是犯人里职务最高的。

他走到工地上，只见“茅专员”蹲在地上。

“我的上校啊，怎么回事？”“大老王”问。

“照这样做下去，我怕死在这里，回不去了。”“茅专员”语气中透露出淡淡的忧伤。

“劳动改造，不劳动你怎么改造自己？”“大老王”又问。

“王队长，我大小是个上校，怎么能跟他们相提并论？我体力干不过他们，动脑子肯定不会比别人差。”“茅专员”觉得自己的理由非常充足。

“大老王”点点头：“上校嘛，确实是有本事啊。别的队里还有国民党少将呢？那怎么安排劳动？”

“茅专员”听了一愣，随后摇摇头。

“大老王”这次脾气特别好，他和气地对他说：“这样吧，你还是留在牢房吧。来人！”

带队干部连忙过来：“王队长，有什么指示？”

“这位上校要干脑力劳动，我觉得我们可以满足他的要求，带回去，要他交代自己当国民党中统专员的时候做了哪些坏事，每天必须写上十页纸，少了重新写，内容要详细，不准胡编乱造，所犯罪行要彻底交代清楚。”

“茅专员”吃了一惊，想不到眼前这个“粗人”还会来这一手。“茅专员”还想申辩，但为时已晚，“茅专员”只好被带队干部拉走。

就这样，“茅专员”在牢房里待了不到一周，主动要求出来劳动了，因为他实在交代不下去了，觉得还是参加劳动来得干脆。经此一闹，“茅专员”悟出了道理，只有踏实劳动才能改造自己的思想。

就这样，“大老王”名气也越来越大。俗话说，人怕出名猪怕壮。但“大老王”不怕，冲着他这副干劲，农场没有少给他压担子：在机关、二大队、杨家桥、铁板冲、长隆、五大队、六中队、南北湖、试验站等，基层几乎所有的事都做过了。虽然能干，但他再也没有升过官，中队级干部一直干到离休。

在农场，许多干部像“大老王”一样，不为名，不为利，只为做好本职，默默无闻地工作、奉献在基层第一线，坚守了一辈子。

粮食，一个“老红军”心中的梦想

说起“老红军”杨良，农场里可是无人不知，无人不晓。

杨良不仅是老红军，还是农场创建时的元老。其实，农场人对杨良的了解并不全面。与他同时代参加革命的许多同志，担任了重要的领导职务，而他却甘心把农场作为自己的家，将农场作为实现“梦”的地方。为此，杨良在“浙江西伯利亚”为了实现心中的那个“梦”，整整坚守了一生。

杨良的那个梦想就是“粮食”。粮食的生产和加工这个梦伴随了他几十年，虽然这其中杨良的工作有变动，但他的“粮食”梦一直伴随着他，直到退休，离开他心爱的工作岗位……

说起杨良对农业生产的热爱，缘于他参军之后的不平常的经历。

建场元老、老红军杨良

杨良是浙江平阳北港区人，1916年，出生于一个雇农家庭。杨良十岁时就给人家放牛，十四岁去当学徒做工，直到1937年4月杨良二十一岁时参加了新四军。当时杨良参加的部队是新四军第二师教导队，当兵第一天就被派到后勤班当了一名伙夫。本想参军打日本人的他，没有想到竟然当了伺候人的伙夫，一时想不通闹情绪。教导队经常有各连队的同志来学习，没事情的时候唠叨的尽是打仗的事情，说得他心里痒痒的，吵着要下连队去。

教导队队长觉得这青年的确是块料，但还是年轻气盛，有意磨炼他："你如果把饭做好了，立刻让你去连队。"

杨良一听来了劲，风风火火地干起来了，把伙食办得人人夸赞。嘿，想不到这一干，竟然把这伙夫干出了名气，教导队的人反映都不错，不到半年杨良就当上了炊事班班长。

"队长，我还是不干班长吧，你让我下连队打仗去。"杨良还想着当初队长的承诺。

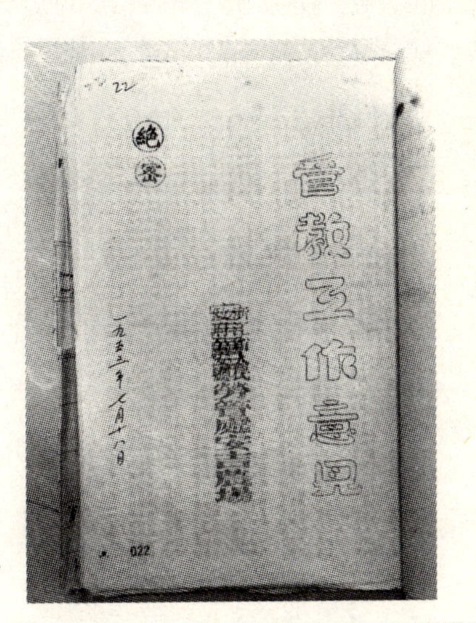

1953年安吉农场管教工作意见

队长一听乐了，这小子脾气挺倔强，没有忘记他的话，可他心里压根不舍得放他走："这样吧，你再干半年，不管有没有仗打，时间一到，我立即放你走。"

虽然心里有气，怪队长不讲信用，但他也没有办法。俗语讲，官大一级压死人，只好忍着再干半年。

半年时间很快到了，正当杨良为即将上前线打仗偷乐的时候，上级却任命他当事务长，虽说是排级干部了，但让杨良万万也没有想到事情会发展到这步！

杨良心里就是想不通，明明是说好了的，怎么突然又变卦了呢？杨良想了许久，还是硬着头皮找队长说理。队长两手一摊："杨良同志，我也想让你下连队，杀鬼子立战功啊。可如今我说了不算了，你是事务长了，是干部了，你的调动必须由团里领导才能定了，要不你自己去找找团长。"

得，队长把皮球踢给了团长。这一下下连队没戏了。杨良没辙了，只好继续在教导队搞着后勤工作。

1939 年 5 月，为了迅速打开长江以北、淮河以南地区的抗战局面，统一领导新四军各部的对日作战，正式成立了新四军江北指挥部。不久，江北指挥部对其所属的第四支队及其他江北部队进行整编，在第四支队第八团的基础上，正式组建了新四军第五支队，罗炳辉任司令员，郭述申任政委，周骏鸣任副司令员，赵启民任参谋长，方毅任政治部主任。第五支队下辖第八、第十、第十五团三个团，共 2000 多人。第五支队成立后，按照中共中央以及新四军军部的指示，深入皖东敌后，展开广泛的游击战争，壮大和发展了这一地区的抗日力量，开辟了以半塔为中心的皖东津浦路东抗日根据地。

部队到达安徽后，1939 年底杨良调到五支队八团一连当排长，这一次总算圆了他下连队的心愿。8 月，罗炳辉、郭述申率八团一、二营、十五团和支队部机关相继挺进津浦路东。

路东地区，地处津浦路以东、高邮湖以西、淮河以南、长江以北。

当时，这个地区除来安、盱眙两个县城仍由国民党旧政权控制外，周围城市均被日军侵占，五支队进入路东后，将这块地区划为5个区域，分兵5路，开展敌后游击战争。八团三营在来安、滁县，一营在天长、扬州；十团在盱眙、嘉山；十五团在仪征、六合；支队部和直属队在半塔集一带。各级领导和政治机关积极宣传群众，扩大部队，进行统战工作，并配合路东工委，建立党组织，发展新党员，组织人民群众，部队则不断打击敌人，保护群众利益。9月3日，滁县300余日伪军，在地方反动势力的配合下，进犯来安县城，企图一举歼灭在来安、滁县地区活动的八团三营新四军，切断我路东和路西的联系，逼迫第五支队退回路西。为了粉碎敌人的阴谋，保卫路东地区，支队决定乘敌立足未稳，先发制人，围攻来安。罗炳辉司令员亲自率领部队与敌激战3日，毙敌百余名，敌仓皇逃遁，我军取得收复来安城的胜利。

在这一战斗中，杨良光荣负伤，被转到盱眙县新四军医院疗伤。1940年1月，八团与新四军江南指挥部所属的苏皖支队在六合县竹镇会师，后勤保障任务非常繁重。这个时候，路东的县、区、乡党组织普遍建立，党组织由秘密转为公开，8个县的区、乡政府相继成立，地区性的政权机构路东联防办事处和军事组织联防司令部也组建起来，政权所及，人口达100余万。同时，县、区、乡武装和自卫队（民兵）以及各级工、农、青、妇等群众组织和儿童团也相继建立健全起来。路东地区的抗日斗争进入了一个新的阶段。

此时，杨良的伤势已经好转，组织上找杨良谈话，让他到天长县（现炳辉县）任粮食办事员。杨良心想，一个军人跑去跟粮食打交道，算什么军人？领导说："战争打的是后勤，没有粮食新四军就得饿肚子，怎么能打鬼子？"话都说到这份上，他只有服从组织分配了。

1941年1月，发生了震惊中外的"皖南事变"，形势变得非常严峻，1942年5月，组织上任命杨良到来安县当民兵队长和便衣队长，1944年8月杨良被任命为六合县八百区八百镇镇长。1947年3月，由于枪伤的影响，杨良不得不到江苏射阳县和盐城休养，并担任荣军学校的队长。

虽然身在地方，但杨良的心还是跟着部队。当得知部队要解放浙江的时候，回队伍的心情更加迫切。在杨良的再三要求下，组织上考虑他的情况，决定让他随部队南下，到浙江省平阳县贸易处粮食和粮食公司担任股长，负责保管工作。搞了多年的粮食管理工作，他对这一工作有了很深的感情，觉得把后勤工作做好，也是挺光荣的。1951年9月，丽水专区劳改大队成立，因为他有粮食管理经验，被派去担任供给股长。

1952年9月，温州公园派出所成立，杨良被任命为所长。这一次，杨良不觉有些纳闷和失落，自己转入公安了，应该不会与粮食再打交道了，心中舍不得，便跟组织上要求，希望继续在粮食管理部门工作。然而这一次组织上没有随他的心愿，他走上了不熟悉的公安岗位。想不到过了没多久，浙江省安吉农场成立，他又被调到安吉农场，担任副大队长，得知又能跟土地和粮食打交道了，杨良愉快地接受了任务。

到了农场，刘政委知道他是管理粮食方面的能手，便对他说："老杨啊，你是新四军出身的老革命，还干过地方工作，能文能武，农场非常需要你这样的有实战经验的同志。农场刚刚成立，粮食还不能自给，你是这方面的专家，多想想办法，自己能不能种植？一旦有了产量，争取自己办个粮食加工厂。"

杨良深深叹口气，得了，这辈子还得跟粮食打交道。他说："政委放心，我一定会想办法，争取把粮食加工厂办起来。"

俗话说，"兵马未动、粮草先行"。杨良多次从事粮食管理工作，深知粮食对一支部队、一个单位的重要性，没有粮食什么事情也办不了。

杨良到达农场的时候，基本建设已经初步完成，各单位主要是开荒种地。根据当地的实际情况，种植油桐7791亩，黄豆1226亩，玉米271亩，花生544亩，油麻350亩，绿豆289.5亩，马铃薯207亩，春荞麦130亩,蔬菜900亩,苗木种植5499棵。养殖方面也有了收获,养猪331头,羊110只。

“怎么没有种植水稻?”杨良到了二大队,问生产股的同志。

“我们这里是丘陵地带,地势比较低有水的地方都在农民手里,我们没有办法种植水稻。”股长问答。

“我们大队全年的任务多少?”他又问。

“五亿元。”股长回答。

“是不是少了点?”

“我们主要种植油桐,积肥料,产值是不高。”

杨良当过镇长,非常关心农业生产的方法,从到大队这一天起,每天都在地头,深入了解情况。

股长看到杨副大队长对农业非常上心思,便提出建议:“杨大,我觉得我们农业的管理方式需要改进。”

杨良这些天已经感觉到了生产方式的落后,于是问道:“你以为我们存在什么问题?”

“干部大多数是从部队下来的,对农业的认识还停留在农村小农生产阶段,比较粗放,产量普遍不高。”股长说出自己的想法。

杨良听了股长的话,心情比较沉重。过了几天,他在大队干部大会说:“同志们,农场已经进入种植阶段,可是我们农业生产浪费很大,效益不高。原因是什么呢?主要是我们的管理方法比较落后。我觉得可以采用‘三包四定’方式组织生产。三包是包耕、包产量、包成本;四定是定质、定量、定员、定材料。只要认真落实‘三包四定’措施,农业生产一定会走入正轨。当然,也要防止脱离实际、盲目冒进及保守狭隘思想的产生。这就是我对大队农业的看法,请同志提出意见。”

杨良的想法得到多数同志的赞同。大队生产逐步进入正常,效益逐步显现出来。但大队不能种植粮食,犯人的粮食全部需从外面采购,这成了“老红军”的心病,让他多少有些遗憾,发展水稻种植的想法于是产生。

二大队主要从事开荒，有了种植水稻的想法后，杨良到处寻找可以种植水稻的地块。可惜土层薄，缺少有机质和水源，找了许久也没有合适的地块。怎么办？杨良与队里同志陷入了两难的境地。

场长知道后对他说："老杨啊，水稻一时还种植不了，先种小麦吧。"

杨良倔脾气上来了："种小麦可以，但我还是不相信种不了水稻。"

不罢休的杨良带领队上的同志寻找了一块只有十一亩的地，开始烧焦泥灰和猪粪肥地，在边上挖塘蓄水，他要把开垦的荒地变成良田。

第二年这块十一亩的农田种植的粮食收获了，虽然亩产只有可怜的 64 斤，但杨良和他的同事都非常地兴奋，荒地变良田的梦想终于实现了，增加了扩大水稻种植面积的信心。对于此，杨良并不满足，他记住了政委和场长的话，必须有自己的米加工厂。当时农场还不可能大量种植稻谷，为了节省成本，杨良他们直接购买稻谷进行加工，既可以节约成本，砻糠也能得到利用，对农场是非常有利的。他的这一想法得到领导的支持。最早的农场加工点成立起来，从犯人中抽调部分有经验的人，砻米工具多数自己手工制作。28 名犯人一天能够砻谷 50 石(每石 150 斤)，最高产时 24 人砻谷 60 石，取得了令人满意的成绩。

杨良看着自己努力经营的加工厂虽然简陋，但毕竟已经产出了，露出了会意的笑容。正因为杨良对粮食的感情所在，在安吉农场工作两年后，他被调到杭州盐桥碾米厂担任厂长，也许是与农场的缘分，他于 1957 年后又回到了安吉农场，此后在农场的加工厂里又干了多年的厂长。

全靠两条腿，不服输的“采购员”

1947 年 1 月参加工作的干部郑诚是山东沂水人。

郑诚一直以是沂水人为荣，为啥？这个县历史上出了个名人，谁啊？就是大名鼎鼎的诸葛亮；这里解放战争中出了不少“支前”模范。

诸葛亮（公元 181—234 年），字孔明，号卧龙，蜀汉丞相，三国时期杰出的政治家、战略家、发明家、军事家。沂水县自古为兵家必争之地，抗日战争时期，山东省委、分局曾驻此。《大众日报》在此创刊，八路军山东纵队在此成立，沂水一度是山东革命根据地的领导和指挥中心。罗荣桓、徐向前、洪涛、黎玉、张经武、朱瑞、王建安等均曾在此战斗和工作过。抗战时期，在中国共产党的领导下，沂水人民奋勇抗日、支持抗日。发生在沂水的重大兵事就有 9 次，先后成立了 11 支

建场元老郑诚

抗日人民武装，有 3170 名青年参军，966 人为国捐躯，并涌现出模范军属王步荣，拥军支前模范李强德，“沂蒙红嫂”祖秀莲和“战斗模范村”李家峪，“从山密林的红堡垒”南墙峪等典型代表。解放战争中，又成为山东解放区的重要根据地，全县出钱出力出人支援解放事业，有 11，926 人参军，2474 人壮烈牺牲，支前民工有 27 万人次。粟裕、陈毅在沂水指挥了著名的孟良崮战役。沂水县人民为民族解放、新中国的诞生做出了贡献。

郑诚一开始在沂中县公安局当战士，主要任务是维护地方治安。1949 年 2 月，郑诚参加了南下纵队二大队四中队，担任通讯员，随部队渡江南下。这位山东汉子没想到，到了江南便再也回不去山东了。他本来以为部队要一直打到沿海去，却在浙江富阳县富春江边停留下来，在政府里当了通讯员和警卫员。1950 年 5 月，临安专署成立，他被调到民政科当通讯员。由于工作上的关系，他跟公安、法院联系比较多。有一天，他正送文件到法院，院长跟他比较熟悉了，便问他情况，得知他曾经在沂中县当过公安战士，非常感兴趣，因为法院正需要有看押经验的同志。经院长的要求，郑诚很快被调到法院担任看守班长。令郑诚没有想到的是，这一调动，竟然决定了他的一生，从此他与劳改事业紧密联系而不再分开了。

1951 年 3 月，郑诚调入临安专署余杭劳改大队担任事务长。到了年底，安吉劳改农场成立，从余杭劳改大队抽人时，郑诚被列入了第一批人员，他也因此成为安吉农场创建的元老之一。

郑诚到了农场，刘发清政委专门找到他说：“小郑啊，把你调来的时候，余杭劳改大队还不放，说你事务长干得不错。我想，你到了我们安吉农场，事务长就干不了了，但是有更重要更辛苦的工作让你去做，不知道你有什么想法？”

郑诚是山东汉子，性子直，拍拍胸脯说：“服从组织分配，叫干啥就干啥。”

一旁的尹场长上前来，用大手握着郑诚：“好样的！说实话，采购员的担子不轻啊。”

“采购员?”郑诚知道农场是新建单位,采购任务非常重,也非常艰难,他对自己爽快的承诺有些后悔。

尹场长看出小伙子有些不太情愿:“怎么了? 不想干采购员?”

郑诚连忙摇头:“既然说了哪能不干? 请政委、场长放心,我一定努力干好。”

就这样,郑诚做起了采购员的工作。据老同志回忆,当时的采购员是苦差事。安吉农场地处安吉西北的荒野地带,需要的建筑、生产、生活等各种资料都要到几十里以外的泗安镇、梅溪镇、广德县城等地去采购,不仅量大,而且复杂。当时有人说“采购员跑一年的路,赶上二万五千里长征了”。

当郑诚接手采购员的工作时,才真正体味到什么是苦了。到各地去了解行情,天不亮就出发,回来已经漆黑,全凭两条腿走路,都是崎岖的小路,跌倒受伤更是常事;遇上雨天,棕衣根本不管事,浑身湿透;由于农场材料需要量大,一个地方没有那么多,就必须跑几个地方去采购,连续的奔忙,累得几乎不能站立。累了,他们就躺在草丛里,恢复了体力继续走;对他们来说,吃饭尤为困难,到饭馆是奢望,更多时候是带着干粮,肚子饿了才想起吃饭。说是吃饭,也只是干粮就着用军用水壶自带的水匆匆地吃。但最让郑诚担忧的事情是现金。那时的采购都是带着现金去采购,不像现在可以用支票转票或电子转账这么方便,几名采购员分别带着现金,生怕丢失和被偷抢,倍感压力。

据老同志回忆,养殖场缺糠少料,领导让郑诚去采购。他接受任务后跑了长兴、广德没有糠;到吴兴县,吴兴的同志却告诉他,吴兴不是农场的供应地区,没有计划不卖。怎么办? 养殖场的猪还等着饲料呢! 郑诚到底是军人出身,军人的那股子坚忍劲派上用场了,他缠着他们领导不断地说农场在初创时期是如何地困难。精诚所至,金石为开,供应部门的领导被感动了,同意解决农场的困难。郑诚马上联系船只运送。12 万斤糠到达了泗安镇，已经是晚上，民工都想要回家，郑诚好说歹说才说服他们御完大多数糠，留下部分等天亮再搬进仓库。疲惫不堪的郑诚实在感觉太累了，也想好好睡一觉，可他担心天气不好，影响了这批糠，不肯回家。

联络站的徐荣根同志是从公安处劳管科过来的建场元老，他对郑诚非常熟悉，也知道他的脾气，多次劝说不见效，只好在仓库里找了一个地方让他休息。到了半夜果然下起了小雨，郑诚顾不得劳累，一边让徐荣根叫民工，一边自己去抢运。糠是被抢运到了仓库，而郑诚累倒了，从此落下的病根，身体一直多病，晚年更是经受了支气管炎和肺心病的困扰，苦不堪言。

不仅是采购物资，当农场从开垦的荒野里种出了粮食的时候，领导想用自己的果实换取一些收入。地瓜产量一度达到上百万斤，除了农场人员正常食用，有部分可以出售。场长让郑诚去上海销售，郑诚沉默了。徐荣根一起参与地瓜销售的联络，也感觉担子很重。徐荣根了解郑诚的病情，生怕他累倒，便劝道："老郑，你身体吃不消就别去上海了。"

郑诚摇摇头，还是接受了任务。当地瓜从水路出发的时候，他带人先坐火车出发，没想到火车到达嘉兴时，他突然感觉胸口一热，一大口血喷涌而出，吓坏了随同人员和列车员。一同前往的同志让他回去，他摇摇头说："我没事，放心好了。领导那么信任我，一定要把地瓜销售出去。"

郑诚坚持到了上海，顾不得生病，开始到处推销地瓜。别人对农场不了解，对产品也不太信任，郑诚不厌其烦，反复做工作。也许是山东人的真诚和耐心打动了他们，一些单位答应进购部分地瓜。销售单位基本落实后，没想到地瓜运到了后没人要。原来地瓜是从水路运输的，闷在船舱里有些烂了。郑诚跑到码头，看着整船的地瓜不知如何是好。大家心里非常难受，完不成领导交给的任务不说，农场的果实损失更让人心痛啊。郑诚不愿接受这个事实，他对大家说：

"同志们,我们把地瓜分类,把好的和差的分一下,一定会销售出去的。"经他一动员,大家信心十足地干了起来。然而,郑诚已经感到非常疲惫,刚搬运了几包地瓜,突然又吐出一口血来。但他还是不肯休息,坚持着跟大家一起干。

地瓜总算销售出去了,郑诚这个山东汉子流下了眼泪,在他的心里,完成组织上交给的任务比什么都重要,哪怕付出生命的代价也值得。

这就是那个时代的劳改干部的真实写照。

荒野里的轰鸣,农场迎来"最牛"的汽车司机

1953 年安吉农场全年工作总结资料这样写着:全场交通工具马车五辆,自由车两辆,汽车一辆,机器自由车一辆,手推车五辆。

这便是全场全部的交通工具,可见当时建设农场的艰辛。

涂小迪已经 70 岁了,曾经担任过南湖监狱的科长,作为监狱第二代,他的年纪算是比较大的,他是农场创业初期跟着父辈一起来到农场的。至今,建场的情景常常还在他的脑海里萦绕。

在涂小迪童年的记忆里,司机父亲和父亲的汽车曾经是他最引为自豪的。

涂小迪的父亲叫涂霞飞,1913 年生,湖北武汉人,他是安吉农场建场时第一个汽车司机。解放前,涂霞飞家庭贫穷,因为饥饿,15 岁那年便离家在外流浪。那时,正是军阀混战的时候,不幸被国民党抓了壮丁,到了伪军 56 师 167 旅当兵。到了军队后,起先觉得还能吃饱饭,边打仗边跟着老兵学文化。后来,涂霞飞发现官兵不平等,常被老兵和当官的打骂,时间一长,渐渐萌生回家的念头。有一天,涂霞飞看到有一辆卡车停在连队,他对这样的庞然大物非常吃惊,第一次知道这叫汽车,不吃饭,吃油就能跑。从此,涂霞飞对汽车产生了极

大的兴趣。在一次战斗中队伍被打散了，趁机离开伪军队伍回了家，一直到抗日战争开始，基本在家务农。有一天，政府招收技工训练班学员，由于对汽车的特别钟爱，涂霞飞就去报了名，竟然考上了。

其实，训练班是国民党军统下属的，培养出来的人员都被派到各地的车辆检查站。从训练班毕业以后，涂霞飞被分到了水陆检查站任技佐，具体任务就是对过往车辆轮船和牌照进行检查。令涂霞飞万万没有想到的是，这个检查站是军统的，就因为这一职位，他在解放后受到了无数次的调查和追问，直到 1982 年历史问题复查平反。庆幸的是，因为有驾驶技术，他一辈子也没有离开汽车。

话说涂霞飞在国民党军统开的检查站干了一些日子后，觉得没有汽车没有滋味，于是，他便托人调到塘工局去工作了，第一次开上了汽车。但好景不长，解放后，塘工局解散了，他便失业了。不久后建德的铜官铁矿招工，涂霞飞只身报名参加，因他有技术被录取了。

涂霞飞到安吉林场也属偶然。1953 年底，农场向省里要汽车和

涂霞飞（前排中）与汽训班学徒合影

驾驶员，公安厅便向铁矿求援。铁矿领导听说公安厅要司机，便将技术最好的涂霞飞推荐给公安厅。忐忑不安的涂霞飞当时只知道是公安厅要人，并不知道是去路途遥远的农场。到了杭州后，涂霞飞随队伍一起来到了安吉，随同而行的是一辆从国民党政府手里缴获了一辆德国“依法”柴油卡车。由此，涂霞飞也成为农场最早的职工之一，这辆车成为安吉农场第一辆汽车，并为农场的建设立下了汗马功劳。

“依法”车是什么车呢？第二次世界大战结束之后，德国战败，国家分为东、西两个部分。布尔什维克阵营的前民主德国（东德）国营“依法”联营汽车厂，利用划入东德的原奥迪联合（现今奥迪为当时四家汽车公司重组而成）企业，以霍希（Horch）3.5 吨中型卡车为样本，从 1947～1949 年开始生产新一代 H3A 型卡车，配置 4 缸 6 升 80 马力柴油发动机，载重量 3000 千克。战后霍希厂划入东德，并成为国有依法联营的重要组成部分。

新中国成立初期，一穷二白，百业待新，有一辆汽车已经非常好了，所以，农场对这辆车的到来非常重视，也非常爱护。

涂霞飞载着一批物资，满怀喜庆地把车开到泗安，数十名农场干部职工在欢迎他的到来，他们为农场有了汽车而欢欣鼓舞，甚至还打出标语“迎来新汽车，贡献新农场”。政委和场长握着涂霞飞的手，激动得久久说不出话来。

突然，有人喊叫起来：“汽车怎么过河？”

热烈的场面顿时静了下来，是啊，几乎没人想到，庞大的铁家伙怎么能过河？所有人都愣住了。

泗安镇有“推不完的广德，装不满的泗安，男人推小车，女人抹灶头”的说法，说明此地客商云集，经济繁荣。泗安塘河穿镇而过，公路到了泗安便断路了，没有可以通车的公路桥，汽车过河是难题。

汽车到了家门口竟然进不了家门，怎么好意思对上级说？如果绕道回杭州从孝丰进农场，也得要走上几天。农场领导和涂霞飞商量后，决定用渡船摆渡汽车，这不仅仅要计算船的载重量，还要保持船体的稳定可靠，绝不能发生危险。这对司机来说也是重大考验。

领导一声令下，大伙立即忙活起来，调渡船和寻找木板，还要选择下岸和上岸的地方。在地方同志的协助下，准备工作当天傍晚就准备就绪。但是，场领导还是没下命令。大伙都非常急，现在再不上船天就黑了，天黑了，过不了河，那就只有等到明天再渡河了。这时候，大伙的热情高涨起来，大声喊“过河，过河”。政委曾是司令员，他知道士气高涨的时候，也是打胜仗的最佳时机。他朝涂霞飞看看，想听取他的意见。

涂霞飞这时也等待得心急了，见政委投来征询的目光，就高声说道：“政委，你下命令吧。”

刘政委点点头，大手一挥：“过河。”

涂霞飞知道没有后路了，只能拿出全身的本领，小心谨慎地启动车辆，缓缓地朝船上开去。由于路面与船板还有一定的落差，必须非常仔细准确无误把车轮开上去，车速还不能太猛，要保持好速度，操

五十年代德国产的“依法”卡车

作非常困难。车好歹上了甲板，被小心地移至对岸，但新的问题又出现了。人们感到上船也是有个坡度，况且堤岸长期被船激起的浪冲击，几乎是潮湿的，松软的，并不坚固。汽车速度快会打滑，速度慢上不了坡，控制更是难上加难。

涂霞飞马上想到在矿山开车的经历，有时候在雨后载满矿石上坡时，经常会打滑偏离方向，也正是利用方向的偏离，巧借力量让车开上了坡。而今天，只有拼命一搏了。

当车轮一接触到河岸的湿土，明显开始打滑，车身有些侧倾，船也开始偏离，摇晃起来，人群里开始有人惊叫起来。

涂霞飞大声叫前面的人离开，加大油门，汽车一个漂亮的“S”转动，随着巨大的轰鸣声冲上坡，稳稳地停在了岸上。

涂霞飞首次出战便身手不凡，赢得了最“牛”驾驶员的称号。

涂小迪至今还记得，农场的干部和群众，只要看到“依法”汽车和父亲，便会投去敬重的目光。

涂霞飞开着这第一辆车承担起农场建设的运输任务，只要能过去的路，无论多少艰难，多么危险，他都会出车；只要领导布置的任务，他都会积极地去完成。

在儿子的眼里，父亲是最忙的人，他是起得最早的人，回来最晚的人，也是见得最少的人，陪伴他最少的人。父亲常常还没有吃饭，来不及洗个脸就被叫走。儿子搭过便车，但父亲却从来不会为儿子和家人开一次专车。

涂小迪记得，有一次妹妹得了重病，医务所的医生束手无策，说必须送杭州抢救。

母亲伏在女儿身边，眼看孩子呼吸越来越困难，心如刀割。可是父亲却只是默默地流泪。眼看时间一点点流逝，母亲急得大哭起来：“老涂啊，你快想想办法，送女儿去医院吧，救救她的命，救救她吧。”

政委从医生哪里知道涂师傅女儿的病情，连忙赶过来，厉声呵斥他：“老涂，你是怎么搞的？快开车把女儿送到杭州抢救去，救人要紧啊。”

涂霞飞摇摇头说：“政委，为了我女儿，怎么能开车去杭州啊？农场只有一辆车啊，明天还要出车拉货。”

“老涂，你是真糊涂啊！女儿的命是最重要的，她是你的女儿，也是我们农场的人啊，我命令你开车去杭州，有问题我负责。”刘政委真的发起火来。

涂霞飞还是不肯点头，因为他知道，跑杭州需要很多的费用，农场现在还十分困难，很多事情上政委、场长都舍不得用车，自己怎能用公车送女儿呢？

政委看着昏迷的孩子，一把将涂霞飞拖起来，厉声呵斥：“你把钥匙交出来，我去开。”

在政委的坚持下，涂霞飞只好带上女儿奔赴杭州。此事虽然挽救了女儿的生命，对政委有着深深感激之外，他心里始终带着一股内疚，甚至牵挂了一生。他跟儿子和女儿多次提到此事，表示内心的不安，总觉得在 20 世纪 50 年代用卡车送女儿去百里外的杭州治病，是不可想象的事情，亏欠农场的，也亏欠女儿的。

灾害面前，还原军人的本色

农场根据 1953 年的计划种植了大量的蔬菜、花生、玉米、黄豆等作物，眼看今年自己开荒的土地上将收获劳动果实，干部和犯人都无比的兴奋。然而，进入七月以后，老天突然变得残忍了，空旷的原野上晴空万里，几乎看不到一丝云彩，连续两个月没有一点雨水。烈日高高地悬挂在空中，无情地注视着这片土地，整个区域热得像个火炉，坡地上的水分在不断蒸发，作物在慢慢地枯萎、倒伏。

旱灾的到来，对于刚刚有些起色的农场来说，几乎是灭顶之灾。国家百孔千疮，经济异常困难，有限的资金投入下去，假如没有产出，损失将是巨大的，农场干部的信心和积极性也将遭受沉重地打击。不好的消息还是陆续被报告到农场，领导在那手工绘制的地图上不断地标注出受灾的地方和面积：四大队第十农区间种的105亩粟米全部枯死，玉米损失95%，赤豆损失60%；三大队长隆中队所种的玉米损失70%，花生损失50%，总计有105亩；损失80%的有100亩。其他各大队都损失严重，特别是黄豆根株细小，发育不健全，下部叶子逐渐脱落。

农场班子感到责任和压力非常大，抗旱的任务异常艰巨，绝不能让劳动成果就这样白白地损失掉。当时，荒野里可用的水源非常少，保证干部和犯人的饮用水已经很不容易，要用水来抗旱简直不太可能。个别水源在农民的手里，因为天旱多日，塘里已经快见底了。

怎么办？正当领导们焦急的时候，蔬菜中队传来了好消息，他们自己挖塘，找到了一些水源，正用这些水洪地抗旱。

场长赶紧到现场，观察地势以后，他再次陷入了失望之中，因为蔬

组织犯人抗旱的场面

菜中队是农场最好的地块,这里能够挖出水源,但其他地方却是很难挖到水的。

当场长有些沮丧地往回走的时候,技术人员意外地发现,在地势低的地方,还长着许多的草。他突然高声喊道:"场长,你看!"

场长顶着烈日朝技术人员指的方向看去,什么也没有发现,他问道:"看什么?"

"草。"

"草?这里有草奇怪什么?"场长不以为然。

"场长,我们可以组织人员割草,覆盖在苗上进行抗旱,至少可以抢救一部分的作物。"

场长顿时恍然大悟,连忙回到农场开会进行商量,场领导班子迅速统一了思想,对抗旱进行了部署,抗旱工作随即在农场全面展开,有人割草、有人挖塘、有人积肥,为秋耕秋种做准备。特别是要改变靠天吃饭的思想,多准备一些塘,用于以后的抗旱,为农场的长期发展考虑。

技术员对场长说:"必须停止中耕施肥。"

"为什么?"场长问。

"旱情已经有多日,中耕会影响水分的储存。"

场长觉得有道理,同意停止中耕施肥。

有一天,三大队的人气喘吁吁跑来报告,说农民不同意农场割青草、割草皮。

场长到达三大队现场,他才明白,农民是怕影响他们坡下的作物。场长当即表态,凡是割草影响到农民的,要组织犯人帮助农民抗旱。据当时的材料记载:1953 年农场为当地农民抗旱,动用了 980 人,以 280 人砍柴挑柴,380 人修路,202 人挖塘,130 人玉米地挑水抗旱。

就在旱灾即将过去的时候,虫灾不约而至。

因受到旱灾的影响,虫和鸟兽也随之猖獗起来。据当时统计全场捕捉害虫 206 万条。三大队组织犯人捕捉的各种害虫达 361, 624 条,二中队种植的144亩赤豆，普遍受到蛀心虫的危害。三大队的玉米、花生受害最烈，花生平均每晚被吃掉300株，最猖狂的时候每晚被吃掉500株，三大队大概有600亩几乎绝收。其他各大队都因虫灾受到了不同程度的损失。

生产上灾害农场积极应对之时，生活区域也传来不好的消息：由于长时间天旱，饮用水质不断下降，中暑生病的人数急剧升高，更为严重的是犯人情绪波动，思想低落，因为天气久晴不雨，他们认为“辛辛苦苦一场空”，减刑更是没有希望。当看到自己辛辛苦苦种植的植物因为旱而枯萎时，许多犯人也落下了眼泪。也有更多的犯人想到的是自己家乡的受灾情况，想到自己的刑期，想到之后的前途，为之茶饭不思，影响了改造。

二大队二中队犯人边全宝说：“我已经55岁了，还有5年徒刑，农场条件那么差，天气如此恶劣，这样下去要死在农场了。”为此，边全宝整天哭闹着不干活。

建场元老黄国通

犯人李锡钧说:“天气这样差,我还有七个夏天怎么过得去?”他不仅说了,还真的绝食了。

烟毒犯郑和阳是商人出身,从来没有劳动过,一天在挑塘泥时晕倒,产生了悲观想法。有一天,郑和阳趁人不备跳进农民的水塘里自杀,结果被农民救起。

因天热蚊虫多,犯人晚上睡不着,白天又要参加劳动,体质下降明显,许多人患上了夜盲症。犯人毛明播种回来时,看不清路,失望至极,摸到一棵树,要上吊自杀,幸好被他人及时发现阻止。

三大队六中队的犯人杨梅清,突然将挑肥料的担子从 170 斤减少到 100 斤,队长怎么做思想工作也不肯增加。后来通过犯人老乡才弄清原委,原来前几天家里哥哥看他,说是老婆已经提出离婚,因为家里田多,今年又遭到旱灾,没有劳动力,活不下去了,因此产生悲观想法。

二大队三中队两名罪犯主动提出多割草,干部以为积极的表现,答应了他们,结果他们趁机一同逃跑了。农场组织人员追捕,结果只抓住了一个,犯人交代称:“这里的生活太苦了,与其累死还不如冒险寻个活路去。”

这一系列事件,对党委的震撼是巨大的,农场党委感觉到,农场建设是一项全面的建设工程,不仅要建设好农场,搞好生产,更要稳定犯人思想,保证农场的长期安全。农场是初创,没有基础,也没有经验,必须加强干部的教育,要引起干部对当前形势的高度重视,在困难面前,干部们更要增加信心,打破麻痹思想,提高警惕,密切群众关系,对犯人不能仅仅关注其能否劳动,还要关注他的思想状况,加强教育引导。

灾害面前,农场干部职工没在退缩,克服了难以想象的各种困难,一边稳定犯人思想,一边抗灾建设,减少损失,使农场在灾害面前勇敢地挺了过来。

抗旱工作进行到最为困难的时候,农场干部黄国通突然去找政委,要求取消学习,继续抗旱战斗。

黄国通是建场元老,1926 年 7 月出生在浙江东阳。解放前家境贫寒,生活艰难,每天靠做雇工来维持生计。1950 年 1 月,黄国通在家乡参加了土改,土改工作结束后担任了民主乡的副乡长。正当他准备在基层大显身手的时候,一纸调令将他送到金华劳改大队。1953 年 1 月,黄国通从金华来到了安吉农场,一直认真地履行着分队长的职责。让他没有想到的是,当旱情降临最需要人手的时候,农场要他去省公安干部学校学习,这个决定让黄国通非常为难。权衡之后,他决定放弃学习的机会,留在农场与大家一起抗旱抗灾。

“政委,我不去杭州学习了。别人在抗旱,我去学习,我这心里怎么过意得去?”黄国通说出心里的想法。

刘政委看着眼前的黄国通,皮肤被晒得黝黑,非常心痛。他知道黄国通出色的工作表现,但他文化不高,需要进公安学校学习提高理论和业务水平,调黄国通去杭州学习,是他和场长经过慎重考虑后决定的。他上前握住黄国通的手说:“国通啊,学习与抗旱不矛盾嘛!安排你去省里学习,说明学习也非常重要。你不在,中队一定能够战胜旱情。你走了之后,这里的同志就会担负起你的责任,他们能够让你安心读书,说明他们对抗旱有信心,不会给你丢脸的。放心去吧!”

黄国通是含泪离开农场、离开抗旱前线的。可是,虽然黄国通到了省公安厅学习,心却仍在农场,仍在牵挂、关心农场抗旱的情况。学习稍有空闲,他便立马回到农场,参加抗旱。

学习三个月回来后,已经是九月底。正当他后悔没有参加抗旱战斗的时候,突如其来的台风给农场也造成了很大的损失。二大队三万多株生长较高的玉米被打断,由于遭遇台风,40% 棉花脱落,番茄藤蔓多数也被打断,农场受灾严重。黄国通全身心投入抗灾的工作中:抢救苗木、加固草房、帮助百姓,只要有困难有险情的地方,一定有他黄国通的身影。就这样,他以实际行动弥补了抗旱的遗憾,由于黄国通的突出表现,被评为抗台工作的先进。

“假公济私”，任小富回乡买耕牛

经历了大旱、台风和虫害后，来年的春耕就显得格外重要了。春节前夕，各单位都在积极备战，决心在春耕里打个歼灭仗，把灾害遭受的损失给夺回来。

五大队三中队的副中队长任小富心里也在暗暗拼劲，绝不能在春耕中输给别的中队。

任小富是浙江黄岩鼓屿乡人，家境贫寒，小时候给地主放牛，长大后打短工、种田。二哥因抓壮丁逃回被国民党军队打死，四哥冲撞伪乡长也被打死，母亲去评理被打成重伤而死。黄岩解放后，任小富加入了民兵队，后又进入黄岩县工农干部学校，土改队聂帮奎同志让他在学校大会上发言，讲述家中亲人被国民党反动派残害的事，在学员

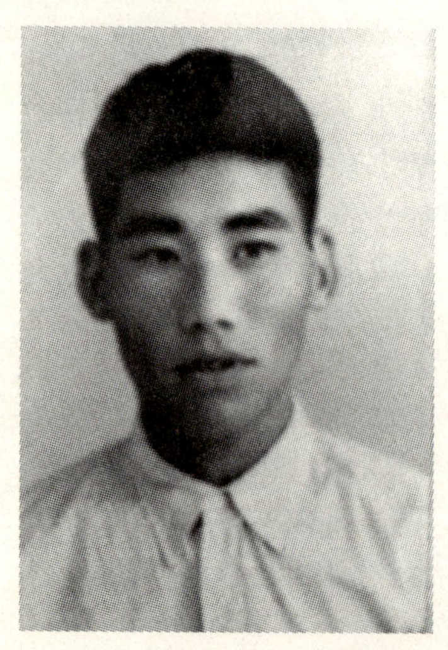

建场元老任小富

中引起了强烈反响，更加坚定了任小富跟共产党走干革命的决心。从学校毕业后，他以极大的革命热情投入轰轰烈烈的土改运动中去。因工作表现突出，为人诚实，西岙乡普选时，竞选上了乡长，并由此正式参加了工作。1952 年 12 月，任小富奉命调到安吉农场。

到了农场之后，任小富对劳改工作充满了热忱。让任小富没有想到的是，农场刚刚起步就遭受到了严重的自然灾害，沉重地打击了中队同志的积极性，普遍感到信心不足，人们把希望都寄托在来年春耕后有个好的收成上。可是，春耕任务繁重，仅靠人力，效率实在是太低了，如果能够用上牲口就好了。

购买耕牛的想法虽然早就有了，可农场的建设才刚刚起步，经济条件差，哪有钱购买牲口？当时农场设了五个养殖点：在郭家湾建了种猪场，牛形山建了肉猪场，铁板冲建了养牛场，长岗山建了牧羊场，场部办了骡马组。很少的耕牛，远不够各中队分配，满足农场青耕生产的需求。

赶牛

中队长脾气大,心直口快,眼看来年春耕任务完成有困难,便去场部找场长要求解决耕牛问题。

场长心里也知道农场的实际情况和家底。大灾之后大干,生产资料不能少,也正想着购买些耕牛,解决基层中队在生产中的困难。此时中队长来得好,也来得巧,顺口就答应了。

然而中队长回来之后,并没有高兴起来。场长答应买耕牛了,畜牧中队却不愿意在春节前外出购买耕牛,况且浙江耕牛市场远在浙江台州黄岩,路途遥远,很不方便。如果耕牛买不回来,肯定会误了春耕。几番工作,队里的其他同志都不愿去。

这时,任小富主动请战,要求去完成这个任务。

任小富稍作准备便出门,远赴黄岩。望着任小富远去的背影,突然有人说道:“任小富是黄岩人。”这个提醒,着实让中队的其他干部猛然醒悟,任小富这次是“假公济私”,顺便回家探亲去了,听说前些日子他老婆就来信让他回家过春节,怪不得他主动申请买牛。

事实果真如此吗?

任小富确实是想回家,一年都回不了家,这次回黄岩顺便能够回家里看看,何乐而不为呢?其实事情并没有那么简单。当时,任小富出发的时候,从农场走到孝丰,然后从孝丰坐车到杭州,又从杭州转车到绍兴,再从绍兴坐车前往黄岩。这一路下来,到了黄岩已经是第三天的傍晚。虽然这里离家里只有六七公里了,但他顾不了回家,想着一大早去集市买牛,就住在集市边上的小旅店。

第二天天不亮,任小富就起床,来到了牛市。这里没有几头牛,人们还在陆续赶集。他就凭着当年给地主放牛时攒下的经验,仔细地挑选,边挑边询价,虽忙碌了一上午,收获还算不小,买了五头健壮的耕牛。

牛是买了,但问题也随之而来了:牛不能坐车回去啊!专门找车运送也不可能,农场的经济条件不好,付不起那么多的运费!怎么办?任小富只好让人临时看着牛,赶紧跑回家,去找村里当年一起放牛的朋友帮忙。到了家里,跟老婆打了个照面,连水也没顾上喝一口就要走。

老婆陶小香纳闷了，拦着不让走："你这是中了什么邪了？一年都没有回来了，这进了家门就要走，怎么回事？"

"牛，我买了牛，我要去赶牛。"任小富心一急，也没有把话说清楚。

这不说清楚，陶小香更是不放他走。任小富没法子，只好坐下，把买牛的事情前前后后跟老婆说了一遍。陶小香听明白了，原来这次是公事，并不是回家探亲来了，不免难过得掉下了眼泪。任小富也感觉对不起家人，可买牛的事情不能耽误啊，只能好言劝慰。陶小香也是共青团员，公私还是分得清楚的，就擦去泪水，不再阻拦，让丈夫赶紧去找人把牛赶回农场。

春节临近，寒风刺骨，路上行人稀少，任小富和两位老乡一起牵着牛绳赶着牛开始了长途跋涉。临行前，任小富向家里拿了一领草席和几个麻袋。

"你赶牛带草席和麻袋干吗？"陶小香不解。

任小富说："草席是在路上睡觉用的，麻袋当然是装草料用的。"

听丈夫这一说，陶小香更加心痛，眼泪又夺眶而出。

就这样，三人赶着牛一路上披星戴月，风餐露宿，饿了啃些干粮，渴了喝上几口凉水，累了席地而息，晚上借宿农民家里。到了第四天下午，牛被赶到了钱塘江边。儿时的同伴没有见过如此大的钱塘江大桥，兴奋不已，急着要赶牛过桥。没想到，站岗的战士跑过来制止他们，说是人可以随时过桥，牛必须到晚上 12 点以后才能过。任小富愣住了，这足足要耽误大半天的时间，况且晚上还不能睡觉了。他出示农场开的介绍信，战士仍然不予放行。没有办法，他们只好将牛拴在树上，席地坐下等待。

到了半夜任小富和两个老乡赶着牛过桥时，钱江大桥已经没有车辆，显得格外平静，只能感觉到桥上的江风，听到江水轻轻拍打堤岸的声音。

牛过了钱塘江，他们与六和塔擦肩而过，沿着如今的虎跑路进入西湖风景区。凌晨三点，当他们赶着牛到达南山路与玉皇山路交叉地带时，被巡逻的公安交通警察人员发现并阻拦。任小富将情况如实告知，说起来当时农场属公安厅，是一家人，但警察却并不给他们面子。杭州毕竟是省会城市，怎么能够随意放任牛群进入市区？交警不敢答应，便立即向上汇报。此事惊动了省公安厅值班领导。经过慎重考虑之后认为，既然牛已经进入了城市，也不可能再赶回钱塘江对岸去，再说也没有近路可避开城市，只能同意借道杭城。为了确保牛群顺利通过，公安厅领导指示交通警察开道，护送牛群顺利过城。

这时，天已经亮了，西湖在睡梦里刚刚醒来，湖边道路飘着雾气，格外清丽。朦胧之中，任小富他们顾不上疲劳，顾不上欣赏杭州的风景，便赶着牛群出发了。他们经过柳浪闻莺，沿着湖滨路、武林路一路向北。为了不让牛粪污染整洁的城市，任小富灵机一动，将腾出麻袋套在牛屁股上。这支奇特的队伍，慢慢悠悠走着，引来不少市民的驻足观看，交通警察也是不厌其烦地缓慢地跟着牛群，一直到把牛送出杭州城。

就这样，任小富等人一夜没睡，又在杭州城区疲惫地走了一天。从黄岩开始，人和牛连续走了七天，没有花费公家一分钱住宿费和运输费，硬是在春节之前把牛赶回了安吉农场。

到此，任小富“假公济私”的事情这才真相大白，买牛的事情也成为农场不朽的经典事迹。每每说起此事，依然会令人感动不已。

庄稼能手，展示劳改干部的新风范

农场元老金通宝曾经当到了副大队长职务，在农场干部中有些名气。他的名气不是因为他的职务，而是因为他吃苦耐劳的作风，金通宝不但工作勤勤恳恳、任劳任怨，而且还是农场最早运用狱内侦查的方法破获案件的人之一。

1931 年，金通宝出生在平阳县谊山区金加坪村。金家在村里是世代务农,靠着几亩农田勉强度日。即便生活极为艰苦,后面还有弟妹,1940 年 1 月,父亲金其庭还是送金通宝到村里的小学读书。对金通宝来说,虽然他只上了短短四年不到的学,只是初小文化,却为他日后的事业打下了至关重要的基础。

14 岁时,金通宝便随父亲下地务农,整整 6 年,几乎什么农活都会干了,成了远近小有名气的农活能手。1950 年 11 月,县里来人组织土改,工作队里有位叫李芝甫的同志看中了这个小伙子。

“金通宝啊,听说你是远近闻名的种庄家能手,想不想再去学习一下,使自己的能力再提高一步?”李芝甫关切地问道。

“我一个农民还学习什么?”金通宝回答得倒是干脆。

“真的不愿意去?”李芝甫又问。

金通宝自以为农活样样精通,没有什么好学习的,便直言道:“我们村里的农活我都会干了,还要学习什么?再说我都 20 岁了,也学习不进去了。”

李芝甫笑了,知道金通宝没见世面,也没有接触到外面的世界,但他能肯定,按照金通宝的聪明程度,很快就会适应新学习和新的工作环境,于是对他说:“我先介绍你去学习一下,如果你不想学习了,可以回家。”

金通宝在李芝甫的鼓动下,进了县里的土改培训班。第一天上课时,李芝甫来到课堂,上了“为什么要进行土改”的课,让金通宝大为惊讶,原来除了种植庄家,还有那么些道理,自己还真是井底之蛙。让他更加吃惊的是,原来李芝甫竟然是新来的县委书记。几天的课下来,他不仅没回家,还成了培训班的学习积极分子。到了 11 月,土改培训结束,金通宝也随之进了县土改工作队。到了第二年 3 月,他已经成长为乡团委的组织委员。1952 年 6 月,他进入温州地委团校再次学习。这次学习结束后,他第一次真正离开了土地,穿上了警服,成了温州公安处的警察。

1952 年 11 月,他奉命调往安吉农场的时候,组织任命他为副指导员，让许多人对这个从农村走出来的年轻人刮目相看。

金通宝在安吉农场工作了一年三个月便调往衢州，随后辗转杭州、金华等地。17 年后，他又回到了安吉农场，用他自己的话说，“跟安吉农场有缘分”。

虽然金通宝在安吉农场参与创建的时间很短，但感受却是最深的。

金通宝是第一批进入农场的干部，那时候干部来自五湖四海，犯人也是从各地收押而来。犯情不了解，干情也是不清楚的。作为副指导员，管理着中队近 200 名犯人，他觉得肩上的担子沉甸甸的。队里的主要工作是开荒种地，这些农事让金通宝感到特别的亲切，每当闻到土地的芳香，他都会感到发自内心的兴奋。当那些城市来的犯人和原国民党军官们对农活几乎不知，他便手把手教他们，教他们开荒，教他们施肥，教他们使用工具，教他们整理土地，劳动空余的时候还亲自上课，特别是讲一些基本生产常识，起到了很好的作用，同时也收到了很好的效果。如土箕风吹雨淋也不管，工具用后也不洗，都

建场元老金通宝

会造成损失，让大家深刻感受当农民的艰辛。

金通宝肯动脑筋、办法多，这在农场有名的。当时队里有小麦200亩，由于土质不太好，大队下达的任务是每亩产量100斤。但凭金通宝的经验，觉得200斤是有可能的。当时队里其他同志都不相信，唯独他信心十足。他动员大家做好保暖工作，用土肥垃圾和花生叶等，每亩施上50担进行防冻，促进小麦生长，最后亩产竟然达到了208斤。队里300亩地瓜的种植，确实让金通宝费了许多的心血，当时会管理地瓜的犯人很少，他便培训了30名，在下雨和不下雨的情况下，地瓜苗成活率达到了95%以上，大大超过了别的中队。

金通宝所在中队以劳动效率高闻名农场。就说积肥吧，他组织了26人突击分队，17天里完成任务，每人每天34担焦泥灰，场里的指标只有20担。犯人缪某某种花生每天完成2.8亩；犯人王某某种地瓜一天达到12.9亩，成为全场典型，全队的出勤率也达到99%。

他不光会生产，还会做思想工作，他的办法是“抓好坏典型、抓季节、抓晴天、抓质量、抓关键”。这让很多年纪大的犯人不敢相信。

吴后林、宣有前等人是从国民党军队过来的，自从来到农场改造开始，一直幻想着美国发动第三次世界大战，相互约好以不出工抗拒改造。金通宝的方法是不打人，也不骂人，把他们带到农地，给他们示范劳动。干累了，金通宝便找他们谈话，指着地说：“我是庄稼人，父亲从小就对我说，不劳动就没有饭吃，所以我对劳动就特别的在意。想想我们农村，每逢灾年都有人饿死。当然，你们都是国民党军官，不知道老百姓的苦。古人说得好啊，谁知盘中餐，粒粒皆辛苦。”

金通宝的言行影响着犯人。过了几日，吴后林和宣有前开始劳动了。有犯人问他们为什么要劳动？吴后林说：“共产党能打下天下，不是没有原因的。看来指望第三次大战，指望老蒋反攻大陆是不可能了，还是老实改造吧。”

据材料记载，金通宝是当时最早运用狱内侦查的方法，获取了犯人情况，破获逃跑案的人之一。

农场建设初期,犯人突然汇聚一起,农场干部对许多情况不熟悉。

当时有些犯人吃不了农场的苦,逃跑事件常有发生,这让金通宝非常担心和忧虑。金通宝思考着防逃跑的措施,然而他感到非常困难,因为当时所有的犯人都是野外劳动,分散在空旷的土地上,管理干部只有几个人,看押部队的人也不多,杯水车薪,根本管不过来。犯人晚上睡觉休息的时段,管理几乎是真空地带,干部对犯人便脱管了,对犯人的情况掌握更加困难。这时,金通宝想到了在犯人里部署人员探取消息。果然,卢荣兴、吕金水、郑家琴三名反革命进入了金通宝的视线。相关人员向他报告了卢荣兴等人的动向,他们经常在一起商量事情,行动诡秘。

金通宝心中有数了,找准了时机,把卢荣兴找来谈家常,突然间,他问道:"你们打算怎么走?"

卢荣兴听了这话,突然愣住了,他不明白指导员怎么会突然问出这样的话,半晌回答不出来。

"指导员,你说的是什么事情,我不明白?"卢荣兴强忍着紧张的心情,试探地问道。

金通宝已经察觉他细小的变化,心中更加有数。他笑了笑说:"谁不想离开这个穷地方啊?唉,如果能够走得了,走得安心就好了。"

金通宝似答非答的话语,让卢荣兴惊出一身冷汗。

到了晚上,农场正好放电影,金通宝值班没有去,卢荣兴也称身体不好请假。过了不一会,卢荣兴来找他,交代了三人预谋逃跑的事情。金通宝的话对卢荣兴震动很大,想不到他们秘密进行的策划已经被人察觉。卢荣兴经过思想斗争,权衡了逃跑的得失,还是选择了坦白交代。金通宝当时根据情报,而没有真凭实据。如今卢犯交代了,仍让他感到吃惊和紧张。他不动声色,强作冷静,表现出胸有成竹、了如指掌的样子。这件事情在犯人中引起极大的反响,队里的改造秩序空前稳定,整整 8 个月再没有发生过犯人想逃跑的事情。

多年后,金通宝又回到安吉农场,担任了副大队长职务。直到今天，说起金通宝，老同志都知道他是不抽烟、不喝酒的“两不干部”，这在那个年代里是非常少见的。在他的眼里，只有工作，只有加班，只有教育犯人。金通宝的表现，是当时基层劳改干部的缩影，反映了他们敬业做事的良好作风，值得我们学习。

一辆自行车的故事，足以让你泪奔

建场元老陈允瑞对我说起过全场唯一的自行车的故事，让我感慨不已。

记得当年建场的时候，条件非常艰苦，交通基本靠腿。陈老来到农场的时候，担任通讯的工作，那时也没有电话，政委、场长有什么指示需要传达到基层，他必须立即去，有时刚传达回来又有新的指示。于是一路小跑而去，一路小跑而回，有时候地方近点，动作快回来就

上世纪 50 年代的自行车

早;如果远的地方,来回得半天、一天。有一次,政委、场长发现他半躺在椅子上睡觉,便大声喝斥:“小鬼,你还睡什么觉,还不去下面?”

陈允瑞被惊醒后,也有些晕头转向,连忙跑出门去,走了几步这才清醒过来,连忙问政委场长到底是什么指示?原来指示已经传达过了,搞得领导哭笑不得。

特别是去远的工地,他明显感觉力不从心。有时候内容急,虽然他已经努力了,但政委场长跟战争年代相比,还是觉得这样的速度太慢了,如果是打仗就贻误战机了。虽然年轻,但也经不起长期折腾,一天下来腰也酸背也痛。如果有辆车或者有匹马,那该多好啊。

“政委,场长,我们农场离县城太远了,什么时候有辆车就好了。”

有一天看政委场长喝了点酒心情好,他边故意问问,试探一下。

场长觉得交通是个问题:“老刘,这陈小鬼说得也是有道理,干部们每天跑县城、区里,来回就得一天时间,是比较辛苦。你什么时候回杭州,找领导说说,给我们一辆小汽车,解决一下农场的实际困难。”

刘政委叹口气说:“是啊,农场没有交通工具是太不方便了。”

刘政委自那以后便记住了车的事情。有一次他到省里去参加会议,会议结束后,他特意去韩处长这里要交通工具,述说了农场的很多困难和要车的理由。

韩寿臣两手一摊:“老伙计,你纵有千条理万条理,交通工具不要找我,我们处一无所有,还不如你们农场,你政委手下至少还有几辆驴车嘛。”

政委没有办法,直好找到了公安厅,这回他不想说农场的困难了,摆出了老资格:“我起码也是师级干部吧,你们把我派到浙江西伯利亚,总得给个车什么的,这要求不算高吧?”

厅领导也没办法,想了想说:“老刘啊,你这个级别配辆车是应该的,再说农场确实是太远了,交通不便确实是个问题。我们厅里倒是还有一辆车,差是差了点,不知道你要不要?”

一听有车,刘政委高兴,有车就行,还在乎差点好点?政委胸脯一拍:“只要是车就行,不管新旧我都要了。”

“你可不要后悔?”

“如果后悔,你把我政委撤掉。”

领导哈哈大笑,马上叫人把车推过来,结果是一辆自行车。

车是从杭州带回农场了,但政委闷闷不乐,几天也没有动车子。虽然心里不高兴,但他还是没有看低这辆车,因为这是全农场第一辆自行车,也算得是农场的贵重资产了。

自行车带来后,政委自己却不用,放着当摆设,也一直没有人敢骑,让人纳闷。

陈允瑞虽然没有骑过自行车,但他知道这玩意学习比较容易,听说摔上几个跟头就会了,所以想去骑这辆自行车。他想,如果骑会了,下基层送信就方便省力多了。

“政委,从杭州带回的自行车,骑给我们看看行吗?”

政委摇摇头:“我不骑。”

农场干警开会学习

"你不骑,能不能让我骑骑。"陈允瑞斗胆问道。

政委惊奇地看看陈允瑞,问道:"你会骑?"

"不会。政委场长不是经常教导我们,不会可以学嘛。"

"不会你胡说八道干吗?摔坏了你赔得起?小心老子揍你。"政委狠狠地说。

陈允瑞看政委不乐意,赶紧跑开了。

政委这么一说,便没有人再去问了。后来政委觉得车闲着不是个事情,便问各股室有没有会骑车的人。结果当场跳出几个会骑车的城市人,他们骑上车带着人,在场部旋转的时候,政委非常高兴,便宣布,如果有要紧的工作需要用车,可以使用。

就这样,政委的专用自行车便正式成为农场的公用车了。

当时有不少干部也是从学校和城市过来的,有些会骑车,到安吉、长兴、泗安、梅溪、东亭去办事,来向他借车。政委人虽然没有文化,但办事还是比较细致,他要问清每次出差的缘由,如果是私事就绝对不会同意,公事还要分个轻重缓急。有一天,一个干部的女朋友来单位探望,想借车到泗安镇玩玩,他死活不同意,弄得那干部很没面子。

有时候当别人来借车,而他却下基层了,钥匙在他的口袋里,便用不了;有时候他在开会,别人来借车,他没有时间问清缘由,便让人等着,想不到一开就是半天,来人等不及索性走路去了。

借车难的问题传到他耳朵里后,他笑笑没有作声,只是宣布车由机关干部陈耿义专管,使用车辆时提前书面报告经他批准。陈耿义也是第一批来的干部,知道政委场长的脾气,因此,对自行车管理也十分上心思,陈耿义铁定了个纪律,见政委指示就发车,交回车还必须擦洗干净,检查车辆的损坏情况,而自己有事却不用车。

由于政委工作忙,识字也不多,便让人刻了"同意"和"不同意"两枚图章,揣在口袋里,大多数是听完他们的口头报告后,就在报告上盖上自己的章,同意就盖"同意"章,不同意就盖"不同意"章。有时亲自盖,有时让别人拿去盖。

据陈允瑞回忆，他自己一直都没有用过这辆自行车，都是靠走路完成任务的，因为只有政委认为比较急的事情或者重要事情才能用自行车，因为这是省里配给政委的专用车辆，因为这是农场唯一的自行车。

自行车的事情如今听起来是天方夜谭，年轻人会觉得不可思议，但是那代人就是这样的。

拒绝半价戏票，只为一个军人的尊严

“浙江西伯利亚”的艰难不仅是地域条件差，而精神和文化生活更是缺乏。

从浙江海边过来的台州和温州籍干部，至今还是心有余悸。他们对这寒冷已经怕之入骨，晚上不脱衣服睡觉，加厚稻草，想尽办法抗御严寒，想不到这里物质生活如此艰苦。据老人们回忆，干部每天吃的蔬菜几乎没有油，难以下咽。有时候从工地回来晚，饭菜已经冷了，只好勉强食用，不吃只能饿肚子了。

金华、丽水来的干部办法显然要多些，他们喜欢吃辣，吃辣可以抵御寒冷。当温州台州籍干部见金华丽水的人拌入辣椒，痛快地吃下去之后，他们只好尝试吃辣，靠着辣味将难咽的饭菜吃下去了。

艰难的岁月终于有人承受不下去了。有一天，有人提议到泗安去下个馆子，改善一下伙食，得到一些台州、温州籍同志的赞成，因为他们已经好几个月没吃过海边的东西了。

那时，开垦工作任务重，要干十多天才能轮流休息一天。有人牵头，约上了十来个人，天刚刚亮就起床，从各工地出发到指定路口集合，然后一起步行走到泗安镇。

泗安建镇于公元 613 年，比长兴县城早了 11 年，隋朝曾在泗安设鹰扬府（隋朝的军队编制。隋皇帝直接统辖 12 卫府，每一个卫府之下都有一个鹰扬府，就好像现在每个军区下的集团军一样。泗安置鹰扬府，说明隋代泗安驻有军队，负责长兴、宜兴、广德、安吉界区的防务）。

古时曾有“十里荷花石板道”一直从泗安集镇铺设到显圣寺，长达 10 华里，所以又有“十里泗安长街”的说法，泗安是长兴比较繁华的中心镇。

据鄣北散木的文章记载：泗安明清时属于方山（方山即今仙山）区，改置巡检司。泗安古镇在 1860～1864 年间因“长毛”造反，惨遭毁灭性打击，原住民或亡于屠戮或死于瘟疫，泗安成了一座空城，古代文化传承也出现断层。同治中兴后，湖州、徽州、绍兴移民首先至此，水陆码头再次造就泗安镇的繁华，至民国年间发展成“七里长街”，居民近万人。泗安通达湖州、嘉兴、苏州、杭州，商贾云集，店铺林立，广安桥稻业埠码头附近河道两边，各类货栈鳞次栉比。街区白墙黛瓦，街道全长 600 米，还铺满青石板路。抗战后，繁华街区受到破坏，但在解放初期，泗安仍然是浙北的一个重要中心镇。

对于封闭在农场的干部来说，泗安的热闹与农场的荒凉形成了鲜

老戏院

明的对比,城镇里的生活深深吸引着他们,改善生活成了他们强烈的愿望。

大约上午9点多的时候他们到了街区。听当地人说顺兴桥是最高处,也称高桥,他们赶紧跑到桥上。这是一座高高的人字桥,当年清军与太平军在泗安的夺桥之争便发生在这里,血流成河的惨景至今让泗安人无法忘记。拾阶上桥,仿佛步入青云,你再走下来,颇有上山容易下山难之感。站在桥顶,俯瞰青色瓦房的泗安镇,真是心旷神怡。过了桥是热闹街区,他们一会儿进店看看商品,一会儿进了照相馆拍照,有人还去理了个洋气点的发型。十多个穿着没有领章帽徽的军装的年轻人,边说边看,指指点点,好不热闹,成了街上一道亮丽的风景线。逛累了,他们去饭店吃了饭。仅有的几元津贴,虽然不能吃得太好,但总算看到了肉类、海鲜,心里别说多高兴了。他们喝了酒,大有一醉方休的态势,幸好有人脑子清醒,说我们还是要走路回农场,千万不能喝醉。不过,酒是没有喝醉,却已经是七八分醉意

二十世纪五十年代农场建设的“四面坡”砖瓦房

了，这几个月来的压抑全部得到了释放。

结账走人，突然有人说，这里还有戏园子。不远处挂着彩旗的地方，果然有戏，这让有几分醉意的年轻人更加兴奋，当场决定过个戏瘾，看完之后再回去。

戏院售票的姑娘见来了这一批军人，吓得赶紧去叫老板出来。

老板是个中年男子，显然见过世面，一看这帮军人从饭馆出来看戏，还喝了酒，担心搞不好要闹事情，所以赶紧行礼："各位是想看戏吗？今天是从上海市请来的新新越剧团，演出名剧《侯门似海》，机会难得啊。"

深闺重锁，侯门似海。这是一出老剧目，加上漂亮动人的花旦照片，谁都想看一看。

有人喊叫了一声："我们不看戏跑来干嘛？多少钱一张票？"

老板满脸堆笑："欢迎各位光临，各位当兵的同志来看戏，是我们戏院的荣幸，我李某人一律半价戏票供应，请各位赏脸。"

他们一听半价戏票，老板那么大方，大家就高兴地进去看戏了。

戏的内容的确挺吸引人的。唐代元和年间，秀才崔郊寓居在襄州姑母家。姑家婢女姿容秀丽，是当地出名的美女，崔郊后与婢女互生爱恋，但姑母由于家境原因，不久将婢女卖给襄州司空于頔。但爱情并未就此终结。崔郊对婢女念念不忘。寒食节那天，他在司空府邸外终于等到外出的恋人，两人百感交集。崔郊写下诗文抒发胸怀：

公子王孙逐后尘，
绿珠垂泪滴罗巾。
侯门一入深似海，
从此萧郎是路人。

于頔后来读到此诗，感慨之余，招来崔郊将婢女领去并赠与万贯，成就了这段姻缘，传为诗坛佳话。

看完戏，回到农场已经是晚上了。受到戏的感染，年轻人都觉得不虚此行，回到驻地，整晚上都睡不着觉，希望自己的人生路上也能遇到一个美女，成就一段美满婚姻。房间的油灯一直亮到天亮。

第二天当大家兴奋而疲惫地去工地之后，都开始献宝，讲述昨天的逛街喝酒看戏经历。然而谁也不曾想到，这事竟然惊动了刘政委。刘政委找上门去了，突然询问半价戏票的事情。去的同志，也不知道怎么回事，一五一十把经过讲了。

“为什么卖给群众是全价，卖给你们是半价？”刘政委问，大伙面面相觑，谁也回答不上来。

刘政委神情严肃地说：“同志们，你们这是违反群众纪律的。戏院怎么能平白无故收你们半价戏票？就是因为你们身上穿着军装，是军人，是干部，怕你们为难他们。新中国已经诞生，你们不是过去的国民党兵，群众害怕你们不是好事情。农场在这里建场，以后的路还有很长，我们要长期跟地方，跟百姓打交道，我们需要群众的支持，我们不能破坏纪律，必须坚决改正这种不正之风。从今天开始，看戏不能买半价戏票，要和老百姓一样。”

半价戏票的事情就这样在政委的过问下结束了，这件事情留给干部的是一次深刻的教育，听老干部说，正是当时良好的干部风气，日后影响了他们的一生。

坚守，考验着每一个人

我在访问过程中，专门询问了一个问题：有多少干部坚守不弃？

这一点，通过档案已经无法了解，只能通过老同志点滴的片断回忆得知，确实有一些干部经受不了农场艰苦而清贫的生活，最终选择了离开。

农场创建半年的干部总结中有这样的表述：由于干部是从各地区调来的，因此，干部中对劳改工作生疏，认识不足，对工作信心不大，有部分同志认为做劳改工作前途不大，又不光荣，失去了工作信心。

当时全场干部职工 246 人(包括卫生、拖拉机手在内),党员干部 81 名,团员干部 72 名,群众干部 93 名。临安专区过来了 109 名(包括嘉兴专区 3 名),温州调来 61 名,台州调来 39 名,金华调来 51 名。

由于刚调入干部情况不熟,原则上根据各地区情况组建大队、中队。这些干部在专区工作时,多数是在机关与农村工作,没有做过劳改工作,对劳改工作认识不足。

“翻身翻身翻到山上来了,翻到茅草窝里来了。”这是当初温州来的同志中流传的一句话,显然对农场环境和生活条件不满意。金华的同志说,“吃饭吃不好,睡觉睡稻草,走路要跌跤”。可见当时的生存环境是多么的恶劣。临安最早来的同志住进了这里唯一的一个小庵堂,破烂不堪的环境让刚到的年轻干部非常吃惊,有人惊呼“我们也来当老和尚了”,言语中流露出悲观的想法。

有一个姓许的干部,因为“三反”中有些小的问题,从公安厅机关调到农场后情绪比较低落,他私下跟别人说:“这次调来的都不是好

建场以来幹部
人事股

1953 年安吉农场建场以来干部工作总结

干部，像我一样，犯过错误了，好干部是不调劳改单位的。”还有的干部说：“犯人有期徒刑，干部无期徒刑，一辈子完蛋了，没有前途了。”当时这种言论和思想影响广泛，在干部中产生了副作用。

有一天，二大队的大队部突然发生激烈的争吵，干部王小根和陈开元起了争执。因为多派了开垦的任务，王小根和陈开元都有自己的想法，都不愿意去。

陈开元拍拍自己的胸脯说：“我是二十四级的小干部，只是带带犯人的，有什么了不起的，这么重要的任务我做不了，让别人去干吧。”

王小根听了他的话更加不服气：“你是二十四级干部，我是二十五级的小干部，就做二十五级的工作。”

这事情传到农场领导这里，他们觉得这是一种倾向和思潮，必须很好地解决干部中存在的问题，否则会动摇他们坚守农场的决心和信心的。

除了对工作和待遇上的想法，还有一个更加严重的问题影响着干

农场干部

部的思想,那就是个人婚姻问题。

一大队大队长当时正为这事操心。一天,正在病假中的刘子河同志不见了,这让他感到非常奇怪。刘子河是一个老干部了,抗日时期就参加革命了,现年 41 岁,也是农场里年龄偏大的同志。他突然说身体不好,要求请假休息。大队长觉得连续开荒是挺累的,就同意他休息了一天。下午,大队长吃过饭,突然想到刘子河身体不好,就上草房去看看,没想到他竟然不在,找遍草房周围也无踪迹。

正当大队长疑惑的时候,有人告诉他,刘子河根本没病,是去农村找对象了。听到这,大队长火气冲天,扬言回来之后要关他禁闭。

大队长把中队长和指导员叫来:"你们给我听好了,马上派人把刘子河找回来,如果找到不回来就给我绑回来。"

中队长和指导员搞不清楚发生什么事,便召集人去找。没想到,找了一些农村,根本没有。回来报告,大队长更加恼火:"刘子河干什么好事去了? 找对象去了。你们去有姑娘的农民家里去找。"干部们

农场干部
和家属合影

累了半天，心里也是窝着火，特别是那些年轻的正也寻思找对象的人，也是牢骚满腹，寻找也不积极。

刘子河直到晚上才回到农场，追问后才知道，他原来分别在梅溪和泗安找了对象，正在比较之中。但事情并没有因此而结束。又有人反映说，陈荣耿与老婆并没有离婚，却又在农场附近农村找对象了，而且已经谈过两三个了。这件事让农场领导大为震惊。

农场领导不得不坐下讨论起干部队伍的建设问题了。从各方面收集到的情况看，干部队伍比较散漫，不请假外出的人比较多。在干部队伍中反映出的婚姻问题非常突出，一个叫张绪龙的同志为了婚姻问题整晚不睡觉，早晨不起床，思想问题很严重。还人说看到一个穿解放军军装的人到了地主家里去了，中队长赶紧赶过去，队里的小蔡同志果然跟地主女儿聊得火热。

老同志回忆，当时有些干部在部队时是功臣，战功大，脾气也大。三大队有个蒋副教导员，从朝鲜战场下来，既跟国民党作过战，又跟

建场元老的军功章

美国为首的联合国军拼杀过，还负过伤。从金华调来，想不到竟然是这样的困难条件，让他无法释怀，认为政府对自己照顾不周，几次要求调回城里工作。

尹场长知道后说："既然是功臣，就更加要经受得起困难的考验与洗礼，怎么能够动不动就要走？再说他也是领导，这么做怎么管理别的干部？"

蒋副教导员听到了尹场长的讲法，大为不满："什么？老子在战场负伤残疾了，照顾不了，还不让我走，老子不想活了。"竟然操起棍子，带了匕首要找尹祥立拼命。

尹祥立刚好去食堂吃饭，眼看着蒋副教导员挥棍冲过来，他眼疾手快，躲过飞来的棍子，凭着身高马大有力量，一把将棍子抓住不得动弹。

"老蒋，你这是想干什么？"尹祥立喝问他。

蒋副教导员一边抽动棍子，一边叫喊："你不让我活，我也不让你活。"

这时候，大家一拥而上，费了好大的劲才将两人分开。

更有一些干部，原本就不打算在农场久待，认为管犯人工作就是旧社会的牢头，农场工作不光荣，威信不高，提拔不快，被人看不起。便四处托关系要求调动，工作上不上进。

干部队伍存在的问题让政委和场长感到问题的严重性，急需对干部自上而下开展一次针对性的政治思想教育。学习内容除了上级对劳改工作的指示精神外，还学习了马林科夫（当时的苏联部长会议主席）的报告、婚姻法、斯大林逝世的学习材料、农业生产互助合作运动。当然，只学习还是不够的，最主要的还是要发挥党团组织的作用，建立起支部和党团小组，定期召开生活检讨会，厘清思路，纠正思想上的混乱。两位领导觉得，干部人数虽然比较少，但是农场的人事股必须加强，全面掌握起干部的思想动态，做到发生问题及时处理。于是，农场党委及时对机构进行了调整，将生产股与经营股合并，原有五个大队中撤销了三大队，确定为四个大队，将人员分到各单位，形成五湖四海的局面，各大队领导职数增加到三个，加强了班子的力量，加强管理干部的力度。

干部队伍逐渐稳定，农场的氛围也得到了极大的改善。但还是有些同志离开了农场。

有一个青年干部从安吉鄣吴当兵去了临安，又从临安公安处调到安吉农场的江中宜，最终还是回乡当了农民。其实安吉农场所在地离鄣吴并不远，但他依然不安心。有一天同事问他为什么要回去？他说农场整天开荒种地，跟我在家干农活有什么区别？他想到了自己的竹林，想到了自己的媳妇，还是提出回家。

让陈允瑞印象挺深的一个人，想不起姓名了，在农场还当过事务长，有一天请假去杭州看病，结果迟迟没有回来。农场人事部门非常焦急，便派人去询问，在老家天台找到了他，他说不想回农场了，农场的生活太艰苦了。

这两人是比较典型的例子，当然，还有一些同志从农场调到了地方政府和公检法单位，离开了农场，有些人员调到其他劳改农场工作了。

坚持留在农场的干部是绝大多数，他们视农场为自己的家，一直坚守到生命的终点。

在天子湖北面的一个坡地上，农场应老干部的要求建造了一个陵园。陵园规模并不起眼，也不豪华，但它却是农场干部希望的归宿。至今已经有很多老干部死后葬在了这里，他们要守在这里，看着自己亲手开垦的土地上发生的变化。

CHAPTER 04 ≫

第四章
荒野救赎

安吉农场建设的初定规模是关押5000犯人，到1952年12月底已经从各地调集犯人3337人，到了1953年2月底，从金华专区调来大批犯人，犯人总数达到4417名，占预定犯人总数的90%左右。

临安专署公安处是最先派人到达农场的。据监狱副政委颜殆龙同志回忆，父亲颜德贵在世的时候，多次对他讲，当年他和几个同志是带着100多犯人跋涉百多公里来到安吉的，一路上风餐露宿，非常艰苦。

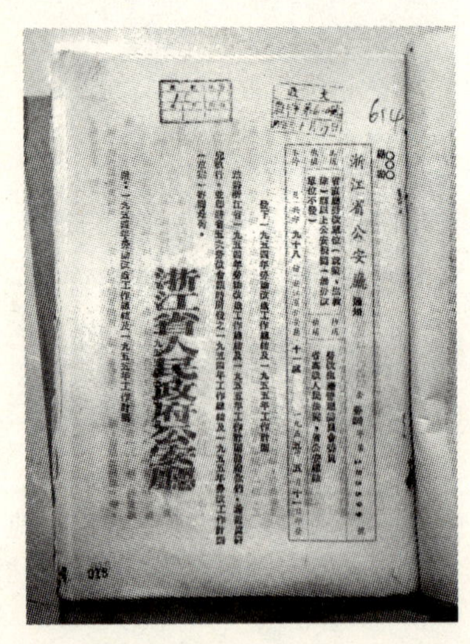

1954年浙江省公安厅通知

1949年5月,余杭、临安等县先后解放,于余杭县设第九专区,10月改临安专区,专署驻地余杭,辖余杭、於潜、新登、孝丰、安吉、临安、武康、富阳、昌化等9县。1950年春专署迁往临安县,桐庐、分水两县划入临安专区,辖11县。1951年5月,原省直属杭县划归临安专区管辖,8月杭县仍归浙江省直辖。

临安专区所属地区,是杭州周围各县,山区匪患猖獗,又要护卫着省城,任务非常重。专区首先成立收容遣送站,下设收容所,收容国民党公务人员、蒋军现役军人、退役军官及在乡军人,浙江省军区一分区俘管处理委员会成立后,专区各县区设俘管分会,主要管训俘虏土匪。1951年2月2日,省公安厅、高级人民法院联合发布"司法监狱移归公安机关接管"的通知,各地管理的责任明确了。通过肃清敌特、镇压反革命、打击卖淫嫖娼、打击反动会道门(危害较大的一贯道、同善社、九宫道、大刀会等17种反动会道门组织)、反盗窃、禁毒、禁赌等活动,严厉打击了刑事犯罪破坏活动。

1951年底,公安机关开展反对贪污、反对浪费、反对官僚主义学习运动("三反"运动),有部分干部受到了处分。

面对犯人和受处理人员的激增,为缓解警力不足的现状,除从部队转业部分军人外,临安专署公安处经过培训选拔,在当地吸收了一批进步知识青年参加公安工作。至此,在干部基本到位的情况下,大规模的集结调动也开始了。通过排查,从各县区收集需调动的人员名单,报专区公安处审核。先期确定了调往安吉农场114名干部,1132名犯人。方关宁、陈耿义、颜德贵、洪道明等人就是第一批进入农场的临安专区干部,成为一直在农场工作的元老。

1949年5月7日,温州解放,8月26日成立浙江省人民政府第五区专员公署,治永嘉县(现属温州市鹿城区),辖永嘉、瑞安、平阳、乐清、泰顺、文成、青田和玉环8县,并将永嘉城区及城郊、梧艇、永强、三溪、藤桥、西岸区划出,设立温州市,直隶省人民政府,设为温州专区。1952年1月19日,丽水专区撤销,所辖丽水、云和、龙泉、景宁、庆元5县划入温州专区。

据来自温州的老干部回忆，解放初期，浙江各地区接管时所面临的情况是：特务匪徒横行；大批散兵游勇游荡街头，抢夺物资，强占民房，敲诈勒索，无所不为；成群的游民乞丐，沿街强讨硬要，聚众滋事；银元贩子充塞通衢要道，流动商贩占据道路，致使交通堵塞。此外，大量的军用物资和武器弹药，流散在私人手上，甚至公开设摊叫卖，对社会治安的危害可想而知。当时市区内，敌特的破坏活动猖獗，反革命气焰十分嚣张，周边地区，武装匪徒连续阴谋策划暴乱，搞得人心惶惶，社会治安十分严峻。他们还不断制造散布梦想复辟的反动政治谣言，扰乱人民的安定团结。浙江是匪情比较严重的省份，温州、台州是沿海地区，情况更加复杂。1950 年 6 月，解放军第 22 军两个师、第 23 军一个师分别进驻匪患严重的浙江穿山半岛、象山半岛和天台地区进行剿匪，直到 1951 年底才基本肃清残敌。

温州收押犯人增加，情形危急，浙江省公安厅于 1952 年 12 月 4

新中国成立初期各地镇压反革命运动

日抽调60名干部，1500名犯人，调往安吉农场。杨良、金通宝、郑成贵等同志成为温州专区第一批到达农场的干部，也是一直工作在南湖的元老。

台州专区辖临海、温岭、仙居、天台、三门、黄岩、宁海等县及海门区和临海城关区。专员公署驻临海县。解放初期的情况与温州比较相似。一方面军管会对非法活动的不法分子给予应有的打击，处理、镇压了一批严重犯罪分子。另一方面处理散兵游勇、收缴非法武器。清查收容了散兵游勇，经过审查，按照处理俘虏的办法，陆续分别情况处置。最困难的是彻底摧毁和肃清国民党特务和反动残余，取缔、解散国民党、三青团、青年党、民社党等反动党团。解放初期，台州共有匪102股，匪11,400余名，长短枪6800余支，轻机枪上百挺，还有重机枪和小炮等重武器装备。这些武装匪特盘踞在边界地区、沿海乡村，相互勾结，相互串联，由小股并大股，由分散到集中，逐渐形成了匪特指挥系统。1950年5月28日，中共浙江省委发出《关于野战军在浙部队参加开展新区工作的指示》，要求迅速肃清土匪、散兵游勇，建立城乡革命秩序，后又制订了浙江省《六、七、八三个月工作提纲》，再次提出要肃清散布各地的散兵游勇、土匪武装。7月底，第7兵团兼浙江军区部署全省第二期剿匪作战计划，台州地区被划为第四清剿区；9月下旬，部署第三期剿匪作战计划时，台州又被划为第二清剿区，由中国人民解放军第21军统一指挥清剿，至1953年肃清土匪。同时在全省对特务、土匪、恶霸、烟毒犯，集中进行了一次全面搜捕，打破了一些潜伏敌人的幻想，真正是大得民心、大快人心，从而使社会治安面貌迅速好转。

1652年12月15日，上级决定抽调39名干部，1500名犯人到安吉农场。张家友、方哲高、王相佑、陈允瑞等同志成为最早到达农场的台州干部。张家友、陈允瑞等同志一直生活工作在农场。

1949年，专员公署进驻金华市，辖金华、兰溪2市和金华、磐安、永康、义乌、东阳、兰溪、武义、浦江、汤溪9县。专区由省政府派遣专员设行政督察专员公署，属省级政府的派出机构。1952 年，原属丽水专区的缙云县划入金华专区；1953 年，原由省直辖的诸暨县及原临安专区所属桐庐、分水两县划入金华专区；金华市改由省直辖，专区辖 17 县。

金华军管会采取了有效的措施，严厉打击刑事犯罪活动。在解放不久，各地就先后破获了近千起冒充解放军接管、入室抢劫、盗窃、扰乱金融、贩卖毒品等重大案件，得到了广大人民群众的积极拥护，有效地维护了社会治安。深入开展禁烟禁毒运动，收缴了一批烟具和毒品。各区也相继成立了禁烟毒机构，开展广泛宣传，动员吸毒人员登记戒烟。经过集中戒毒，吸毒人员脱离了苦海，禁烟禁毒运动同样取得了明显效果。经过细致深入调查，集中收容改造遣散乞丐和妓女，查封一批妓院和卖淫窝子，比较彻底地解决了妓女卖淫问题，清除了卖淫等社会垃圾；取缔了反动会道的神坛、封建帮会、堂口。管制交通，整理市容，对所有车辆实行登记，发给通行执照，没收非法车

干警学习的司法工作手册

辆。清除交通路障，说服街头乱摆摊点的流动摊贩，进入规范经营。同时，配合金融整顿，坚决取缔了银元市场。动员依靠街道，清除各种垃圾粪便百余吨，使市容面貌焕然一新，交通条件也大大改善。严格户口管理，加强社会的控制。全市各个派出所经过调查校对，改变了国民党政局和警察局都没有户口管理机构、户口管理十分混乱的局面。按照这个规定对全省人口普遍进行登记工作，并建立健全了出、入、生、死、结婚、离婚和暂住人口等七项登记制度。

金华的社会管理稳定之后，当安吉农场建立需要大量犯人时，上级从金华专区调入 51 名干部，773 名犯人，王仁有、黄国通等同志成为最早在农场工作的金华专区干部。

至 1953 年 2 月底，安吉农场完成了大规模的犯人集结。除了技术组人员专门组成，并由农场直接管理以外，其余犯人编为五个大队（后整编为四个大队），三十八个中队，为农场的建设打下坚实的基础。

据老同志回忆，当时浙江刚刚解放，各专区送来的犯人成分复杂，他们对新生的人民政府不太了解，有些人还存在很大的抵触情绪。有些原国民党军官和匪特心存幻想，盼望蒋介石反攻大陆，重温过去的生活。这一切注定了荒野救赎并非易事，改造之路并非平坦。

60 多年后再重拾起那时的记忆，其实已经非常困难。监狱就像军营，铁打的营盘，流水的兵。试想，20 世纪 50 年代初来到这里改造的人，最小的也已经 80 多岁了，多数已经过世，况且监狱的情况区别于一般的单位，在社会上谈起监狱总会让人觉得不是滋味，不会去谈论监狱过去的生活，很少有人知道他们曾经的经历。而曾经在这里脱胎换骨的人，对这段伤心的往事已经变得不堪回首；那些失去理想，遭受过失败的人，不想再去触及自己的痛苦的灵魂；失去优越生活，经历了磨难的人，重回平凡安稳的生活后，不愿再去面对过去的时光；只有那些重构了信念，默默适应了这里生活的人，把农场视为自己的家的一部分，甚至一生都留给了农场，让我们尚有机会去寻找他们当年的印迹。

冬训评比运动和赎罪劳动竞赛

倘若从高处远远眺望天子岗水库周围起伏的丘陵,你会发现它连绵不断,一直延伸到了安徽交界。起伏的丘陵就像正在呼吸伏动的胸膛,充满着生机活力,甚至让人感觉得到它跳动的频率。

在这块土地上,除安吉鄣吴的和安徽东亭的山地之外,就数农场机关和犯人关押地为最高地势了。当时,这里居高临下,筑有八百米壕沟,里面关押着几千名犯人,看似平静,其实似丘陵起伏,暗流涌动,危情四起。

安吉农场来自各地的犯人陆续到位,问题也很快暴露出来了:犯人中存在帮派林立、老乡抱团、团伙争斗等现象;那些国民党军官、士兵痛失政权后产生的失落,对反攻大陆抱有幻想,抗拒劳动、对抗管教现象

冬训场面

突出，这在某种程度上造成了犯人思想的混乱。

农场党委认识到了问题的复杂性和严重性，认为有必要进行一次大规模的教育整顿。这次运动就被定名为“冬季评比运动”。

从当时的资料看，冬训教育的目的和基本内容是：启发罪犯的爱国主义思想，进行新中国教育，使其明确新中国美丽远景及个人劳改前途，从而澄清思想，打消顾虑，稳定情绪，安心积极改造，以便严格控制，使其进一步认罪服法，发挥生产积极性和创造性，切实保证增产节约或超额完成生产任务，同时使罪犯在政治思想上普遍提高一步。为此，要求各单位抓紧冬季生产空闲季节，在不妨碍生产任务的原则下，有步骤、有计划地普遍开展教育，其基本内容以祖国的伟大成就及抗美援朝的伟大胜利为中心教材，根据各单位的具体情况，密切结合定额管理制的生产业务教育，总结过去经验教训。

从学习的时间看，当时主要选择晚上学习，每天一至两小时，所有犯人做到一百小时学习，三分之一上课，三分之二讨论，集体教育，分

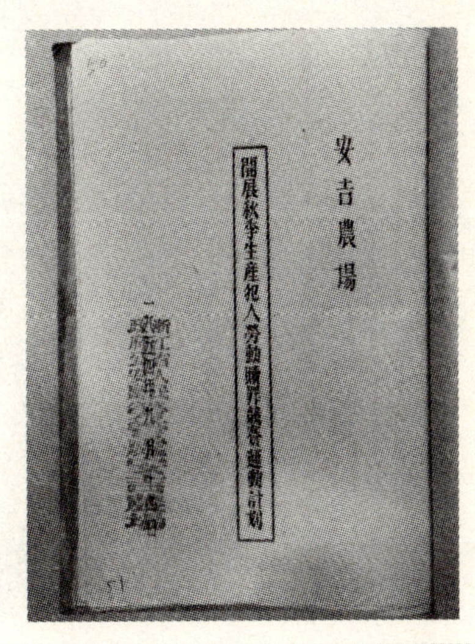
安吉農場

開展秋季生產犯人勞動贖罪競賽運動計劃

1954 年安吉农场开展秋季劳动赎罪竞赛运动计划

段总结。由各单位进行动员，写学习保证，订立计划，并要求利用文娱活动、黑板报、墙报、学习问答、测验等方法推动学习，孤立和打击少数顽固反动分子，争取教育稳定大多数。

犯人胡天一深有感触地说："我在国民党军队生活多年，从来没有经历如此系统的教育，农场不间断的教育和思想工作，对我转变立场，重新认识新的人民政权产生了积极的影响。"

冬训学习收到了很好的效果：一是犯人普遍认为农场是有前途和希望的。犯人坦白交代了人民政府没有掌握的事实材料 4670 件，其中涉及长短枪支 460 支和部分弹药。在冬训期间，就有九名犯人主动要求刑满留在农场，在全场犯人中引起极大反响。二是在劳动效率上有了显著提高。如开垦土地中，一般 3 个犯人一天开垦一分二厘地，冬训中犯人积极性高涨，平均每人每天可开垦一分八厘，最高的人可开垦四五分地。三是生活卫生管理上有了很大的改善和提高。干部们改变了光管不教的现象，改变了粗暴的管理方法，加强了直接

劳动竞赛

管理，重视对犯人生活卫生的管理。原来干部喜好用犯人当大组长，用犯人写报告、作计划、买东西等，冬训中基本得到了改正，取消了大组长制度，对于净化秩序、稳定情绪、营造公平公正的改造氛围起到了积极的作用。

由于冬训活动评比掌握“两头紧，中间宽”的方式，使活动取得了非常好的效果。通过冬训，农场精神面貌焕然一新，改造秩序得到稳定，经济工作得到很大的提高。这一有效措施被广泛运用，一直延续至20世纪90年代。

而全年性的赎罪劳动竞赛活动，与冬训学习的目标一致，只是侧重点不同。赎罪劳动竞赛活动是以改造思想、完成生产指标为目标的经常性竞赛。赎罪劳动竞赛最主要的内容是订立立功赎罪增产节约计划，包括个人、小组、中队，都要实事求是订立。要求订立的计划是能做得到的，既不扩大也不缩小，干部掌握及时纠正。

犯人混乱的思想得到了纠正，为赎罪劳动竞赛打下了良好基础。

据当时的材料显示，赎罪劳动竞赛活动得到了干部们的广泛支持和犯人的积极响应，取得非常好的效果。一是犯人的思想认识得到根本转变。除了个别思想顽固不化的犯人以外，大多数犯人认识到了自己的罪行。犯人车国铭说：“政府让我们订立劳动改造计划，是给了我们赎罪的机会。”一大队犯人钟小庆说：“订立改造计划，明确了改造的方向。”二是犯人劳动生产的积极提高了。活动中很多犯人放弃休息，加班劳动，干部劝说都不行。有个犯人叫吴江茂，劳动间隙去捡牛粪送到地里，甚至晚上不睡觉半夜起来偷人粪，为中队积肥。三是犯人普遍订立计划得到实现。计划订立之后，犯人干劲普遍高涨，中队里氛围活跃，几乎每个犯人都想通过劳动成效来体现他的赎罪决心。各小组、各分队之间都发起了劳动竞赛。如割草皮任务是每人每天7亩，竞赛活动中有的中队犯人普遍达到了10亩。

然而，在积极改造的氛围中，仍然有一些人不思忏悔，坚持反动立场，改造情绪很不稳定。一是刑期长、年龄大的犯人，产生了悲观的想法。他们普遍认为竞赛活动短期搞搞还可以,长期进行是吃不消的,特别是年龄大、身体不太好的犯人,任务总还是完不成。一大队六中队犯人陈水林,刑期11年,他公开说,“刑期那么长怎么能吃得消?”四大队有几个犯人不愿意订立计划,说是反正完不成,订什么计划也没用。二是少数犯人对赎罪劳动竞赛认识不足。他们认为订立计划就等于束缚了自己。三大队犯人黄荣贤原来在竞赛之前能担120斤,计划却定了100斤;五中队犯人陈仁珍说订立劳动计划是非法的,死活不订。从人员情况看,地痞流氓表现比较消极,他们害怕劳动,改造决心不大。三是因自然原因影响了竞赛的情绪。农场地理环境恶劣,水源缺乏、肥料缺少,当时已经出现干旱,许多农作物的生长受到影响,不光生产任务完不成,计划也受到影响,犯人当中产生了很多想法。

农场针对这些问题,适时开展对犯人的教育,特别是加强了本场生产和国家大规模经济建设任务的教育,客观分析农场的实际,表扬活动中涌现出来的好人好事,批判不良和消极的思想。各单位还组织犯人讨论活动和竞赛的办法,并对百名犯人进行培训,作为生产骨干分到各单位,担任生产技术组长,专门研究生产,起到了很好的作用。农场根据生产情况,拟定了生产奖惩条件,进行合理的记工评分,提高犯人的劳动积极性。有些单位还通过典型进行推动,比如割草、背毛竹、烧草灰排名前列的都作为典型进行推广。

面对困难和问题,农场党委和干部同志们没有退缩,坚持不懈地开展活动,取得了冬训教育和赎罪劳动竞赛的全面胜利,为以后监狱改造罪犯积累了大量的经验。

九宫房前,九宫道信徒的醒悟

从安吉良朋往鄣吴的途中,有一个不起眼的地方,路过的人,几乎没有人会注意它。这个地方叫九宫房,是安吉农场保存至今最好的一块土地。它坐落在一处山岗坡地，朝南是一片宽不足百米，长不过千米的农田。它的西面就是农场唯一的二级小型水库——白冲水库，灌溉着九宫房几百亩农田，使这里成为一块肥沃土地，造福着农场的人们。如今在九宫房的对面，已经建成了浙江省第一家通用飞机场。

九宫房的来历，至今无人知晓，但可以肯定的是，这和九宫必定有着千丝万缕的关系。

中国古代天文学家将天宫以井字划分为乾宫、坎宫、艮宫、震宫、中宫、巽宫、离宫、坤宫、兑宫九个等份，在晚间从地上观天的七曜与星宿移动，可知方向及季节等资讯。九宫格相传为唐代书法家欧阳询所创制。欧阳询的“九成宫醴泉铭”，严谨峭劲，法度完备，是其晚年的得意之作，向来被学者赞誉为“正书第一”，仿习者甚多。为方便习字者练字，欧阳询根据汉字字形的特点，创制了“九宫格”的界格形式。九宫格，中间一小格称为“中宫”，上面三格称为“上三宫”，下面三格称为“下三宫”，左右两格分别称为“左宫”和“右宫”，用以在练

农场人员选种劳动场景

字时对照碑帖的字形和点画安排适当的部位，或用作字体的缩小与放大。九宫房地形特殊，形如长长的棋盘，如今观察这一地形，只能想象，也缺少些依据。

也许这里曾经有按九宫八卦建筑的房屋，可是农场开荒以来并没有发现遗址，关于地名之说只能是个谜了。

然而，1953 年初，一个人与九宫房的垦荒造地却意外地有了联系，他便是犯人冯阿来。

冯阿来到达农场的时候已 40 岁了，蓬松的头发，黑墨的脸，几乎没有见过笑容，看上去比实际年龄还要大，人们都以为他 50 多了，也许这就是经历坎坷的缘故。

冯阿来被送进拘留所的时候，牢房里已经有 9 个人被关押。作为后来的人，一般都会被人欺负，可是冯阿来却不一样，一进牢房俨然就成了牢头，要狠就狠，他比别人更狠；要打就打，打得比别人厉害；要死就死，他根本就不怕死。

这一切都与他的罪行有关。

冯阿来是浙江金华人，从小就受到“九宫道”的熏陶。九宫道是清朝时期兴起的一个会道门团体。光绪年间，直隶一个八卦教徒李向善，徒步走到山西五台山南山寺，落发为僧，法号普济。这位披着袈裟的人神通广大，交结四方，广揽门徒，在不长时间里把遍布华北及东三省的教徒罗致门下，在北方形成了一个庞大的、网络无边的教派，号曰九宫道。

李向善由于童年的家世和悲惨经历，最后走上了出家为僧的道路。他凭着非凡毅力，积极活动，带领着一支庞大的民间教门走出了不断遭到专制皇权取缔镇压的困境，创造出了正统佛教与民间教门共生共荣的奇特格局。弥勒信仰中含有政治颠覆性的因素，由于清末的政治动荡，在九宫道内部有所抬头，但李向善对于“三教合一”宗教主张的执著，不容背弃忠孝的儒家教义，并没有演化为“千年王国”的运动。

然而让“九宫道”背离真义却是从李向善的后继者李书田、李懋五开始的。民国元年(1912 年),李向善去世后,九宫道徒不知谁是真弥勒转世,这时号称“利济佛”的李书田出现了。李书田于 1945 年死后,九宫道教权又为山东的一个道首李懋五(字福昌)夺取。李懋五改弦易辙,以“弥勒化身”之名,着实欺骗了很多善良的百姓。最后他们纳妾敛财,投靠日寇,阴谋颠覆新生的人民政权,九宫道臭名昭著。1950 年 6 月,李懋五因企图当皇帝,策划武装暴动,被北京市公安局逮捕,12 月被执行死刑。

九宫道是民国初期来到浙江的,那时候冯阿来人小不太懂事,但他知道九宫道已经是他家上下信奉的神教了。到抗战快结束的时候,冯阿来的父亲冯大顺出任了当地九宫道的道首,那么他自然就是“小师傅”了,后来他专任道内“替师传法”一职,骗取钱财,一干就是五六年。

解放后,政府宣布取缔反动道会,但冯阿来不但没有放弃,反而与新生的人民政府对抗,不但积极资助道王潜伏对抗新生政权,还帮助他们进行破坏活动。后来依据《中华人民共和国惩治反革命条例》第二条、第八条、第十条、第十三条的规定,要犯受到了法律的严惩,冯阿来被判处有期徒刑 5 年。

1952 年 11 月的一天,天还没有亮,冯阿来被叫醒,所有的牢房都被打开,叫到名字的人来不及穿好衣服就被带到院子里。由于天气冷,人又紧张,冯阿来第一次有了恐惧,不知发生了什么事情。

经过一天的颠簸,汽车终于在泗安镇停了下来。

冯阿来从来没有出过门,更不知道这是什么地方。随着队伍往草从深处行进,恐怖感不断地撞击他的心,生怕被拉到野外处死。走了几十里小路,天蒙蒙黑时,他们到了一片草房子面前,带队的干部说就住在这里,他们进入草房才发现,除了用草铺设的地铺,和挂着几盏马灯外,几乎没有任何东西。

冯阿来选了一处靠角落的地方坐下,心想这就是自己今晚的床了，明天还不知道去哪里，将就一下算了。不一会，说开饭了，大家赶紧拿出自己带来的碗。菜是肉片煮白菜，肉是少了点，白菜也油水不足，淡淡的没有什么味道。由于路上又累又饿，这一餐总算对付过去了。

刚睡下，外面就起风了。呼啸的风声就像是野兽在叫，让人听了心慌。睡到深夜，草房的保温性差，风从草棚吹进来，原来的被子已经抵挡不住寒冷，他刚想起来穿点衣服进去，突然有人大喊起来，由于没有油灯被吹灭了，草房里漆黑一片，不知道到底发生了什么事情。值班干部连忙进来，打开手电照，问叫喊的人："出了什么事？"

犯人郜富强颤抖着蜷缩在被子下，哭泣着说："有老鼠。"

干部说："老鼠有什么好喊叫的？农村里多的是了。不准叫，快点睡觉。"

照冯阿来的脾气，本来会骂人，这次他控制住了，毕竟情况不熟，生怕被干部拉出去处理，这次就没有作声，还是睡自己的觉。可睡下后，脑子里却总是闪现老鼠的影子，他想，会不会还有其他东西钻进来，越想越怕，想着想着天就亮了。

冯阿来将自己的被子整理好，等待出发。

干部进来检查情况，看到冯阿来打好的包，就说："把包打开，所有人从今天开始，每天早晨把被子叠好，把卫生搞干净。"

冯阿来问："我们不走了？"

干部朝他看看，觉得这个问题很可笑："你要去哪？这里就是安吉农场，你们是来劳动改造的。从今天开始，这里就是你们的家。"

听了这话，冯阿来的心都凉了。吃早饭时，他和犯人都跑出草房，草房有个竹围栏隔离，原来这里还有成片连着的草房，关押着很多像他这样的犯人。周边望去，一片的丘陵草丛，非常的荒凉。

原来这里就是自己劳改的地方，条件太差了，冯阿来"小师傅"的本性开始暴露出来，当看到碗里的稀饭和可怜的一块腐乳，随手就连碗扔到草房上去。

多数犯人知道这位就是“九宫道”的“小师傅”冯阿来。这些犯人惧怕冯阿来。没有人敢向干部报告。而队长们也知道，反动会道门信徒的改造也是一个难题。

冯阿来因为一时怒气，扔了早饭，没过多久肚子就饿了，寻思着从犯人们这里弄点吃的。

他的目光停留在郜富强身上。他知道郜富强原来是工厂里的会计，贪污挪用了厂里的钱，被老板告发判刑4年。他的父亲是职员，供他念书到初中毕业，家境还不错。在看守所时，家里人常常来探望他，带来的食品比较多，但大多数孝敬他这个“小师傅”了。这次，郜富强看到冯阿来看着他，心里便害怕起来。

冯阿来朝郜富强招招手，他只好怯怯地走过去。

“跪下!”冯阿来露出凶狠的目光。

郜富强连忙跪下。

“你知道晚上老鼠为什么找你吗?”

郜富强摇摇头。

“就是你他妈的吃的东西太多了，老鼠才找上了你。像我这种‘小师傅’穷人一个，什么也没有，老鼠就不会找上门。这样吧，你快把东西拿出来。”冯阿来命令道。

郜富强不敢怠慢，赶紧从箱子里把吃的东西都拿到冯阿来的面前，主要是自己做的饼和糕点。冯阿来一看心里恼火:“怎么了?就弄出这些东西糊弄老子?”

郜富强浑身颤抖:“就这些东西，真的没有了。”

冯阿来站起来一把抓住郜富强的头发:“这回老子饶了你，快点写信回家，让你们家寄些好吃的东西，不然有你好受的。”

郜富强只好含泪答应才过关。

据干部回忆，当时犯人数量激增，对犯人情况不够了解，有些老实的犯人受到牢头狱霸的欺凌。犯人管理看似平静，没有什么事情，其实冯阿来牢头狱霸的危害已经越来越严重。终于有一天，干部发现郜富强用碎玻璃切手腕企图自杀，经过抢救才没有生命危险。经干部做说服工作，郜富强才说出真相，他已经多次受到冯阿来的敲诈和殴打。

干部找到冯阿来，他还矢口抵赖。郜富强开始还有顾虑，后来觉得干部真的能够帮助他，打击歪风邪气，就勇敢地站出来揭露冯阿来，组里的同犯也受气多时，纷纷加入揭批队伍。冯阿来想不到的是，揭批他的声势如此浩大，自己曾经在看守所猖獗一时的作为，竟然在农场被遏制了。

随着冯阿来被送进禁闭室改造，其他犯人也因此受到了教育，更加相信新生的人民政权，更加珍惜良好的改造环境。对多数犯人而言，精神上的改变是主要的，生活上艰苦是能够克服的。

有一天，中队干部将禁闭出来的冯阿来带到了九宫房工地。当时这里是一片空旷的草地。

队长问："冯阿来，你知道这是什么地方吗？"

冯阿来摇摇头。

"这里叫九宫房。"

"什么？这里是九宫房？怎么会叫九宫房？"冯阿来非常吃惊，难道这里曾经与九宫道有什么联系？为什么现在只有荒草一片，如此凄凉？

"冯阿来，过去李向善创建九宫道，讲的是忠孝，讲的是道义，后来被李懋五等人破坏了，九宫道走到了人民和社会的反面，九宫道就是邪教。你想想，不论九宫道过去怎样，如今已经无影无踪，你不要执迷不悟，赶快走到正确的道路上来吧。从今天开始，你就在九宫房改造吧。"

队长的话对冯阿来震动很大，回想起九宫道的覆灭，再想恢复已经没有可能。他深深叹了口气，认命吧！心想还是在九宫房安心改造好了。从那天开始，冯阿来变得沉默起来，总是默默地一个人干活。

队长发现了冯阿来的变化，就找他谈话。冯阿来感慨地说："过去的就过去了，想想以后才是最重要的。"

据说，冯阿来在农场受到了严格的教育和改造，知道大势已去，不可能再回到"小师傅"的日子了，他逐渐面对现实，放弃了"九宫道"的反动立场，特别是农场的日新月异的发展，让他感慨万千，立志赎罪。按政策，冯阿来留在了农场，留在了九宫房，安度晚年，直到八十多岁时去世。

长隆，恶习在这里被铲除

周灵通是1953年春节前夕进入长隆的，长隆区块是农场的中队所在地。

周灵通是浙江江山人，进入农场时27岁。他好吃懒做，经常偷东

喂养牲口

西，造成家庭不和，后来因还不出赃款，企图毒死他人，被判处徒刑3年。

周灵通长得还挺清秀的，像个姑娘，看上去很难想象是个小偷。

周灵通家里是富农，祖上留下了几十亩地，靠着这些地生活还过得去。小的时候，母亲见这个儿子脑子聪明，就送他上私塾读了五年书。按理说五年私塾已经很不错了，可是周灵通不喜欢读书，就喜欢同学的东西，只要见到谁的东西好，他都要想办法偷来自己享用。他的偷盗行为被老师和同学发现后，他就退学回家了。母亲看见儿子在家更加顽皮，只好托人把他送到另外的私塾读书，但好景不长，很快又因偷窃被赶了回来。母亲气得用竹条将他的手几乎打烂，但还是没有阻止他向别人伸出偷窃的手。

到了结婚年龄，母亲连忙帮他选了婆娘，想不到他还改变不了偷窃的坏习惯，甚至将老婆陪嫁的印度绸裙也卖掉了，娘家兄弟过来狠狠打了他一顿。

农场养猪场

这次被打后，有一段时间他似乎转变很多，外出与人交往也没有发生什么事。然而一个转业的姓江的军人当了他的邻居，他的心又发痒了。

江同志看到年轻的邻居挺通情达理，也就失去了戒备。通过几次观察，他发现转业军人家里有上好的洋纱和毛线，便趁人外出时翻窗进入，偷窃了洋纱和毛线，还有一张支票。

得手后，他非常兴奋，支票他不会用，就藏了起来，其他东西急不可待地拿出去卖。别人对他的行为有所耳闻，不敢轻易要他的东西，一开始没有卖掉。

江同志发现家里失窃后，对别人讲了，有人告诉他，周灵通手里有洋纱和毛线要出手。当江找到他后，他矢口否认。江是军人出身，念着是邻居，限他三天归还，否则就告诉公安了。

江走后，周灵通有些惶惶不安，他突然心生一计。他连忙去药店买了老鼠药，趁江不在进入他家，将药放在他的茶缸里。所幸的是，江回家喝水，发现水的颜色和气味有问题，便报告了公安。就这样，周灵通被捕了。

他在看守所待了没有几天便被押送到农场改造。到了农场后，艰难的生活比想象中更困苦，他几次选择逃跑，然而看着茫茫的荒野，他逃跑的希望也在胆怯中消亡了。人走不了，但要想办法让自己过得舒服些，这就是他的信条。让人想不到的是，因为偷窃已经坐牢，应该吸取教训了，但他还是改变不了，偷窃钱四万元(旧币)，肥皂两块，蜜糖糕一瓶。

得手之后，他非常兴奋，不劳而获的感觉对他来说总是异样的刺激。

接着下来的改造生活更加让人想不到。在农场做竹夹，不圆不紧，一天浪费25只，甚至做坏的东西拿到伙房去烧掉。最后他被加了一年刑。

没有多久，他们外出劳动，周灵通又重操旧业，偷偷摸摸地溜进百姓家中，偷窃鸡肉、被单、被面，直到百姓追查到农场，经过搜查才从的他的床下找到。

周灵通受到处罚后，并没有从中吸取教训。他觉得自己无法静下心来做事，最好是“衣来伸手，饭来张口”的日子，但这种想法在农场是根本行不通的。

有人觉得将周灵通送到远离乡镇、远离村庄的地方改造比较适合，于是，长隆便成了首选之地。

长隆远离农场机关，靠近鄣吴，离抗金的主要观察哨牛头山很近，山顶至今还存留当时驻军的遗迹。农场开垦长隆，主要用于种植毛豆，为农场的建设提供资源。最让人感到苦恼的是只能远望远处的村镇，生活艰苦。周灵通来了之后没有几天便承受不了寂寞，更忍受不了偷窃的冲动。满山的荒地，想偷也没有东西可偷。有一次，周灵通想到几里外的村庄去搞点东西，没想到刚走到溪边就被组长沈明截住了，原来队长早就安排人盯着他了。周灵通想过逃跑，但让他感到害怕的是，从安吉到江山老家有数百里，沿途有不少的检查站，况且他现在身无分文，更何况他只有不到两年的刑期了。权衡利弊之后，周灵通最终选择了留在长隆。

何队长似乎看出他的心事，就让组长沈明找周灵通谈心。

沈明有些为难：“何队长，周灵通是有名的懒汉，他能听我的？”

何队长说：“他的毛病是怕劳动，你就说说你当初为什么怕劳动，现在为什么不怕劳动了，说你自己就行。”

何队长有指示，沈明只好找周灵通，对他说：“你只判了 3 年，我判了 6 年，我都没有想法了，你还有什么想法？”

是啊，1923 年出生的沈明经历远比他复杂，对于他的犯罪许多人不敢相信，本来他有个美好的前途，但他不仅伤在自己的体格上，还伤在自己的思想上。

沈明从小就想当个老师，当他从师范学校毕业后，浙江富阳一所小学录用了他，当了三年的老师。然而他发现，老师的前途并不好，便到民政当了一年的户籍。小小的职员，不仅工作累，还常常受到上级的刁难。这时候正是日本人当道，忠义救国军的一个同学介绍他去，起先他怕别人骂他汉奸，后来看到忠义救国军在地方势力不小，有种扬眉吐气的感觉，就答应参加了忠义救国军，在一个县总队当文书。当了文书之后，事情不太多，权力也不大。刚想换个事情做做，日本人投降了，忠义救国军成了国民党八十五军一一〇师。由于沈明有文化，人也聪明，很快得到上司的赏识，第二年就当了二营四连中尉连副。想不到的是，好景不长，由于解放军迅速南下，国民党军队还没来得及开枪就投诚了。他没有留在部队而是回到了家里，这时华东军政大学招生，闲着没事的他，参加考试并很快被录用，还担任了十二纵队三大队五中队分队长。

他以为到了大学只是走过场而已，想不到共产党的军校训练严格，作风严谨，他很快就吃不消了，因害怕吃苦，只好退学。回家以后，家里让他经商，其实他对经商根本不懂，见没有什么钱可赚，就开始诈骗，1951 年便被劳教 6 年。

“组长，你现在身体怎样了？”周灵通觉得农场的劳动量，他肯定吃不消。

“刚来的时候，我根本挖不了几锄头，我想我的命就要丢在这里了。何队长对我说，改造不是一天两天的事情，你慢慢来，我不下任务给你，等能干活了我再下任务。唉，那是真的苦啊。”沈明说起自己的事情，感慨万千。

“何队长不是让你少干点吗？”周灵通问。

“何队长是好心，可组里的犯人能饶了我吗？我干少了，他们就得多干。这不，人要面子树要皮，不干不行，这一天劳动下来，回到草房躺下就睡，饭也吃不进，我想自己快死了。”沈明说着，流下了眼泪。

周灵通见此情景，不敢再问。

“人啊，只要在逆境中坚强起来，挺挺就过去了，想想当初自己在军政学校读书，只要克服身体上的问题，坚持下去，今天我也许也是干部，也是警察。这是我的实话，挺过劳动这一关，什么都不怕了，我现在一天能开荒三四分地，这就是练就出来的。再说，现在是新社会了，以后回到家，不劳动吃什么？光靠偷能行吗？父母年纪大了，难道我们靠偷去养活他们？”

沈明的经历对周灵通的触动非常大。周灵通觉得自己最大的毛病就是怕劳动。长隆虽然偏僻，却是磨炼意志的好地方。从那天开始，周灵通开始向生产任务挑战，不到三个月，他开荒的进度就跟上了组里的犯人。不仅如此，他还学会了种植毛豆，采种、整地做床、播种、催芽、施肥、除虫等技术，样样都会。

释放以后，周灵通回到农村，靠自己的双手劳动生活，终于得到村里人的认可。数年之后周灵通回到长隆，那里已经是一片油桐。如今，这里还种上了湿地松。长隆还保留当年建造的房屋，它的存在，见证了农场开荒种植的历史，也见证了改造犯人成为自食其力新人的历史。

大枫树，他们的生活重新开始

大枫树一带处于安吉和广德交界，在天子岗水库的西边。它是一块长约几里的山岗，总面积在3000余亩。那里地势比较陡，蓄水困难，不易开垦，当年农场的第一代在此付出了艰辛的汗水，终于使这片荒山披上了绿色的衣裳，种植毛豆、花生、玉米，最后种植了大量的油茶树。

说起当年的艰辛，除了开荒种植，改造罪犯同样也是难上加难。那些被送到这里改造的犯人有着更深的感受。

邵阿毛三年劳改生活全是在大枫树度过的。

邵阿毛当过警察，这是犯人中人人知道的事情，因为他早就将这一经历到处炫耀。殊不知，邵阿毛其实只当过半年的伪警察，他大多数的时间是在流浪。

邵阿毛是浙江新昌人，虽然家里比较穷，但新昌的读书氛围浓厚，家里还送他读了3年书。有了这点文化,1934年开始,他到杭州一家绸厂去当学徒,一干就是十年。有了技术和资本,阿毛开始不满足现有的生活,他想改变眼前的这一切。有一天,一个叫胡炳堂的老板开出了高薪请他过去帮忙。邵阿毛经不住高薪的诱惑,于1944年去了胡家。起先合作得不错,他还想在杭州娶老婆安家。令邵阿毛想不到的是,胡家生意好了之后,不想再聘请他,这让邵阿毛火冒三丈。得到些补偿后,他从杭州回到新昌,花光了所有的钱财,无奈于1947年他去家乡派出所当了个警察。由于警察收入太低,不够他花销,便开始敲诈他人,不到半年被辞退了。这以后,阿毛的生活没有着落只好四处流浪。没有了收入,他就开始抢劫,不管是谁他都抢。浙江解放后,他没有认清形势,还是混迹街头,终因抢劫罪在杭州被判处有期徒刑3年。

邵阿毛是最早从临安专区送过来的罪犯,修路、挖壕沟这样的活都干过了,没想到1953年下半年,他调到大枫树改造,他有些想不通。不管怎么说,他认为自己是第一批到来的犯人,最苦的劳动自己都干

茶园治虫队

过了，本应在场部条件稍好的地方改造，安心等待刑满释放回家。没料到大队里又将他调到最偏僻最艰苦的地方，他无论如何也想不通，心里别扭着。

大枫树那时真的是苦，除野草、野兽，周边几乎没有村庄，没有村民，吃的和睡的都是最差的。

“我受不了，不跑出去会死在这里的。”邵阿毛公开在犯人中扬言。

邵阿毛的话很快就传到洪队长的耳中，但他装不知道，几天都没有反应。邵阿毛的话引起了另一名犯人张引的共鸣。刚开始，张引看不起邵阿毛，因为他曾经是一名真正的警察。有一次为谁是真警察一事，两人差点动起手来。然而，张引虽然看不起他，却没有邵阿毛的勇气。当邵阿毛放出豪言壮语的时候，他忽然对邵阿毛敬佩起来。他主动示好邵阿毛，暗示他走的时候带他一块出去，这让邵阿毛有了资本，心里一阵兴奋。

张引是浙江宁波人，家里只有他和母亲。他 15 岁之前在家里务农读书，也许是从学校接触到了革命思想，到了 16 时参加了四明山锄奸队。但是干了不到半年，被国民党政治保卫局逮捕，由于他年纪太小，不相信是锄奸队的就被放了。母亲怕他再外出闯祸，便开了一家典当铺，这样在家待了两年。村里办起了小学，母亲看他在店内无所事事，便让他去代课了一年半。1949 年宁波解放，他找到了当年的部队，经审查后又参加了宁波专署公安处，成了一名警察。

当了警察之后，交上了同是公安的朋友周智能和魏家鑫，工作之余他们便成了酒肉朋友。当年还是供给制，警察收入也很低，在宁波这样的地方，没有经济支持想过得好是不容易的。久而久之，三人想脱离队伍另外寻找出路。但他们觉得必须先搞到一笔钱再离开。一次，周智能突然说到一个案件中地主胡老贵听说很有钱。于是三人萌生了诈欺钱财的想法。

胡老贵因犯罪被拘押，他的妹妹嫁给了宁波粮店老板朱家，还有些家底，一直在活动想救出哥哥。朱家媳妇的举动，为他们实施欺骗创造了机会和条件。三人伪造了局长的指示,找朱家媳妇谈判,最终以130石粮食,折合人民币1190万元(旧币)作为保释的条件。这在当时是比较大的一笔钱了。三人得手之后,便脱离公安部队离开宁波,但是不久在绍兴被捕获,张引被判处有期徒刑7年。

到了农场,张引对改造还是抵触的,他认为自己干过人民政府的警察,有些政治资本,自然应该得到照顾,至少不应该让他参加劳动。到了大枫树,面对困难艰苦的环境,就更加坚定了他离开这里的想法,此时邵阿毛的出现,他感觉有了知己和同伴,捞到了救命的稻草。

洪队长是部队转业来的,当过排长,对连队士兵非常关心,也善于做思想工作。到了农场后,继承了部队的优良传统,习惯做些犯人的思想工作。他知道邵阿毛的言论后,又发现张引主动接触他的机会多了起来。张引的反常行为,引起了洪队长的警觉。但他并没有在会议上点名批评,等待着时机。有一次劳动收工回来,他把邵阿毛留下来,带到自己的草房里。

邵阿毛不知道怎么回事,便问:“洪队长,你找我有事?”

洪队长指着自己的草铺问:“邵阿毛,你觉得我洪队长的床比你的床好多少?”

面前如此简陋的床几乎与自己的一样,让邵阿毛不敢相信:“洪队长,你的床跟我们差不多,是不是太差了?”

洪队长点点头并不说话,又带他到自己的草棚里,发现一张用树枝搭起来的桌上,放着一碗煮熟的冬瓜,几乎看不到油水,跟犯人的伙食也差不了多少。

“洪队长,你们也就吃这些?”

洪队长唉口气:“唉,农场刚刚开始建设,条件比较差,所以我们要来这里开荒种地,以后农场丰收了,我们就有的吃了,所以你要安心在这里改造。”

邵阿毛受到洪队长的教育,思想上的震动的确非常大。是逃跑还是不逃跑?邵阿毛心里非常矛盾。

邵阿毛回来后情绪的变化，让张引感到紧张，再三催问邵阿毛，生怕他已经将预谋逃跑的事情如实交代。

第二天，洪队长意味深长地看着张引，还朝他笑笑。当晚，张引失眠了，他害怕邵阿毛已经交代了他们的问题，而洪队长似乎在等待他的自我坦白，他越想越怕，终于在第二天找到邵阿毛，说自己无法承受了，必须向洪队长交代自己的问题。

“怎么办？洪队长一定知道了我们的想法。”张引非常担心。

“我没有对洪队长说，你要相信我，我不会害你的。”邵阿毛连忙表示自己的清白和义气。

“我的直觉告诉我，洪队长已经知道了，只不过是等待我们自首。”张引心理防线彻底垮了。

邵阿毛也害怕了。

张引毕竟见过不少世面，并不甘心逃跑计划的失败，于是，他决定铤而走险，单独行动。

当天晚上，当大家都熟睡的时候，张引偷偷溜出草房，潜伏到对面的杂树林里，因为晚上根本找不准方向，准备天亮之后再逃出农场区域。

事情正是凑巧，当晚邵阿毛心事重重，根本就睡不着，张引的举动早就被他察觉。等他一出草房，他就去报告了洪队长。洪队长让他跟着张引，天亮带他回来。

天亮之后，惶恐不安的张引突然发现邵阿毛在不远处看着他。无奈之中，他跟着邵阿毛回到大枫树了。受到了批评后，洪队长没有歧视他俩，希望他们认真改造自己。对他们来说，这个教训非常深刻，幸亏洪队长教育及时，从歧途中拉了他们一把，否则他们的行为可能会造成终身的悔恨。

刑满之后，因政策原因，两个人都没能回到自己的家乡，而是留在农场就业，结婚生子。他们的生活过得简简单单，但也平平安安，直到 80 多岁去世。他们的一生，用自己特有的赎罪方式，见证了农场的创建和发展的成果。

大堡子三角地，他们的改造生活并不轻松

从农场往西北行走大约五公里，就是著名的大堡子。所谓大堡子，就是安吉、广德和长兴三县交界三角地的一片丘陵地带，也是这片丘陵最高的一处。从战略的角度而言，此处雄视三县，战略地位非常重要。对于它为什么叫大堡子，当地百姓无法说清，也无法考证。但有一点是可以明确的，堡是指在军事上防守用的建筑物或指土筑的小城。既然无法寻觅到小城的遗迹，想象这里是战时的堡垒更为贴切一些，因为这里曾经发生过无数次的战斗。荒野里如何让人记住这里，战争也许是不错的方式。

而让林金来记住了这里的是他跟随的部队曾经路过这里。两年后，他作为犯人又一次到了这里，难道这真是巧合？

农场春耕

林金来是浙江温州苍南人,1943 年,在抗战的氛围中,从学校到了国民党装甲兵团工兵连当了一名上等兵驾驶员,虽然等不及用装甲车向日本人冲击,但第二年便调到第六军山炮营通讯排并当了班长,与鬼子真刀真枪打了几次。内战开始,林金来的思想也发生了很大的变化,当年参军是为了打鬼子,如今鬼子投降了,还要打内战,这到底是为了什么?

脑子里有些想法,但他行动上仍然是一名勇猛的军人。在与解放军的战斗中,他被提拔到第八军一〇三师三〇八团迫击炮连任中尉代理连长。1948 年吴化文部在山东济南起义,他无奈地跟随了长官。1949 年他在解放军 104 师山炮营当炮长。部队南下的时候,到达江苏六合县江边时,远离家乡的他感叹道,还不如回家种地去,这话被别人听到了。过江之后,部队到达浙江剿匪,从溧阳进入安吉,就在这个叫大堡子的地方休整。

他问当地的百姓,这才知道此地叫大堡子。到了大堡子也就是到了浙江,所以他对这个地方记得非常清楚。

一起起义的同乡张全意看到他打听地名,就调侃他:“金来啊,你打听这里干吗?是不是想留下来当别人的女婿了?”

“当什么女婿?这穷地方鬼都见不到啊。唉,我打听是想知道离家乡还有多远。听说部队要到山区剿匪,看来,哪怕到了浙江也是回不去了。”林金来挺失落的。

“你太悲观了吧?剿匪结束我们就可以回家了。我们有些同乡不是去台湾了吗?他们要回家才是遥遥无期了,比起他们我们强多了。”

“不见得吧!他们回家虽然是没有希望了,但别人不会笑话他们。我还是挺佩服他们的,他们才是真正的军人啊。唉,哪像我们,既然干了国民党,何必再干共产党。”

在这丘陵之上的几句闲话,他也没有在意,想不到成了日后的罪状。1951 年底到 1952 年 10 月,在党政机关工作人员中开展的“反贪污、反浪费、反官僚主义”和在私营工商业者中开展的“反行贿、反偷税漏税、反盗骗国家财产、反偷工减料、反盗窃国家经济情报”的运动中，林金来被举报，他也供认不讳。1952 年 7 月被判处劳役 2 年。

当他来到农场的时候，他才真正明白，说错的话是要改正的，做错的事情是要赎罪的。大堡子上说的话，到大堡子来改过，真的是命里注定。

从农场犯人宿舍到大堡子开荒，是林金来两年劳役的全部。每天早晨出工，傍晚才能回来。大堡子都是荒坡野草，开垦荒地比较吃力。刚开始，林金来出工不出力，能少挖几下就少挖几下，盼望日子过得快些，混上两年就是，留着好身体刑满回家。

过了些日子，多数犯人对劳动差的犯人有意见，提出单干，干部不同意，提倡集体主义，就将任务包到各小组，相互进行监督。林金来偷懒的情况立即就暴露出来，小组任务受到影响，大家怨气都集中到他的身上。

农场人员参加学习

曹队长是第一批来农场的干部,像林金来这样的人还是第一次遇上,心里十分恼火。收工后,曹队长找林金来谈话:“林金来,看你身体挺壮实的,怎么劳动就是完不成啊?”

“我一直读书,没有干过农活。”林金来说出了自己的理由。

“屁话,光读书有什么有,不干活你有饭吃?”曹队长一听这话,嗓门大起来了。

“我会开车,我会打炮。”

“难道让农场给你买辆车,再弄个炮给你放放?你想打谁啊?”曹队长听了非常生气,差点动手揍他。

林金来知道自己口误了,后悔也来不及,但仔细一想,在农场自己能够干的技术活还真没有,只有开荒种地了,况且开荒种地也不一定能够干得好。想到这,林金来收敛一些,但心里依然不服。同犯知道后,开始嘲笑他,一会儿叫他“林师傅”,问车什么时候有,一会儿叫他“炮手”,问炮打哪,这让林金来有点受不了,很丢面子。

被人嘲笑的林金来心里不痛快,决心改变自己。他开始花上十分的力气开荒了,刚开始累得手肿胀,连筷子也拿不了。到了下半年,他已经能够开荒四分地以上了,在小组里名列前茅。在荒地种植地瓜、油茶和茶叶,也是一门技术活:挖坑、施肥、中耕、除草、土地改良、除虫等,他都能够做下来,成了农活能手。当看到自己亲自种植的苗长起来时,他的心里有种说不出的兴奋。此时林金来才明白什么是劳动改造。劳动真的能够改变一个人。

多年以后,林金来回想起在农场的岁月,感受最深的就是劳动。他原来一心想通过劳动获得好的奖励,早日回到自己的家乡,然而由于政策的原因,他留在了农场,他看到的不仅仅是油茶的小苗,一直看到它长成了密密的油茶林,也看到了收获。

相比之下,胡康健改造期也是两年,来到农场的时候也在大堡子开荒种地。但他和林金来并不相识,因为他们不在一个中队,分散劳动也碰不到。

吴康健出生在浙江浦江，家境并不算富裕，但还能供应他们兄弟姐妹完成学习。1937年，日本人打进了浙江，学校停课，他只好去商店做学徒。1940年下半年，他被国民党政府抽壮丁当了兵。经过在国民党部队里打拼，他从士兵升到了少校营长。1949年2月，正当国共两党还在和谈期间，家中母亲病重，便请假回去探望，没想到他还没有回到部队，南京就解放了。既然部队也没有了，他就留在了家里。胡康健出去当过兵乡亲都知道的，可是他携带武器回家的事情是没有人知道的，他便自作聪明将武器藏了起来。

世上没有不透风的墙。没想到，有一天一队军人围住了他的家，家里人怕得要死，胡康健不知道哪里出了问题，透露了风声。他心想完了，肯定是私藏武器的事情。当带队的人询问他时，他就主动将武器说清楚了，交出了手枪、子弹和匕首。就这样，他还是被判了两年有期徒刑。

吴康健到达大堡子的第一感觉，就是要死在这里了。

他第一天随大队人马走到大堡子，站在山冈往四周瞭望，周边几乎看不到人家。其他中队已经开垦的荒地，仅仅是这片土地中很小的一片，还有大片荒地等待开垦。曹队长在动员的时候说，只要是坡地，都要开垦成耕地。

吴康健失望了，按照这样的开垦，他的两年刑期不知道要开垦多少荒地，说不定还会累死在这里。

"我身体不好，我不能参加劳动。"这话成了他应付曹队长的说辞。

他写信给家里父母说，我不能为你们尽孝了。家里觉得他两年刑期不长，还给他张罗介绍对象，他写信说，不用操心了，让人家当寡妇不好。父母亲被他的话吓着了，拼着老命赶到了大堡子。

有一天，曹队长对他说："吴康健，你跟我回队部去。"

吴康健还准备偷懒的，以为被队长察觉了，怕受到责难，死活不肯回去。

“再不走,就把你铐起来。”曹队长吓唬他。

吴康健只好来到队部,突然发现自己的父母在队里坐着,着实让他大吃一惊。

“你父母来看你了。”曹队长对愣在那里的吴康健说。

吴康健痛心不已,父母年纪大了,这里路途遥远,怎能受这样的罪,谁让他们来这里的?

一问才知道,是自己的信让父母赶来的,他后悔不已。父母看到儿子好好的,只是黑瘦了些,并不会像他说的那样死在这里,便把他痛骂了一通。

吴康健的西洋镜被戳穿,丢了面子,只好老实起来。

开垦生活很快就过去了,他不但没有累死,在艰苦的劳动中还练就了一副好身体。多年之后,说起大堡子的改造,他表示心悦诚服。

梨园,见证了历史反革命的悔过

从04省道进入安吉界,路正好从梨园穿过。当年,到了开花季节,坡地上满眼的梨树,叶圆干粗,枝撑如伞,花色洁白,如遇雪花,让人目不暇接,美不胜收。梨园里不仅有中国的秋子梨、砂梨,还有西洋梨。可惜,当年的美景,在20世纪90年代消失了,但对南湖人来说,梨园的情结始终无法忘怀。

程鸿勋是最早进入梨园的犯人之一。他于1916年出生在杭州,父亲是职员,他有三个兄弟,他最小,早年在杭州读书,毕业后在政府部门工作,成了家,生了孩子,也算程家比较有出息的一人。到了抗日战争爆发,1937年全面抗战,他加入浙江省“杭街会”战地服务团,由于能力强,工作卖力,很快担任战地服务团的一个队长。想不到,形势发展得太快,国民党在日军强大的攻势面前节节败退。1937年12月,日军以三个师团的兵力,集结军舰80艘,在杭州湾的漕沿镇、金山卫和全公亭登陆，12 月 24 日杭州沦陷。

杭州沦陷后，城里的老百姓有的逃难，有的被抓了做劳工，有的惨遭日军屠杀，本来人口 50 万的杭州，一下子骤然减少至 10 万余人。日本人占领杭州后起先建立了杭州治安维持会，后改名杭州市自治会，又成立浙江维新政府和杭州市维新政府，期间强行要求学校、影院、店铺、银行等机构开业。

程鸿勋眼看家乡被日军摧残，无能为力，只好随第十集团军撤退，随后加入到巡回工作队当了队长，主要是负责宣传抗日。但是思念家乡、思念亲人的心情太强烈了，时时想着回到家乡，他要求到政府工作，得到了批准。1941 年他被派往浙江省党政办事处任指导员，顺利地回到了浙江的余杭，离杭州只有几十公里了。好几次，他回到杭州寻找失散的家人，没有任何音讯，他们不知逃难到何处去了。然而，抗日的形势非常严峻，在浙江待了不到一年，工作就无法开展，他便转入第三战区政治部，当了科员，直到 1944 年又下到第五挺进纵队

梨园

政治部当了政工队长。抗战胜利后,他回家心情更加迫切,又回到了杭州第三区公所当了第三股的股长。1949 年,杭州解放,他隐瞒真实身份,留用在新中国人民政府工作。1950 年他得知妻儿都在上海后,便离开杭州去上海与家人团聚。

当浙江的公安找到程鸿勋在上海的家里时,他仰身长叹:"做了坏事,一辈子也不得安宁啊!"在国民党政工部门这段经历,使他难以逃脱历史反革命这个锁链。

来到安吉农场改造的时候,程鸿勋并不知道这是一个新建的农场,条件会那么艰苦。当第一天来到靠近长兴的地界时,他非常吃惊。这里是鸡笼山和冬瓜山延续的山脉,一片荒野,除杂草树丛,没有别的东西。这里的土质也不理想。程鸿勋对国民党失去了江山非常可惜,毕竟他为这个政党服务了多年。如今沉陷囹圄,他不太相信共产党能够管理好这个江山。就拿这片梨园来说,无技术、无资金,凭着一腔热情就能够种好地?要在这里开荒种地,要种出鲜美水果,程鸿勋打死也不相信。他等着看笑话,等待着失败的那一天。

连续不断的开荒开始了,每天都有任务,个人、小组、分队、中队,黑板上都写着开荒进度表。每天回来,腿都几乎迈不动了,手连筷子也捏不住了。回到草房里,大组长都要宣布每个人完成任务的情况。程鸿勋自小没有干过农活,所以干起来非常吃力,很快手上就起泡流血,疼痛难忍,想死的心都有了。

回到宿舍,何队长找他过去,问道:"程鸿勋,来到农场有什么想法?"

程鸿勋想着今天的劳动,叹气说:"太累了,我怕累死在这里了。"

何队长对他笑笑:"不至于吧?当年打仗的时候总比现在累吧?难道你也想过累死?"

"这不一样,那时是军人嘛,现在是犯人。"程鸿勋不愿意承认。

"军人打仗,犯人服刑,其实都是一个道理。你如果这也不明白,怎么能安心在梨园改造?"

何队长说完后,就让队医替他用纱布包扎伤口,这让程鸿勋感到温暖。现在回想起来,如果不是当时队长的关心和帮助,他恐怕早就失去信心了。

到了挖坑播种时,他发现种植的是毛豆和地瓜。他便问何队长,何队长说这里的土壤太差,我们先种些植物,收割以后可以当肥料,把土地培养好,过一年再种水果。

何队长的话对程鸿勋启发很大,土壤改良,就像一个人的改造,不可能一蹴而就,必须因地制宜。但程鸿勋还是将信将疑。

种植水果的事情的确不是那么简单。按照农场的想法,在梨园要种植不同品种的水果。我们从安吉农场 1953 年水果苗支出明细中发现,当时购买了梨、李、梅、樱桃、花红、苹果、枇杷、石榴、山楂、杨梅、胡桃等果苗,除水果,还有一些硬果,如板栗、银杏、山核桃、香榧等。

当时农场缺少技术人才,也是摸索着种植水果,克服了很多技术上的难题。

跟程鸿勋有同样看法的还有费杰。

费杰是浙江柯桥人,1921 年出生,家住在县城,算不上富裕,但家中勉强供应他读完了初中。父亲是一个非常传统的人,希望他光宗耀祖。经朋友介绍,费杰去了一家建筑所,学习现代房屋的设计和施工,一干就是好几年。后来日本人侵占进了浙江,他的家乡也成了沦陷区,建筑所在苦苦支撑几年后也宣告倒闭。为了寻找出路,有人介绍费杰去汪伪部队。当汉奸总让人感到不舒服,朋友说,不就是混口饭吃吗?日本人完了再到别的地方去。就这样,费杰去了汪伪三十六师通讯排当了兵。毕竟是有文化的人,没两年他又被调到保安队当了给养班长,不久就升任步兵排长,也算是个官了。抗战胜利后,汪伪部队被国民党整编,费杰被安排到苏浙先遣军第一纵队任通讯排长。1946 年 2 月,眼看部队要到各地去打仗,费杰就托关系回到了老家,在乡公所当了书记。职务虽然不高,但在乡里也是说一不二的人物了,征税、征兵、敲诈他人的事情确实也干了不少。

解放后,费杰的结局可想而知,最后他因历史反革命罪被判5年有期徒刑。

到了农场以后,他还是时时回想着过去的日子,梦想着蒋先生能够回来。可惜一等就是几年,自己还被发配到了"浙江西伯利亚",每天都要进行开荒,对没有干过体力活的他来说,劳动强度已经非常大了。经过部队磨炼,艰苦的劳动和生活他并不害怕,精神上的折磨,让他难以忍受。他和程鸿勋一样,觉得共产党是坐不了江山的,农场也是建设不好的,幻想着失去的好日子还是会回来的。

事实却正好相反,随着抗美援朝的胜利,他们幻想的第三次世界大战化为泡影,蒋介石反攻大陆的希望更加渺茫。相比之下,农场在无技术、无资金的情况下,靠着坚强的信念,克服了种种困难,从育苗、授粉、修枝、害虫防治、施肥以及其他养护各环节,对水果种植进行攻关,取得了显著的成效,就在他俩的眼皮下,幼小苗木渐渐长大,逐渐成林开花,梨园变成水果园的梦想成真了。这一切让这两个历史反革命脱胎换骨,感慨万千,心悦诚服。

当年亲手种下梨树的程鸿勋和费杰,他们后来都留在农场就业,精心呵护着这片梨园。当他们离开农场时已经快70岁,程鸿勋生活在上海,费杰生活在新昌老家,他们在还走得动的时候,每年都会回来看看这片梨园,感受一下当年的岁月。

他们明白,逃跑是没有出路的

说起周阿毛,必然将他与逃跑联系在一起。

周阿毛是浙江天台人,1924年开始在家学习弹棉花,十几年下来,掌握了一手不错的手艺。1937年8月上海"淞沪会战"爆发,12月杭州沦陷。因为金华地扼浙赣咽喉,成为通向西南大后方的交通枢纽,国民党浙江省党部、省政府迁驻金华永康方岩,1938年元旦开始办公，军事、文化机关设在金华。金华、永康成为浙江省国民党统治的中心。1941 年 5 月，日军进逼诸暨，永康、方岩受到威胁，浙江省政府暂迁至松阳。8 月，日军撤退，又迁回永康、方岩。1942 年 5 月，日军进犯浙赣，金华、永康再次告急，浙江省政府仓促间再次迁至松阳。浙江省政府在永康、方岩办公时间长达 4 年半之久。这样，金华俨然成了战时浙江的抗战中心。这一年，周阿毛参加国民党军队上官云相的三十二集团军。

1942 年 5 月至 9 月，日军为破坏浙江沿海中国空军基地及打通浙赣线而发动了浙赣战役。日军调集第十三、第十一军 9 个师团，约 14 万余人，在中国派遣军总司令佃俊六指挥下由杭州、南昌两个方面，沿浙赣线东西对进。国民政府令第三战区、第九战区集结 14 个军 41 个师，约 30 万兵力抗击日军。当时第三战区以 4 个集团军 32 个师 26 万人设防于浙赣铁路沿线，以上官云相的三十二集团军驻金华，指挥钱塘江南岸及金华守军。1942 年 5 月 15 日，战区司令顾祝同指

农场职工在修理农具

示参谋长下达以金、兰为中心进攻与阻击日军前进步伐，提出“金兰作战、死守衢州”的口号。5 月 20 日，东阳沦陷；21 日，义乌沦陷；22 日，永康沦陷；23 日，武义沦陷。5 月 23 日，日军河野旅团、第十五师团于当晚侵入金华孝顺。27 日，日军兵临金华城下，对金华城内守军发起进攻。守卫金华的国民党八十六军第七十九师和一〇〇军第六十三师进行了顽强的抵抗。28 日，日军十五师团主力到达兰溪城北 1.5 公里处，与国民党军六十三师一一八团遭遇，发生激战。后日军向国民党军施放毒气，兰溪沦陷。同日，金华沦陷。

周阿毛随部队撤退之后，听到日军在家乡金华一带的暴行，恐怕家乡受难，几次想脱逃回去，但最终还是放弃。1947 年，部队与解放军进行决战，他趁乱回到了家乡，继续做起他的弹棉花生意。但是，这片土地受难已久，经济非常差，人们的生活条件也不好，棉花店的生意不如意，让他萌生了偷窃的念头。虽然偷窃的东西不多，都是生活用品，但他在国民党部队的经历，与人民为敌的行为，自然也加重了他的处罚。1952 年 2 月他被判有期徒刑 4 年。

周阿毛到了安吉农场二大队，眼看离家乡越来越远，日子越来越艰苦，心情便沉重起来。不到半年，周阿毛三次逃跑，都因为对当地地形不熟没有跑出去，一次跑到梅溪不敢过桥，当时是大冬天，在河边犹豫了几小时，躲躲藏藏的，神色可疑，被百姓发现捕回；一次跑到了鄣吴的山里，走进竹林，恐惧当中还是决定从山下逃跑，结果被追捕的干部抓获；第三次在阳岱山树林里待了两天，又饿又累，在安徽境内找百姓要吃的，被民兵发现。第三次被抓获回来后，队里给他上了土制的脚铐。批斗会上，犯人情绪激愤，纷纷要求对周阿毛从重惩处，但周阿毛并不悔过，公开扬言“镣住身体，镣不住心”。

队里知道教育感化一个人，需要时间，更需要耐心。于是队里规定，对周阿毛只能批判帮助，不准殴打、歧视、侮辱人格。

周阿毛到农场就只穿了一件棉衣，一条单裤，队里便给他添加了衣服。直接管理的张队长对他说：“想回家不是坏事，但用逃跑的方法是解决不了问题的，只有好好改造才能争取的。”

队里的批判和教育，特别是制止犯人对他动手动脚的规定，对周阿毛触动很大，思想也开始转变。有一次他对张队长说：“逃跑出去的日子真不好过，每天提心吊胆，结果逃来逃去还是逃到农场来了。”

周阿毛思想有所转变，对抗情绪也少了许多，但在解除镣铐的问题上，大多数干部和犯人都不同意，觉得他肯定还会第四次逃跑。所以出工听到脚铐的叮当声，收工回来也听到脚铐的叮当声，成了队里特别的奇观，大家就知道周阿毛在队伍里。后来大队开会研究，特别是听取主管张队长的意见。

张队长说：“顽固分子思想的反复，在周阿毛的身上得到了集中的反映，是比较典型的。当他转化的时候，不是就可以放松管理了，戴铐和开铐，一个是消极防御，一个是主动进攻。戴了铐不等于逃不了，开了镣不等于马上就会逃跑，更不是放任让他逃。戴铐和开铐是斗争的形式，做过细的教育才是内容。我想前两次逃跑抓回后，我们采取了公开的‘三夹一’，他还是跑了。这一次我觉得要转为隐蔽的‘三夹一’，内紧外松，确保他想跑跑不了，想跑不敢跑，能跑不愿跑。”

大队同意了张队长的意见，决定解除脚铐。

被解除脚铐的周阿毛到地里劳动，并没有什么异样的表现，只是在收工时出现了问题，他劳动比别人进度慢，其他人都要回去了，他还落在后头。

张队长察看了周阿毛的劳动情况，认为他有进步，特意在收工时对他进行了表扬，让他感到温暖。几天后，队里准备开展劳动竞赛，张队长在动员的时候问有谁愿意吸收周阿毛在一组。一百多号人都沉默了，终于有 4 个人愿意同周阿毛组成一个组。

竞赛的结果让所有人感到惊讶，他们连续干了 40 个小时，运送了 101 方土，获得了全队的第一，所有人对周阿毛的表现都感到敬佩。春耕开始后，周阿毛突然要求额外给他一块田种水稻，张队长答应了他。周阿毛对这块田投入了极大的心血，除耕田、插秧、养殖外，其余都是业余劳动。高温期间，他用粪桶挑水，结果收获初谷 1106 斤。张队长在各种场合表扬了他。

一个逃跑大户终于变成了劳动能手，改造典型。

相比之下，秦光勇的逃跑是无法面对劳改的事实而作出的盲目举动。

秦光勇是浙江杭州人，说是杭州人其实不在城里，是杭州郊区三墩的农民。因为家里穷，一直没有上学，在家只是跟父亲务农。13 岁那年，父亲觉得这孩子手脚灵活，便托人送进张小泉剪刀厂去学习打剪刀。三年学徒回来后，他不想做剪刀了，原因是当学徒时学怕了，父亲也没办法，就让他去嘉兴亲戚家种田去了。想不到这一种就是七八年，种田种厌了，正好赶上杭州解放，杭州建设局园林处招收工人，他便去报名，在农村学到的本事都派上了用场，很快被录用了。美好的生活在向这位农村的年轻人招手。然而想不到 1952 年 8 月一个意外的举动毁了他的一生。

秦光勇进入园林处后为人老实，几乎认识他的人都说他是个勤快的小伙子。有一天，别人已经下班，秦光勇照例去办公室帮助打扫卫生。当他在事务室打扫的时候，意外发现会计的抽屉没有锁住，肯定是会计下班急没锁好抽屉。从缝隙里他清楚地看到里面有钱。他的心怦怦乱跳起来。当他强忍着激动紧张的心情，轻轻拉开抽屉，发现里面有 46.5 万（旧币）现金。他事后怎么也想不明白，自己为什么会拿走这笔钱。

案件很快被侦破，秦光勇被判刑 3 年。

当他被送到安吉农场改造，看到眼前这片荒野的时候，秦光勇傻了。他相信用不了几个月，他就会被冻死累死在这里的。“浙江西伯利亚”的寒风，刺激着他的神经，当手脚冻僵的时候，他逃跑的冲动便格外强烈。一天晚上的后半夜，当别人都沉入梦乡的时候，他决意进行一次尝试。他挖开草墙，跑到壕沟，深四米的壕沟根本无法通过，他只好又回到草房里，经过几天的准备，他扎了草绳，再次来到壕沟边，当他到了沟底才明白，凭他的力量是无法逃出壕沟的。他又原路回到草房，打算在野外逃跑。

有一天，队里让他到泗安去拉材料，他趁机就窜进了草丛。结果由于人生地不熟，他跑了一晚上，天亮时发现自己竟然又跑回了农场。

逃跑失败后，他就再也不想冒险了。张队长问他还想不想逃跑？他说跑不掉的，还是安心改造吧。

江湖义气，不该延续到农场

据老干部回忆，当年来农场改造的犯人以国民党军政人员为多，而在社会上混的闲杂人员并不多，不过这些人改造相对比较难，旧习气比较重。

重新犯罪宣判大会现场

刘明生和邓文德就是比较典型的例子。

刘明生是浙江宁波人，接受过3年私塾教育，13岁便随人外出跑单帮，直到16岁才回来，这3年对他后来的影响很大，养成了他大胆的作风。回来后他跟人学习竹架工技术，不仅能在细细的竹架上走路，更能把竹子搭到几十米的空中，非常不简单。由于从小在江湖上混，年纪轻轻便沾染很多社会上的坏习气，他的犯罪就是因为江湖义气太重。

四明山有一个土匪李祥富，当年刘明生跑单帮的时候认识了他，虽然李祥富打家劫舍，名声很差，但他两人私交不错，时常在一起喝酒玩乐，算得上是好朋友了。解放后，李祥富化名跑到了宁波，凭着过去打砸抢得来的本钱在小镇上开了一个戏院。当地一直在搜捕李祥富，而刘明生知道却不报告。他们除了演出看戏，就是在一起吃喝，形同兄弟。没有多久，李祥富被人举报，刘明生因为知情不报也受到了处罚。

邓文德是因为窝藏土匪而被判的刑。

邓文德1909年生在宁波一个山村。父亲死得早，他10岁时就给地主家放牛，每天把牛赶到山边吃草，回来吃地主家吃剩下的饭菜。有时候地主家没剩饭，他就只能喝涮锅的水了。但这一切，邓文德都忍受了。13岁那年，地主儿子到山里面去玩，被蛇咬了，他用树藤绑住地主儿子的腿，用嘴将毒液吸出，然后立即将人背回家，后来郎中对地主说，幸亏这孩子机灵，处置得当，否则会闹人命。地主心存感激就让他边放牛边读书。读了两年书后，邓文德就离开地主家随亲戚去做泥工了。

抗日战争时期，宁波、奉化一带也是日军、伪军、土匪、国民党、共产党混杂的地方，形势非常复杂。也正是在这个时候，邓文德接触到了共产党的思想，当了一名联络员，有时帮助地下党和游击队传递情报。后来为了获得更多的情况，他还参加了汪伪政府，当了一个保长。正因为当保长，他接触的面就更加广泛，特别是山里的土匪，经常来联络他，久而久之，他与土匪蒋老大建立了很好的关系。到了1950年，他在乡里继续帮助土改工作。

有一天晚上，邓文德的家里突然来了一名不速之客，原来是人民政府正在通缉的土匪蒋老大，碍于情面，他收留他吃了晚饭，随后将蒋老大偷偷送到家里躲了起来。不久有人举报了邓文德，邓文德明知土匪的下落还窝藏土匪。邓文德被以反革命和包庇土匪罪判处3年徒刑。

刘明生和邓文德是同时到达农场改造的。他们认识之后，互通案情，臭味相投，简直是相见恨晚；况且两人又是宁波老乡，很快就成了哥们，对自己所犯罪行丝毫不后悔。

在赎罪劳动竞赛的时候，两人就商量好了，定出比平时少三分之一的劳动量。队长找他们时，两人相互证明，达到少劳动的目的。冬训活动时，两人一致声明不参加评比，有人问他们为什么，他们说，我们刑期短，评不评无所谓的。刘明生甚至刺激刑期长的犯人说："唉，

罪犯劳动场景

你们十多年刑期日子是难过的，我们出去之后，一定来慰问你们，千万要活着，假如死了，我们可看不到你们了，别怪我们不讲义气啊。”

刘明生、邓文德消极的言论对长刑期犯人的改造产生了恶劣影响，犯人积极改造的信心受到严重打击。

刘明生、邓文德还对劳动典型、积极分子进行打击，魏犯每天烧草灰四十担，邓文德对魏犯说："你拼命干，你不要命了，我们还要命哪。如果不让我们活，那我们也让你活不成。"搞得魏犯第二天便将任务下降了一半。

同组的陈犯把修公路的任务计划定在4米，刘明生知道了，和邓文德一起去找陈犯，硬要他将计划改成3.5米，说你不改正过来，就是想累死大家。逼得陈犯不得不改变劳动计划。

油茶种植之后的施肥，轮到他俩劳动时，偷工减料，给油茶树少施肥，收获的时候，油茶的产量受到了明显的影响。

看到刘明生、邓文德尝到了甜头，还真的有几个宁波人加入了他们的行列。

有一天，队里突然宣布将刘明生调到建筑队里去了。刘明生心里非常清楚说是发挥有技术的人员的作用，这是要将他们的"宁波帮"小团伙打掉。邓文德也有泥工技术，为了跟刘明生一起，闹着也要去建筑队。队里没有同意邓文德的要求。

邓文德和刘明生觉得不能就此罢休，要继续闹事。其实，队里已经掌握了他们合伙破坏改造的事实，两个中队同时开展揭批活动，发动犯人检举，将他们消极落后的言论全部公布。这一下，刘明生、邓文德两人在不同中队，无法联络，孤掌难鸣，众目睽睽之下，不得不承认自己的错误，老老实实接受改造。

据老同志回忆，当年农场不仅开展活动打击反改造气焰，澄清犯人中的错误认识，同时还开展了撤销犯人大组长的活动，加强干部对犯人的直接管理，对稳定改造秩序，净化改造环境，起到了很好的作用。

灵魂的升华,两个年轻人的改造故事

陈祖贤没有进校门却迈进了农场的牢门。

陈祖贤是浙江三门人,家里的成份是地主,父亲对他希望比较大,小学毕业后将他送到温州,上了农业中学,希望以后回家继承家业。就在他毕业的这一年,温州解放了,按照他的成份,读好的大学是比较困难的,况且家乡正在搞土改,他父亲的日子挺难过,家里财产可能随时被人民政府没收。这时候,陈祖贤产生了一个念头,远离家乡到没有人知道的地方去读书,学好以后再回来。他到处打听,得知杭州的农业学校比较好,可是他无法开出证明材料。怎么办?他想到了伪造印信。通过周密计划,他在城里买了工具和材料,拿到了学校印信原件样本,自己动手进行模仿。一切准备好之后,陈祖贤离家前

收蓖麻劳动场面

去杭州报考农业学校。很快，他通过了考试，没料到的是，当时刚刚解放，对相关人员的政审非常严格，当政审材料到达陈祖贤就读过的中学时，学校吃了一惊，他们根本就没有推荐过陈祖贤报考的农业学校。

事情败露了，陈祖贤被劳教二年半。这一年，他正好19岁。

本来是想去读书，学成之后可以出人头地，光宗耀祖，想不到一失足成千古恨，进了牢房，而且还是到了自然环境非常恶劣的农场。陈祖贤害怕了。

到了工地，在冰冷的荒地上开垦，陈祖贤根本举不动铁锄，不到一天，两手已经磨出血泡，到了晚上就一个人偷偷哭泣，寻思着早点离开人世。

来到农场不到半个月，陈祖贤选择了自杀。但他毕竟年轻，就是想死，也不知道如何去死。他想到了村里寻死的女人，她们都是上吊死的。有天晚上，他从衣服里子撕下一块布，织成绳子，挂到了草屋的横杆上，刚准备挂上去，被一个老犯发现救了下来。

“年纪轻轻要自杀？”队长非常吃惊。

队长把他叫到办公室，做了半天工作，但陈祖贤就是不回答。其实他死心已决，不愿回头。过了十多天，到工地出工，工地正好有处水塘，不会游泳的陈祖贤跳了下去，想结束自己的生命，但结果被人救起。

过了几天，大队突然将陈祖贤调到三大队去了。到了三大队后，李队长看看他，拍拍他的肩膀就对他说：“又来了一个小鬼，你就跟钱阿清一个组吧。”

陈祖贤不知道钱阿清是谁，到了晚上，钱阿清收工回来了，陈祖贤才发现原来他也是个小鬼，还没有自己高。

这钱阿清是永嘉人，村里有名的孤儿，7岁死了娘，8岁死了爹，9岁开始为地主放牛，12岁给地主种田。吃不饱穿不暖的日子，让他受了不少的苦。14岁那年，一次偶然的机会让钱阿清接触到了共产党领导的游击队。那天他上山砍竹子，发现两个年轻人在竹林里休息，身上还插着短枪，着实让钱阿清吓了一大跳。如果不跑，躲起来，可能就没有后来的故事了。钱阿清那时毕竟年纪小，怕遇上坏人，赶紧往山下跑，那两个年轻人见他，也非常紧张，连忙分头追赶。钱阿清年纪虽然小，但他长年在山里，地形熟悉，腿也跑得快，两个年轻人好不容易将他堵住，才知道是个小孩子。他们对钱阿清的机灵迅速非常惊奇，建议他参加游击队，打国民党。经过一番动员，钱阿清动心了。一天晚上，钱阿清偷偷离开地主家，参加了浙南括苍山游击支队。

括苍山游击支队从抗日战争年代建立和成长，到了1945年，武装力量的壮大，引起了日军和国民党顽固派的惊恐。7月下旬，国民党顽固派以第三十三师师长周淘漉为总指挥，调集敌正规军第三十三师和浙保三团、四团计6000余人的兵力，向括苍游击根据地发动大规模的"清剿"。日本投降后，1945年9月，国民党四团二营进驻永乐边界地区的樟树袅、科竹、乌弄3个村，成互为犄角之势，阴谋隔绝永乐两地游击队的联系，以实现其分割包围、逐个歼灭的目的。游击支队依靠不畏艰难、顽强斗争的精神，在当地党支部和群众的掩护下，与敌人开展了"围剿"和反"围剿"斗争，取得了一个又一个的胜利。1949年2月，浙南地委要求括苍支队在江北地区发动攻势，多打胜仗，牵制敌人，配合解放军即将实施的渡江南下作战。根据地委的指示，周丕振率领括苍支队向括苍地区的敌军据点和县城大举进攻。从3月9日夜开始，先后奔袭虹桥镇，智取大荆镇，连拔温岭县境内的琛山、潘郎、虎啸三个敌人据点。3月30日挥师向西，袭击了永嘉重镇枫林镇，数战数捷。敌人心惊胆战，闻风丧胆只得撤兵退回温州，使括苍山脉的广大游击区连成一片。

在这些战斗中，钱阿清表现得非常勇敢，多次受奖。

1951年，刚满十八岁的钱阿清转业到一家国营百货商店工作。由于是军队下来的革命功臣，商店里安排他担任主任。一个穷孩子，第一次接触到了权力和金钱,让他的内心受到了极大的震动。当大笔采购的货款从他的手里流出去,再看看自己的薪水,不平衡的心理开始作怪,他开始挪用公款为自己购买衣物和用品,在不久后例行检查中,领导发现这名小兵犯下了错误。钱阿清被定为贪污罪,判处有期徒刑三年半。

钱阿清的经历震惊了陈祖贤,钱阿清那么年轻,已经有如此“辉煌”的经历,确实不简单。

陈祖贤问:“你没有工作了,以后出去怎么办?”

钱阿清回答:“我年轻,有手有脚,生活不会有问题。以后我还要娶老婆生儿子。”

钱阿清的乐观思想,对陈祖贤的震动非常大。他觉得自己不应该自暴自弃,自己还年轻,有的是未来。

李队长对陈祖贤说:“钱阿清刚进来的时候,也想不通,偷懒,抗拒劳动,何况他还立过战功呢?然而功过是不能相抵的,过去的钱阿清是革命的勇敢战士,现在他是犯罪的人,只有明白这个道理,才能改造好,重新回到社会。你不过就是没有读成书嘛,在这里可以自学,以后出去还能参加学习,你的人生道路还很长,不要轻言放弃。”

陈祖贤与钱阿清交谈后发现,钱阿清刚进来的时候也有同样的想法,觉得人生就完了,便产生了轻生的念头,钱阿清曾经割过手腕,刀疤恢复得不是很好,肉有些凸起。

陈祖贤对此非常感慨,对李队长说:“我要重新做人。”

俗话说,劳改农场就是一所大学校,一座大熔炉,它能感化人、教育人,更能改变一个人。

由于政策因素,钱阿清和陈祖贤最后都没有回到自己的家乡,他们留在了农场在农场就业,并且在农场娶妻生子,直到退休。作为普通的人,他们虽然没有多么美好的前途,甚至没有作出多大的贡献,但也是平平安安度过了一生。

两派争斗：那些来自军统的人

农场曾经改造过大批的国民党军警特务和汪伪集团人员，据有关资料记载，他们当中有国民党兵役部国民兵司少将副司令、国民党沈阳防守司令部少将参议、民社党浙江省党部执行委员、国民党浙江省党部执行委员、国民党中央军校第七分校少将总队长、国民党中统局专员、伪浙江高等法院首席检察官、国民党忠义救国军淞沪指挥部少将参议、国民党豫东招募处少将专员、民社党天津党部书记长、国民党河南省党部监察委员、国民党三十集团军司令部少将参议、国民暂编十二师少将副师长、伪上海看守所少校看守长（属军统）、伪交通部公路总局科长、伪十二军部队五大队上校大队副、国民党县党部副书记兼县教育科长、伪浙保三纵司令部中校参谋兼情报组长、汪伪剿

农场运输队的马群

共司令部一团中校副团长等人。这些人员有相当的丰富经验，不同于一般的刑事犯，对于这些人员的教育和管理，也是当时农场管教工作的重点。

王章宪，1914 年出生在杭州富阳，20 岁前在家跟做学徒，学的是木工。从 21 岁起便在大上海做木工，五六年做下来他不仅提高了技艺，还学会了很多在大城市生存的本领，27 岁那年他回到了杭州。当时的杭州被日本人占领，做木工肯定是不行的，他就开始学做小贩，卖些小吃。这生意不仅累还挣不到钱，王宪章放弃了生意，开始流浪。一天，碰到一个小时候一起长大的朋友，正在伪水上警卫队当差，希望他一起参加。当时人们对汉奸是看不起的，但此时他已经生活困难，为混一口饭吃就答应参加伪水上警卫队了。由于他在大上海历练过，人聪明，脑子转得快很快就被任命为探目。就这样，王宪章在伪水上警卫队混到日本人投降。伪水上警卫队被国民党接收后，王宪章当上了杭州公安局的警察，由于干练精明，被军统招去参加军统训练。1949 年 5

节约粮食教育

月，杭州解放，共产党缺乏对城市的管理经验，留用了大批国民党军警人员，其中包括王宪章。其实，王宪章还担负着军统的特殊任务——潜伏。按理说，解放了，王章宪理应谨慎做事，可是他在十里洋场受到的熏染，陋习改变不了，他开始利用手中的权力收受和贪污，最终折合人民币 1700 多万元（旧币）。眼看国民党不会东山再起，他主动交代了潜伏任务，得到了宽大处理，被判处 3 年有期徒刑。

到了农场后，他很快便适应了这里的生活，俨然就成了“第二队长”，自我标榜做过三个政府的警察，凡事除了队长，必须经过他的同意，似乎执掌了犯人的管理大权，确实有很多的犯人臣服于他，送食品孝敬他。

与王宪章同在队里的另一个军统犯人周峻生却很讨厌他，连看也不看他一眼。

周峻生生长的地方是中国 19 世纪最富裕的地区之一——吴兴。

湖州吴兴是古代吴地“三吴”之一。自古以来民康物阜，人杰地

农田施农药场面

灵,有"鱼米之乡,丝绸之府,文化之邦"的美誉。湖商是继徽商、晋商之后,在近代中国涌现的、具有地域特征的商贾群体。与潮州帮、宁波帮在同时涌现,对近代中国政治与经济产生了深刻的影响。南浔镇的丝商在清末崛起,形成以"四象、八牛、七十二条金狗"为代表的中国近代最大的丝商团体,以南浔丝商为代表的湖州商界接触到西方思潮,并加入了推翻清王朝的革命运动的洪流之中。孙中山先生的革命经费大部都由以张静江为主的湖州丝商捐赠,而南浔的丝商成为支持民国财政支柱的江浙财团的中坚力量,是蒋介石在财政上的主要支持力量。

正因为湖州当时的经济和社会发展走在全国的前列,19 岁那年周峻生有幸进入教会"三一"商校读书。对于这样一个年轻人来说,良好的家庭条件和学习经历,为他的前途铺开了一条光明大道。从教会学校毕业后,周峻生便参加了国民政府内政部青年团指导员的培训班。培训结束后,国民党军政委员会特种技术培训班看中了他。经过美国人的培训,他以优异的成绩回到了湖州,担任县青年指导部的代主任。

别看指导部并不起眼,但它其实是国民党的军统机构,负责招收学员和收集情报。为了工作需要,上级又把他安排在《江苏民锋报》做记者和编辑。他的工作得到了上司的肯定,后来被调到首都卫戍司令部担任稽查职务,可以说权力非常大了。

当南京解放的时候,周峻生没有逃跑,而是回到了湖州,本想更名改姓隐藏起来,等待国民党反攻的时机。令周峻生没有想到的是,他很快就被人检举而被捕。当公安人员到他住处搜查时,发现有特殊文字记载的材料,经专家检验,这是一种速记文字。因周峻生受过特务训练,为了不让自己这门技艺失传,他便每天练习。如果仅仅是练习可能会枯燥,他就写了孙子兵法的综合研究。

最终,周峻生被判处了 6 年徒刑。

到了农场运输队之后,他对农场的生活并不感到可怕,因为他习惯研究历史,知道兵败的道理,很坦然地面对这一切,非常鄙视王宪章的所作所为,他认为王宪章只是小人一个,更重要的是,在军统里他只是一个小特务,而自己则是军统的大特务,两人不可相提并论,同日而语。

很快,在中队里便形成了王周两派,一个支持,另一个就反对,两派之间的矛盾立刻变得尖锐起来,几次差点发生斗殴事件。

王宪章找到周峻生,希望与他和解达成联盟。

"我们不是一路人。"周峻生拒绝了王宪章的和解请求。

"为什么?我们都是军统的,如果联合在一起,牢里的日子会过得很好。"

"你不能算是军统的人。"周峻生的话非常明确,他似乎从来没有把王宪章当成军统的人。

王宪章也知道,周峻生看不起自己的原因是因为自己没有完成潜伏任务,向人民政府主动交代了自己的身份。

"俗话说得好,识时务者为俊杰。蒋主席帮不了我们了,如果我不交代,而别人却供出了我,那我就会被判处死刑。我没有那么傻,换作你这个大特务也会作出如此选择的。"王宪章为自己辩解。

同流合污还是相互残杀,他俩面临选择。他们虽然都没有走极端之路,但觉得搞掉另一方才是上策。结果,两派开始了争斗。

争斗怎样进行呢?当时运输任务很重,双方想方设法阻止对方的劳动,比如劳动工具方面,尽量让对方使用破损的运输工具;比如在监规纪律方面,收集对方的问题,甚至捏造事实打小报告;更为严重的是为了吃饭睡觉的事情,动手打架了。有一天,一名犯人刑满回家了,为了争夺这个床位给自己的人,王宪章和周峻生竟然在商议没有结果的情况下动了手,在狭小的空间里,两人施展中统局学到的一点搏击术,大战了几个回合,不分胜负。正在此时,中队长进来,左右两脚将两人踢翻在地,令众犯目瞪口呆。原来队长是武工队出来的,武艺高强。

王宪章和周峻生的言行引起了队里的注意和重视,很快便掌握了他们的所作所为。王宪章和周峻生想不到改造过程中会翻船,被推上了被批判的风口浪尖。随着揭批的深入,两人对政府的不满言论越来越清楚,在事实面前,他们只有认罪了。

周峻生后来感慨地说道:“我们都以为自己还是军统的一员,其实很可笑,我们什么也不是,只是一个对人民有罪过的犯人。”

王宪章也说:“我是受军统毒害太深了,想不到在劳改队里拉帮结伙是很危险的,差点又走错路了。”

一个人抛弃了幻想之后,才能真正脚踏实地去做一个人。两个军统特务的改造就是最好的例证。

寂静的夜空,清脆的枪声突然响起

安吉农场建场时关押犯人的地方是现在南湖影剧院和警苑小区这一块。

很难想象只有不到3万平方米的土地上关押着近3000名犯人。据当时的老同志回忆,犯人住的是连排的草房,起先因为没有竹床,全部席地而睡,一间屋子里睡着几十上百名罪犯。

对农场来说,收押犯人不是最大的难题,最大的困难是如何防止犯人逃跑和重新犯罪。最早设置的防逃跑措施是用竹子进行围栏,搭建约两米高的障碍物。然而,农场很快发现,这一围墙形同虚设,因为两米多高的竹围栏,在那些国民党军人和土匪眼里,根本就不是什么困难,有些参加过国民党军统和中统训练的人员,可以轻松越过围栏。那些土匪本身是在山里生活的,哪怕是荆棘悬崖,都是如入平地,区区竹围墙根本起不了防逃的作用。

怎么办?农场决定开挖壕沟防逃。于是,农场在关押犯人的区域四周开挖了一条壕沟,壕沟长约800米,深4米,上部宽4米,底宽2米,全部工程花去约两万工,然而由于雨天的影响,很多地段被冲毁崩溃，后来又投入劳力进行修复。工程完工后，对于防止犯人逃跑确实起到了很好的效果。

俗话说得好，“魔高一尺，道高一丈”，犯人狱内无法脱逃，便选择外出劳动的时候。白天出工劳动现场人多，目标大，逃跑的风险高，但还是有犯人逃跑了。仍然有些犯人寻机夜晚逃跑，因为晚上逃跑被发现的时间比较长，脱逃的可能性就大，白天就很容易被发现捕获。

农场对逃跑给予了重视，加大了武装警戒的力度，设定了追捕的包围圈，即使从工地上逃跑，要逃出包围圈的可能性也大大降低了。当然，要成功实施追捕，及时发现逃跑是最关键的，如果管理干部和实行相互监督的犯人思想麻痹，没有在第一时间发现犯人逃跑，这便大大增加了追捕的难度。还有一种非常可怕的情形，便是与外界相互勾结，共同实施脱逃计划，追捕更是难上加难。

在元老吴茂珍的记忆里，关押点曾发生过一起逃跑轰监事件。

农场教育大会场景

新中国成立初期，中国人民解放军第二十五军在1949年9月至12月进至浙北、皖南剿匪，歼国民党游杂武装4000余人，为巩固浙北、皖南新区打下了基础。

农场刚刚建设的时候，周边国民党特务和土匪没有被完全肃清，仍有少量土匪在活动，农场周围经常发生深夜升起信号弹的事件，地方武装会同农场干部多次到周边山野搜查。吴茂珍便跟着地方数次巡查，最远到过鄣吴山里，靠近安徽边界，不仅走访农户，还到可疑地方搜查，结果都没有发现特务。

虽然没有发现特务、土匪，但信号弹还是时有发生，这一现象让犯人中的特务、土匪们兴奋不已，其中有一人觉得这是个机会，决意离开这里。一场阴谋脱逃的计划开始酝酿。

酝酿逃跑计划的人叫李富林。李富林，湖南人，曾经当过伪十二军部队五大队上校大队长，1951年被判处无期徒刑。他在平常的接触中，发现犯人张锦平和任武久是可以信任之人。张锦平是浙江人，国民党县党部副书记兼县教育科长，思想反动，不满现政权，1951年判处死缓；任武久，江西人，曾经任伪浙保三纵司令部中校参谋兼情报组长，1951年被判处无期徒刑，此人头脑灵活，胆大心细，平时多有不满言论。

李富林开始时被安排在大伙房里劳动，因为怕劳动，经常会偷懒。大伙房规定晚上必须把空水缸挑满水，室内不许堆积柴火，这是防止火灾发生比较好的措施。可李富林经常水不挑满，柴火不清理干净，屡教不改后被下到中队垦荒。中队到南北湖种水稻，他害怕“摸六颗”（指种植和除草，水稻一排6颗），多次消极怠工，整天牢骚不断，便产生了逃跑的想法。

经过观察，利用劳动的机会李富林与张锦平和任武久两人结识，三人臭味相投，一拍即合。任武久主动要求跟当地农民接触，了解土匪的情况，有一名叫阿狗的农民愿意出力。任武久承诺帮助他们出去之后给他们钱款。这里原来就是土匪出没严重的地方，许多人当时都参加过土匪。任武久并不知道这一情况，以为当地还有很多土匪残余，其实是当地农民想额外挣点钱而编造的。

任武久自以为当过行动组长，摸清情况后便与李富林、张锦平商量。

李富林说："我觉得可以依靠当地土匪帮助潜逃，脱逃的线路和时间一定要周密计划好。"

但张锦平还不放心："当地土匪是不是真心帮助我们，一定要搞清楚，否则我们就会栽在这些人手里。"

任武久觉得张锦平说得在理，应该再确定一下。第二天，他利用帮助农民割草皮的机会，又找到阿狗。阿狗知道任武久还不放心，早就带着两个兄弟充当帮手。任武久这会更加相信，便约定了接头的地点。任武久刚想回去，阿狗拉住他。

"还有事？"任武久问。

"你们不给钱，我们怎么帮你们？"阿狗不放心。

任武久生怕他们骗人，执意要出来的时候给钱。阿狗就是不

罪犯在修筑水利

同意。

“我先给你们一点钱，就算定金了。如果你们敢欺骗我们，小心我把你们的房子烧掉。”任武久万般无奈之下只好拿出一部分钱给了阿狗。

回来之后，三个人非常高兴，用开水代酒进行庆贺。令他们想不到的是，他们的秘密活动被组里其他人知道了，原来任武久与农民串通联络时候，原以为他们是搞些食品交换，本想也占些便宜的，想不到听到的是秘密逃跑。知道有土匪接应，也有了逃跑的愿望，有 5 人表示受不了这里的苦了，要求跟他们出去。李富林感到有些为难，如果不带走，他们就可能告发，必须把他们拖上一条船来。但张锦平不同意，认为人多目标大，不利于行动。任武久仔细考虑后觉得带上是可行的，既然已经知道了，不带出去是不可能的消息会泄露出去，等出去之后想办法甩了他们，为自己三人逃脱创造更加有利的条件。

这些天天气酷热，很多犯人睡不着觉，到草房外透气乘凉的很多。岗亭上哨兵也是非常困，到了后半夜会丧失警惕。

到凌晨二三点钟，李富林觉得时机已到，从草房里预先挖好的洞钻了出去，准备从竹围栏撕开一个洞，抓住阿狗事先钉好的绳子越过壕沟。

让李富林他们不曾想不到的是，哨兵是富有战斗经验的士兵，多次深入敌营阵地摸哨，屡立奇功。已经是半夜，今晚他在岗楼里，虽然非常疲劳，但仍不敢睡觉。他发现草房边的反射光有变化，像是有人在动。他打起精神仔细观察，判断确实是有动静时，他大喊一声：“谁？不准动！”

假如 8 个人听到呵斥声后都趴着不动，不吱声也许不会再引起战士注意。而这时，偏偏有人赶紧往草房爬回去。战士发觉有人，便朝天放了一枪。

李富林知道事情败露，但仍抱希望，连忙起身避开岗楼，朝第二个逃跑点跑去，其他的人紧随其后。按照他们设计好的逃跑计划，如果突破壕沟以后,如有可能,就夺取枪支。

战士已经发现有人要逃跑,就朝他们逃跑的前方围堵,扫了束子弹,子弹打在他们的前面,泥土被打得溅了起来,吓得他们赶紧往草房撤退。

半夜的枪声将整个关押点的人惊醒了,干部们从四面八方涌来,将壕沟四周全部封锁。

李富林等人梦想里外勾结脱逃的阴谋失败了,便趁机轰监,想制造假象,掩盖逃跑的真相。

据说这是农场历史上唯一一次稍大规模的逃跑轰监事件,后来李富林等人知道阿狗他们导演了这出的内外勾结逃跑骗局。虽然这次犯人没有逃跑成功,有惊无险,但对以后的应急处置和防逃工作提供了宝贵的经验。

CHAPTER 05 ≫

第五章
传承的力量

自从1952年11月踏上“浙江西伯利亚”这块土地后，前辈们前进的脚步一直没有停止过，他们默默地在这里坚守了近65个春秋。他们一路走来，风雨兼程永不止步。从创业之初的天子岗开始，南湖监狱不断拓展，土地开发遍布三个县，七个乡镇。阳岱山的十里长岗、八角塘、五岭冲、大姚冲、杀人塘，良朋乡的长隆、石冲水库、九宫房，鄣吴地界的牛头山、邦山、华坟山和桥会山，长兴境内的界牌、大红包、大包子、北大塘、杨步湾，以及安徽广德境内的九里岗、蛟湖水

1987年刘发清在南湖与青年同志合影

库一带，土地面积达到5万余亩。1964年接受原长兴农场一大队和六大队，包括七里亭和大红包一带，面积增至近7.3万亩，人口达9500人，号称万人农场。

曾经的黄土丘陵，土地贫瘠，缺少有机质，水土流失严重，经过几代人的辛勤耕耘，荒野变良田，草坡育新林，南湖的茶叶、油茶、油桐、水稻、水果等生产形成了规模，特别是茶叶生产，禹园碧玉、禹园曲玉、禹园松针等品牌在浙江乃至全国系统内都有很大的影响力，南湖人的梦想实现了。

每当南湖林场原政委崔炳一回忆那艰难的岁月，深情地告诉人们：我们住的是草房，吃的70%是地瓜，就是在这样的条件下搞生产，抓改造。

随着时间的推移，安吉农场从创业到发展，经历了几度调整，几度更名。根据浙江省委发展浙北“绿色油库”的指示和江华书记的嘱托，1963年更名浙江省地方国营南湖林场，营造了大片林地，种植了

农场的孩子们

万亩油茶、茶园。

60 多年来，牛头山下，天子湖畔，筑梦荒野，南湖监狱从无到有，从小到大，从弱到强，数代人奉献了青春，付出了生命，创造了前所未有的奇迹，为我们留下了珍贵的坚强的信念和物质财富，铸就了南湖人的精神和灵魂。正是前辈们创业精神的传承和激励，南湖人才能不断进取，在安吉这片绿色生态的大地上，不断闪耀出金色盾牌的光芒。

他们，特殊时期的特殊人群

2017 年秋天，我在南湖公园时常看到一个老者在公园走走看看，既像是在锻炼，又像是在寻找着什么。我好奇地迎上去询问。老者微微一笑，说自己姓张，原来是留场就业人员，后来平反转为工人，现

20 世纪 70 年代的农场座谈会

在是农场退休职工。我问他为什么会长时间看着公园周围？老张说，我对这地方太有感情了，这里绿化了，我要好好地看看她。老者的言语和眼神中都流露出一种特别的怀念之情。

老张是农场普普通通的职工，但他的人生经历却是极不平凡的，与农场的历史息息相关。老张生于1928年，江苏东台人。早年家境良好，他也因此读到了初中毕业。在他十几岁时，父母不幸病故，只好跟随祖母投奔到在上海开厂的姑夫家里。那年他16岁，跟随姑夫当学徒。虽然年龄小，但他很吃得起苦，知道寄人篱下的酸楚，拼命学习，拼命干活。1947年秋天，已经19岁的他终于提出要离开姑夫，独自闯天下了。

得知他的想法，姑夫沉思了许久，问道："你想出去做什么啊？"

"我要回江苏。"他知道这样的回答会伤姑夫的心。

"回江苏干吗？"

"我要吃公家饭。"

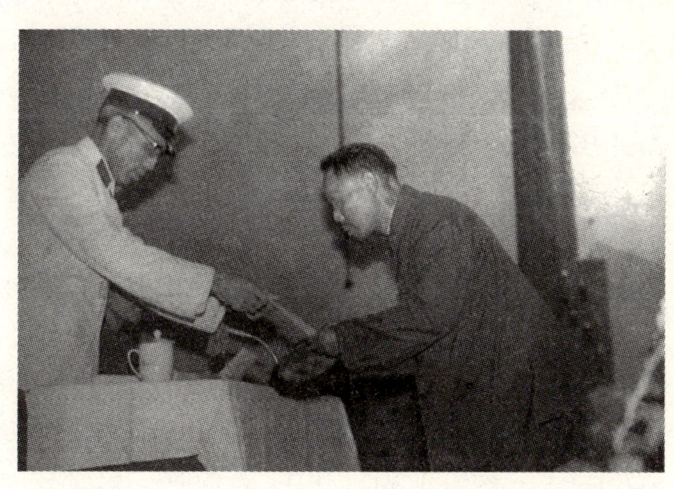

原国民党县团级战犯被释放

他的回答让姑夫吃了一惊，不再小看他，工厂是留不住他了，知道这孩子长大了，有自己的抱负。

1947年，老张回到了江苏，进了高邮县法院看守所，当了一个书记员，谋得一个缮写职位。他从小字写得挺好，当了缮写后，案卷抄得清清楚楚，差事也办得顺顺手手。国民党整编四师一个杨副团长违反军纪进了看守所，格外欣赏这个青年，出去之后便动员他去海军陆战队。老张打小就崇拜军人，那时年轻冲动，想成就更大的事业，于是就去第二师警卫营一连当了文书。不久，复兴岛的海军开始撤离到海南布防，随后要去台湾。老张家乡观念十分重，不想去海南。杨副团长只好同意并介绍他去了吴淞要塞，在守备总队三大队七中队继续当文书。想不到形势变化那么快，解放军很快就进逼上海。1949年3月13日，他所在部队向解放军三十军投诚，在六合县训五团学习六个月后遣送回原籍。

从军人变成城市贫民的他，无家可归，不知道应该怎么办。茫然之中老张只好回到上海投靠朋友，甚至寄宿于友人家中，帮助他们摆豆腐摊维持生活。1951年清查户口，老张被遣送回东台。当时正值肃反运动，老张参加国民党军队的历史问题被清查，被判管制二年，在亲戚大饼店里打工。管制期间，老张时刻想着去外地闯荡，不想在大饼摊待着。有一天，亲戚叫他去街上卖烧饼，当时一冲动就出走了，一路向南通走去，因无钱买船票，生活无着落，只好改名换姓再入游民所。老张本想闯荡天下，自食其力，可是他的身份让他无处安身。无奈之下又投靠姑夫，姑夫没有抛弃他，给他生活费。不久，倔强的他再次选择出走，这一次他穿走了姑夫的毛衣、马夹，并拿了18元钱，躲到朋友处被里弄干部发现，要求出示户口。老张只好向公安局坦白了自己的行为。由于盗窃和历史问题，他被判处了七年徒刑。判刑后，他被送到上海劳改针织厂，随后又调到川东农场改造。他不服气，认为是轻罪重判，向法院提出申诉，他不愿就这样毁掉自己的大好青春。法院驳回了他的申诉，残酷的现实使他彻底失望了。然而，改造期间发生的两件事，让他重新转变了思想。刚进入劳改队后，他就患上了眼疾。几乎失明，被送进了公安第二医院。医生揭去他的眼膜，精心养护治疗；没想到祸不单行，他又患上了肺炎。当时的"雷米峰"药不是普通的药，医院没有因为他是一个劳改犯而歧视他，尽最大力量挽救了他的生命。两次患病经历，让他终生难忘，由此也影响了他的一生，也一次次鼓励着他克服生活中的各种困难，使他明白了改造和人生的真正意义。

1961 年 11 月，他调入浙江省十里丰农场。刑满后，无家可归的他申请留场就业，成为那个时代特殊身份的一员，他要用自己的后半生为农场建设做贡献。

我问他："当年在农场的日子苦不苦啊？"

老张感慨地摇摇着头："不说了，不说了。"

我知道老人不愿意再去回首那段苦难岁月，因为当时的身份是劳改人员。后来老人说，生活上的苦尚能克服，最让他们感到揪心的是精神上的，他希望有政治上的权利，政治上的尊重。在受到人生最大的打击时，老张确实彷徨过、灰心过、失望过，但他相信自己的历史是清白的，是对得起自己的良心的。基于这一点，他始终相信共产党的政策，相信会有公正评价的这一天。他坚信只要好好改造，一切都会好起来的。

老张的特殊经历，让我想到南湖监狱历史上曾经就是浙江省最大的留场就业基地，除农场建设和教育改造犯人的辉煌业绩外，我们不能忘记，刑满留场就业的工作是农场历史上沉重的一笔。

1954 年，对于新中国，对于浙江来说，都是意义非凡的一年。这一年，第一部《中华人民共和国宪法》在杭州初具雏形。毛主席亲自率领的宪法起草小组从 1953 年 12 月 27 日进驻杭州，到 1954 年 3 月离杭返京，历时两个多月。3 月 23 日，宪法起草委员会在北京召开第一次会议，讨论宪法草案。毛主席在会上说："这个初稿可以小修改，可以大修改，也可以推翻另拟初稿。"

第一届全国人民代表大会第一次会议于 1954 年 9 月 15 日至 9 月 28 日在北京召开，会议制定和颁布了中国历史上第一部人民的宪法——《中华人民共和国宪法》，以法律的形式表达了全国人民的根本利益和愿望，确定了中国过渡时期社会的经济制度和政治制度，明确规定了对一切反革命分子和刑事犯罪分子实行劳动改造使之成为新人的政策。同年 8 月 26 日，政务院举行了二百二十二次政务会议，通过了 1950 年着手起草、经 19 次修改的《中华人民共和国劳动改造条例》和《劳动改造罪犯刑满释放及安置暂行处理办法》。

从这一时期开始，对刑满释放人员执行“多留少放”的政策，凡家居大、中城市、国防前线、军事要地、重要工矿区的，改造表现不好，释放后仍有危害社会治安可能的，无家可归、无业可就的，给予留场就业，实行单独编队管理。这一措施，在当时是非常有必要的，罗瑞卿在《关于中华人民共和国劳动改造条例草案说明》中说：“不但解决某些罪犯刑满释放后谋求职业的顾虑，同时也减少了国家失业问题的困难，并可避免刑满罪犯找不到生活出路而可能发生重新犯罪的危险。”

安吉农场刑满留场就业工作起步于 1953 年，当时有 53 人成为“留队生产人员”，分散在各个生产队参加劳动。谁也没有想到，后来这里竟然成为浙江省最大的留场人员就业基地，前后二十年，到了 1973 年，留场就业人员达到了 4408 人。

这是一批特殊的人群，历史的产物，在当时的情形之下，无论是主动留场的、动员留场的，还是根据政策留场的，悲观、失望和不满的情绪非常大。1954 年 10 月 15 日，浙江省公安厅颁布《留场就业人员行政管理制度暂行规定》，对他们实行了计件工资制，待遇得到了保障，他们的情绪也开始稳定了。1955 年底摸底调查，基本树立“以场为家”的占总人数的 48%，一般表现的占 43.2%，对留场就业政策抵触情绪的为 8.8%。

1956 年，接纳了第一批就业人员家属到农场，安家落户的有 55

户，当时农场在极为困难的条件下，分配每户一间16平方米竹草简易房，夫妻两人都参加劳动，可以达到40元的收入，已经远高于当地农村的生活水平。这一做法，对后来的留场就业工作产生了积极的影响。

到了1957年，农场所押的犯人只有537人，而留场就业人员已经达到2162人，农场工作重点转向了留场就业人员的管理。当年农场就制定了《地方国营农场劳动管理办法》，明确了职工的权利和义务。

1958年4月，农场召开了首届职工代表大会，出席代表243人，副场长、场党支部书记何银章担任工会主席，11名委员中有一名留场就业人员郭德惠。这在留场就业人员中引起极大的反响，他们认为政府并没有歧视他们，与农场职工一样对待。工会还创办《安农工会》油印刊物，加强对他们的思想教育，这一时期的思想得到了稳定。

然而，"反右派斗争"延伸到监狱的时候，把对犯人实行人道主义，维护犯人权利和义务，对刑满释放就业人员参加工会，实行民主管理等，都作为右的东西加以批判，根据表现划分为积极分子、中间分子、落后分子和危险分子四类，分别管理，留场就业工作受到了影响。

三年自然灾害来临，留场就业人员的管理遇到了前所未有的困难。就业人员的工资降到了最低点，人口定量也降为每人每月22.5斤，实行低标准，干部不得不号召和带领他们投入寻找野生植物充饥的工作当中。1960年10月至1961年1月，全场共采集金刚刺(植物名土茯苓)、狼鸡根(植物名蕨)等野生植物22.4万斤，加工成淀粉，补充粮食的不足。由于生活困难，供给短缺，营养不良，水肿病流行。为了渡过难关，干部职工和就业人员振作精神、迎难而上，农牧并举、多种经营，到了1962年下半年，就业人员的口粮恢复到了30斤，平均工资提高到了21.6元。1963年为解决就业人员子女的就业问题，在黄塘成立了留场就业人员子女中队，组织生产劳动，消除了他们的后顾之忧。

1964 年第六次劳改工作会议召开，会议系统阐述了履行“改造与生产相结合，改造第一，生产第二”的劳改工作方针。与此同时，对刑满释放和留场就业政策进行了重大调整，改变了“多留少放”政策，实行了“四留、四不留”的原则，确定了既区别于犯人，又区别于一般国营企业职工的管理，使这一群体的特殊性更加鲜明。

“文革”开始，在“阶级斗争为纲”的指导思想下，留场就业工作政策频繁变动，视就业人员为“专政对象”，以敌我矛盾对待，重新评定身份，进行“回炉”改造。经历了“文革”造反、军管、建设兵团，三支政治力量的管理，农场正常的工作受到了极大的影响，留场就业人员的命运，再次陷入了困难和危险境地。

1979 年中央下发了(79)39 号文件，确定“摘帽”和今后犯人刑满不留场的政策，由此，留场就业人员历史问题的解决被提到了议事日程。

到了 1976 年底，农场还有留场就业人员数千人，到了 1977 年、1978 年，又从全省调入 1200 人，1983 年，所有人员中的“四类分子”全部摘“帽”，1979 年以来清理就业人员，2278 人回到原籍，转为工人 422 人，转业安置国民党军政人员 439 人，老残病就业人员实行养老 423 人，实行参退(参照工人标准退休)142 人，至 2002 年，尚有在册就业 357 人。

老张就是在这一时期转变身份的一员。

老张作为留场人员调入南湖林场后，文化程度此时又发挥出了作用，他肯动脑子，钻研业务，被指定为蔬菜组的学习记录员，担任着蔬菜组的副组长，他说这“浙江西伯利亚”的土壤比较差，不适合种植蔬菜。那年大白菜种植时，放籽初期正好是久旱少雨，出苗不齐，他就主动补苗移苗。农场机关四周有六个厕所，他找到领导，主动要求承担全部厕所的打扫工作。人家说他脑子进水，那么脏又臭的活也去干。其实老张有自己的打算，打扫完厕所，正好将粪挑到蔬菜地里浇肥。这时人们才明白老张的“别有用心”。

由于他是劳改人员，长期生活在封闭的改造环境之中，爱情的滋味他想都不敢想，三十多岁还是单身，他的亲戚们为此都很着急。他说：“我是劳改过的人，谁会要我？”他的话触动了大家敏感的神经，亲人们的心顿时凉了半截。

甚至有人说他如果去了台湾日子就不一样了。老张听了，并不当回事情，他从不埋怨，也不后悔，仍然在农场安心劳动。1964 年，有人介绍了家乡贫农出身的姑娘，没有文化，人很本分，年纪比他小十几岁。两人见面之后就定亲结婚了。老张虽然没有实现自己远大的抱负，甚至吃了不少苦，但他的一生过得还是平平安安。定居农场之后，生育了两男两女。家庭人口多，家境自然困难。他和老伴省吃俭用，艰难度日，从不向组织和别人伸手。

20 世纪 80 年代初，上海市长宁区人民法院复查了他的案子，给予平反。1982 年 3 月经浙江省公安厅劳动改造管理局批准，老张转为工人。这个结果对老张来说虽然迟到了近三十年，但他终于可以

20 世纪 70 年代留场人员安置大会

对后代有个交代了。

大儿子长大后当了兵，这让他感到莫大的安慰，他的后代不会再为他的历史问题付出代价了。儿子复员后当上了监狱人民警察，这是他感到最高兴的事情，教育儿子要听党的话，要执法公正，要管理教育好犯人，要做诚实本分的人。他用自己一生的经历告知儿女们，要相信共产党的政策。

老张只是农场众多人员中的一个，农场岁月的磨砺，并没有消退他的意志。在他人生低谷时期，仍然为农场的发展做着自己应该做的事情。如今已经 89 岁的他，把农场当成了自己的家，他要坚守一生。

“文革”以后，留场就业工作又经历了清理、评审摘帽、纠错平反、民主管理、转工等过程。1994 年 12 月 29 日，八届全国人大常委会第十一次会议通过了《监狱法》，明确不再提留场(厂)安置。至此，从新中国成立初期实行的留场就业政策，完成了历史使命，留场就业人员的管理工作也进入了一个新的阶段。

2006 年，监狱对遗留的留场人员实行集中管理，成立了就业人员管理服务中心，配备专门人员照顾他们。农场职工熊贞国同志就是管理人员之一。熊贞国可不简单，在农场也可算得上是一个响当当的人物。他在就业管理中心一干就是十多年，照顾这些老人如自己的家人一般，让饱受历史创伤和苦难的心灵，在暮年之时得了片刻安宁。当我找到老熊询问就业养老人员的情况时，他说：“我们这里有‘四多’，高龄多、疾病多、情绪不稳定的多、鳏寡孤独的多。”

他在管理中心积极推行“四不嫌”(不嫌脏、不嫌累、不嫌苦、不嫌烦)管理法，细心为老人们服务，端茶端饭于桌前，送医拿药于床前，替子女们尽孝，亲自给百名老人送终，清明扫墓祭祀，让他们真正感到“老有所依，老有所尊，老有所乐”。这些老人承受了如此多的苦难和挫折，经历了人生最大的坎坷，他们需要的是生前的尊严和离别的安寝，政府没有遗忘他们，熊贞国等人都为他们做到了，了却了他们的心愿。

2012 年熊贞国获得了“监狱首届十岗百优先进人物”的荣誉称号，获得了浙江省监狱系统“最美监狱人”的提名。

南湖监狱的留场就业人员管理工作，是农场历史进程中重要的一幕，这项工作为解决历史遗留问题，稳定社会秩序，促进社会发展做出了极大的贡献。

董崇新：“劳改战线的好干部”

第一代人艰苦创业、无私奉献，把自己的青春献给了这片广袤神奇的土地，让它焕发出别样的光彩和生机，激励着每一个后继者为之奋斗。

董崇新政委便是后继者中的楷模。

我到南湖工作便听到过这么一个故事。安吉农场董崇新政委去

董崇新政委

世的消息传到部队的老战友那里，时任解放军独立二师的政委何方才星夜赶到董政委的灵堂，为的是向这位老战友行上一个庄严的军礼！

2016 年 9 月的一天，我从微信中看到一篇文章《我的父亲——董崇新》，是董政委的女儿饱含深情之作，读后深受感动，对董政委无限敬仰。

董崇新政委是安吉农场第四任政委，任职之前是省公安厅政治部副主任兼劳改局政治部主任。在女儿的印象里，她们曾住在杭州武林路一号的院子里，那是一幢苏式的二层小楼，离现在六公园非常近，门口还有人站岗，五姐妹从小就有一种优越感。父亲经常在晚饭后带她们去六公园玩，家里的自行车成为姐妹在西湖边轮流骑玩的玩具，父亲总是满脸笑容不厌其烦地推着车。星期天，一家人总能去景点玩玩，甚至看看电影。可是好景不长，童话般美丽的西湖突然不属于她们姐妹了。1962 年刚刚进入冬季，寒冷还没有完全到来的时候，家里十口人便随父亲来到了另一个单位，它就是有“浙江西伯利亚”之称的安吉农场，奇冷的天气和寂静的荒野，深深震撼着她们幼小的心灵。父亲放弃大城市的工作和舒适的生活，到贫穷的荒野里来受苦，爷爷奶奶埋怨，母亲也有意见，五姐妹虽小，但都感觉得出生活的差异和环境的变化。父亲并不觉得有什么不对，他认为组织需要就去那里。父亲对她们说，农场一切都会变好的。父亲的希望就这样深埋进了女儿们的心底。

多年之后她们才知道，许多同志害怕艰苦不愿意去农场工作，父亲是自告奋勇愿意去安吉农场工作。孩子不知道的是，1961 年 2 月 28 日，安吉农场的胡清振政委调离了，一直没有人愿意去条件艰苦的农场，到了当年 10 月 16 日公安厅下令董崇新担任安吉农场政委，这里的政委职位已经空缺了 8 个月了。

董政委带着“五朵金花”落户安吉农场，惊奇之余，农场干部也受到极大鼓励，特别是春节联欢会上，董政委激情洋溢的讲话和乐观向上的态度，让每个在场的人看到了农场美好的未来。除了最小的金花太小，家中四个小姐妹上台为大家表演了《采茶舞曲》，博得全场掌声。至此，董政委家的“五朵金花”在农场出了名。

董崇新政委到来的时候，正是三年自然灾害的后期，农场非常困难，几千口人的生活困难和农业生产的问题困扰着他。他意识到，唯有自救，唯有自力更生才能克服困难，才能改变农场的面貌。他从严于律己开始，不搞特殊化，坚持跟干部们一起向困难挑战。有一天，一位指导员看政委如此操劳辛苦，便让人送来两个西瓜。

第二天董崇新在干部会上问：“指导员同志，在座的每位同志都有西瓜吃吗？”

指导员不好意思地回答：“没有。”

董政委便说：“谢谢你的好意了。你还是把西瓜拿回中队，让中队干部的孩子们吃吧。记住，今后大家都吃了我才能吃。”

公安厅专门给他配备一辆嘎斯 69 吉普车，他非特殊情况和急事

生活在农场的干警职工子女

舍不得用,每天骑自行车下基层。农场地盘大,交通不便,出去之后常常到晚上才回来,草草吃几口饭又去办公。当时的老场长是余永生,战争年代受过伤,脚一直瘸着,行动也不方便,不顾身体残疾,坚持下基层。董政委看在眼里痛在心里,有时劝不住,就硬拦着自己下去了。

有一天晚上,妻子看到丈夫半蹲在椅子上,用衣刷顶着胃,脸上是非常痛苦的表情。

妻子问他:“你怎么了?”

董崇新说:“胃不太舒服,没事的,你放心。”

妻子心如刀割:“崇新,你还是去杭州医院检查一下吧。”

董崇新摇摇头。

妻子知道丈夫常常在基层工作,吃饭很不正常,再说经常吃野菜,想必对胃有些刺激,她就没有往深处去想。她深知丈夫的脾气,一般的疼痛他会自己默默忍受,不会去住院治疗的。其实这时丈夫的肝

20 世纪 60 年代初
董崇新全家照

病已经很严重。

在女儿们的记忆里,父亲浓眉大眼,身材瘦弱颀长。到了农场以后,觉得父亲更消瘦了,女儿们看在眼里,痛在心里。父亲总是那么忙,回家的时候,她们都已经睡觉了。她们姐妹到东阳村小学去读书,足足要走二三里路,还要过河。有一次父亲送她们,两个姐姐过了桥,而小的女儿害怕不敢过。通讯员叔叔要背她们,父亲制止了,一定要她们自己过桥。多年以后,姐妹还记得这一幕,感谢父亲教会了她们独立。

董崇新有时严厉,但更多地展现在女儿面前的是慈爱。女儿记得,家里一个月才能吃到一点肉,母亲为了让父亲增加一点营养,常常留下一半给父亲,而父亲却总是夹给了爷爷奶奶和她们姐妹。大家聚在一起的时候,父亲问她们:“我们老了,你们谁愿意来领养?”

姐妹们总是抢着要养爷爷、奶奶、父亲、母亲,这使他们感到非常欣慰。

董崇新来到安吉农场不到一年便病倒了,他仍然忍着肝痛坚持在岗位上,余场长多次劝解他休息治疗,局里的领导下来检查工作,得知他的病痛,也要求他住院治疗。可董崇新放心不下他的工作,放心不下农场,直到坚持不下去,他才被送进医院救治,可惜年仅38岁就离开了他想战斗的地方,离开了亲爱的妻子女儿。他到安吉农场不足一年,是在安吉农场历史上,在职位上牺牲的级别最高的干部。

许多人根本无法理解,他放弃大城市的职位和生活,甘愿到农村受苦,是不是太傻了?按照有些人现在的想法,住在天堂杭州,房子又值钱,子女接受最好的教育,老人享受最优越的医疗,不正是自己追求的人生目标吗?而董崇新却选择了完全相反的路。

董崇新人格的魅力感染着妻子,感染着女儿,也感染着农场干部职工。

董崇新追悼会之后,他的老战友何文才对他妻子说:“崇新不在了,你就听领导的话,带上孩子和女儿快点回杭州吧。”

董崇新妻子含着眼泪说："崇新让我带着孩子在农场坚持着，我答应过他。"

就这样，她们一家谢绝了领导的好意，依然坚持在农场数十年。一个女人忍受着常人无法想象的压力，独自支撑起这片蓝天，担起培育孩子的责任，让孩子们有一个温馨而幸福的童年。她没有再嫁，没有离开，没有放弃，对她来说，这是对爱人董崇新最好的告慰。

董崇新牺牲后，被浙江省公安厅誉为"公安战线党的好干部"，在南湖人眼里，他就是焦裕禄式的好干部，好政委，他是一代监狱劳改干部的表率和楷模。

"五朵金花"里有三朵花，接受了父辈的基因，传承着父辈的理想，做着他们没有完成的监狱事业。

南湖人在前辈的感召下，近年来涌现了不少先进人物，如荣获司法厅二等功的戴祖法同志、倒在岗位上的曾宏孝医生、获得司法系统"浙江省最美监狱人"的朱军标、徐卫青，以及先进人物王孔宝、邹品位、熊贞国等同志，他们在各自的工作岗位上，坚定信念、勤奋工作、无私奉献，他们以实际行动展示了监狱干警和职工的风采，坚守着一个共产党员的初心，践行着一个共产党员的神圣誓言。

写到这里，我要代表所有的第二代监狱人民警察和职工，向董崇新，向为监狱事业奉献生命和青春的第一代干部，致以崇高的敬意！

留影七里亭："浙江劳改医院"

2010 年文化遗产日前夕，浙江省文物局局长鲍贤伦先生在浙江省旧石器考古成果新闻发布会上郑重宣布：经过八年的野外调查、考古、研究，浙江人类活动历史已上推至距今一百万年，长兴七里亭为浙江人类历史的肇始地。

七里亭出现在电视屏幕上的时候，再次唤醒了当年在南湖林场工作过的一些人对七里亭的思念，也唤醒了章建杭对童年的记忆。让章建杭感到遗憾的是，就在七里亭考古成果发表的2010年初，曾经在七里亭工作生活多年的父亲病故了。

作为监狱第二代、已经是副调研员的章建杭，怀着对先辈们生活的神往，对七里亭古遗迹的好奇，来到了泗安镇白莲村七里亭。七里亭旧石器遗址为中更新世至晚更新世时期的旧石器遗址，分布在南北长约120米、东西宽约80米的“陇岗”上。而他这次出行的目的并不是为了看七里亭的遗址。他的目光从这片土地上扫过之后，却停留在不远处的一个废弃的高耸的岗楼，那里才是他魂牵梦绕的地方。

紧挨七里亭西边不远处有个山岗，叫长岗岭，曾经是长兴县的国有长岗农场，1962年与长兴矿冶厂合并成为“浙江省地方国营长兴农场”，当时有433名干部，三类人员6630人，耕地26, 216亩，场部就在七里亭。到了1964年，所属泗安区域的大部分移交给了安吉农场，成为安吉农场(南湖林场)的七大队。当时的农场处于长岗岭上，分为

20世纪60年代七里亭(长岗岭)
关押点遗存的碉楼

居住区和关押区。看押场所占地近百亩，地势东高西低，数十幢苏式青砖平房，呈阶梯型向西整齐排列，围墙四周筑有四个岗楼，大门外还矗立一幢四方形的二层碉楼，武装警察就在上面持枪执勤，甚为庄严。这里当年是浙江北部条件最好的一所监狱。

这一年章建杭刚好四岁，跟随着父亲章炳贤从长兴农场一大队四中队移居距离七里亭还有几公里地的长岗岭农场一中队。

按理说，年幼的章建杭并不知道当时的情形，但到了 1969 年 5 月，七大队再次动迁，准备搬离七里亭的时候，幼小年纪的他似乎突然长大，从父辈依依不舍的神情中知道，再也回不了承载着他童年梦想的七里亭和长岗岭了。

长岗岭归属安吉农场的时间非常短暂，但它留给人们的记忆却是深远的：这里曾经作为"浙江省劳改医院"而存在，是全省干部、职工和罪犯的救治中心。七里亭、长岗岭远离农场总部，存续时间短暂，史料记载很少，南湖监狱的很多人对它已经陌生。

"文化大革命"开始之后，浙江的劳改单位面临着被撤销、移交的命运。1966 年 8 月，浙江乔司农场开始移交，组建杭州青年农场、军队生产基地。武林机器厂、省第一监狱开始迁往衢州和金华。当年 10 月，位于余杭超山附近的原属省一监的庄河漾劳改医院整建制迁往长兴的长岗岭和七里亭，归属安吉农场。

曾经在这里担任过农场医生的陈荣通同志生前回忆：那一年，正好是七里亭步入秋天的季节，农场数千亩树林里的叶子已经慢慢变黄，掉落地上，风一吹树叶便满世界像蝴蝶一般在空中飞舞，景色非常迷人。这一天，突然间，公路上大批车辆驶入长岗岭，车辆把狭长的道路挤得水泄不通。他当时并不知道到底发生了什么事情，但这一幕却深深地扎根在他的记忆里。

他从大队领导口中得知，这是一次"浙江劳改医院"的整体搬迁。当时进入长岗岭的有 700 名犯人，还有大量的医疗技术人员和医疗装备，其中有些医生还认识，有过交流，他们即将成为"浙江劳改医院"

的一员，作为医生的陈荣通感到兴奋不已。

陈荣通是浙江诸暨枫桥人，1939 年出生。长大后，他选择到诸暨卫生学校就读。1961 年中专毕业，作为专业医务人员先后被分配到冶金所下属的漓诸铁矿、绍兴兰亭水泥厂和长兴农场工作。在七里亭时，他是医务所仅有的几个医生之一。由于干部、职工和犯人多，医务人员少，陈荣通整天忙个不停，晚上几乎天天加班，难得空闲时，唯一的业余生活便是下象棋。

有一次，陈荣通的几个同学到他这里来玩，发现这里条件比较艰苦，都为他的前途担忧。陈荣通身处偏僻农村的处境，被他在大医院工作的同学知道，他们纷纷规劝，希望他调离农场。而他却似乎与农场结了缘，平静地对他的同学说："我已经习惯了。"他深爱着农场的土地，后来娶妻生女，担任了主治医生，坚持在基层医务岗位直到退休，一生都没有离开农场，为农场的医疗事业付出了全部的心血。

青年干部医生陈荣通

"浙江劳改医院"为什么被迁往长岗岭，具体原因已经不得而知。"文化大革命"固然是一个主要原因，然而从长岗岭的地理位置分析，设立劳改医院确实也是理想场所。七里亭和长岗岭，靠近长兴县城，紧邻泗安重镇和长潮乡，岭边有318国道，水路也非常发达，后勤保障比较容易，运送犯人就医相对比较安全便利。

自从医院迁入长岗岭后，这块土地比原先热闹了许多。在章建杭童年的记忆里，有一次他肚子痛，父亲还带他到医院治疗过。事实上，虽然"浙江劳改医院"从杭州郊区迁往长兴，但医院的功能却照旧发挥，许多干部职工前来检查和疗养，大量的犯人病人被送到这里治疗，与地方的各种医疗交流如常进行。"浙江劳改医院"在良好的自然环境里，以优良的医疗技术，为干部职工健康，救治病犯，改造罪犯作出了贡献。由于"浙江劳改医院"的存在，不仅解决了干部、职工和重病犯人的救治，也为当地百姓提供了医疗服务，赢得了当地百姓的称赞。医院的老医生至今认为，由于"浙江劳改医院"归属安吉农场，对安吉农场医院原来的医疗技术有了极大的帮助，部分医务人员后来留下来，提升了农场的医疗水平，促进了农场医疗工作的发展。几十年以来，南湖监狱医院的整体水平一直处于全省监狱的前列。

从1956年开始至1969年，浙江省劳改系统筹建职工医院，为了解决劳改干部职工疗养、住院以及重症病犯收治等问题，先后筹建了杭州九溪疗养院、余杭庄河漾劳改医院、华家池民警医院和钱江医院，但这些医院相继被撤、并、转。直到1974年监狱劳改单位相继恢复，筹建系统医院再次被列入议事日程，通过几年的努力，在杭州建成了浙江省监狱中心医院(青春医院)。

20世纪60年代末期，由于空军三师长兴飞行场站建设，征用了一部分农场的土地，到了1969年5月，省革命委员会通知，七大队长岗岭农场移交空军"五·七"干校，"浙江劳改医院"再次迁移，转入南湖林场。据章建杭回忆，当初父亲参与了移交工作，短短几天便将长岗农场移交给部队和长兴县。犯人医院撤到南湖林场后，全部搬到农场北大塘的关押点分院，这里成为全农场犯人的医疗收治中心，干部基本上搬入十九队住地，部分医务人员到了农场职工医院和医务所，后来许多同志调往其他监狱和社会医院。1970 年，“浙江劳改医院”改为浙江生产建设兵团九团卫生队，1974 年改为南湖林场医院。“浙江劳改医院”在七里亭的短暂瞬间，却深深刻在了南湖老一辈人的心里，它的存在对南湖林场后续医疗工作产生了积极的影响。

“浙江建设兵团”难忘的岁月

劳改农场经过十多年的艰苦创业、调整和建设，已经形成了有一定工作基础的监管改造场所。然而，“文革”开始后，监狱劳改工作受到了极大的干扰与破坏。1967 年，中央决定：一切重要的粮食和其他仓库、监狱，以及其他中央规定必须保护和监视的重要单位，都要立即派出军队，实行军管。1968 年浙江省公安厅军管会发布命令对劳改场所统一实行军管。军管组陆续进入劳改场所，一切权力归军管组。接着，开始对劳改单位进行撤并，许多单位被撤销。

1970 年 5 月，是南湖林场值得记住的日子。从这个月开始，南湖林场更名为“浙江生产建设兵团三师九团”，原有劳改干部全部进入“斗、批、改”学习班集训，国家机器的劳改场所变成了军垦知青农场。

这一时期，确切地说是 1970 年初夏至 1973 年盛夏。浙江生产建设兵团从杭州、萧山、嘉兴等地分批招进男女兵团战士 2399 人，原场部、大队、中队编制改为团、营、连建制，全团设置 6 个营，3 个直属连。分别驻扎在北林场、良朋、牛头山、北湖、大包子、九里岗、黄泥沟、杨家桥、东阳村、鄣吴、十里长岗、八角塘、南岗、王塘等地。时至今日，这些地方依然可见兵团战士当年留下的痕迹。

当历史翻到 2013 年，兵团岁月已整整过去 43 年，在浙江建设兵团老战士俞钟达、黄亚洲、桑士达等人的倾力支持下，收集整理了百万字的回忆文章，编辑出版了《浙兵岁月》，这是一部真实记载钱塘儿女蹉跎岁月的青年史，是一卷生动展现浙兵战友青春年华地、砥砺奋进的回忆录。

翻开这本厚重的书籍，仿佛是在用力扰动那沉睡多年的历史，它散发出别样的气味。特别是在我们南湖林场生活的三师九团的场景，涌入眼帘，撞击心胸。对南湖林场来说，这是一段不容忘记，无法回避，融入骨髓的回忆，因为从兵团知青到来这一天起，这里的一切便深深刻写在了他们的心底。

原有的劳改体制全部打乱，17 年劳改工作的伟大成就和干部创业的业绩被全盘否定，林场被丑化为封、资、修的“四个洞”（防空洞、仙人洞、无底洞、大漏洞），劳改干部靠边站，只有部分同志做辅助性工作。尽管劳改工作受到了影响，劳改干部受到了莫大的委曲，但劳改干部与知识青年的友谊却在这艰难困苦的岁月里建立起来了。

据当时的老干部回忆，城市知识青年到来之后，他们很快也喜欢

20 世纪 70 年代兵团三师九团六营王塘知青点

上了这片美丽的土地，虽然很多居住点没有通电，交通闭塞，文化生活枯燥，但兵团知青仍然克服困难坚持下来了。无论摘茶叶、背油茶籽、种水稻、种蔬菜，他们都学着干，抢着干，非常辛苦，非常不容易。许多不会劳动的青年，后来也成了劳动的能手，农业的专家。更重要的是这些青年人得到了锻炼，培育出了坚定的信念和克服艰难困苦的意志，为他们以后更好地工作和生活奠定了基础。

从兵团走出去的许多战士，一直视安吉南湖林场为自己的第二故乡。

原兵团九团战士，中华全国总工会副主席、书记处书记倪建民，在他的回忆文章中写道：在人的生命中，总有一些难忘事。令我最难忘的记忆之一，就是九团驻地——安吉那漫山遍野盛开的油桐花。

原兵团三师九团鄣吴分队战士，后任省政府咨询委副秘书长、省杂文学会会长的桑士达同志，曾深情地说：“漫长的兵团生活，我们忧愁过、欢乐过、奋斗过、收获过。”他把兵团战士精神概括为“坚韧不

知青食堂使用的饭菜票

拔、不屈不挠、不畏困苦，奋斗不息，永无止境”，正是这种精神让兵团战士终身受用。

原浙江省第六届作家协会主席黄亚洲，曾经在南湖林场生活了几年，他的创作生涯也是起步于此。每当回忆起在兵团岁月的时候，他都会忘情地赞美南湖的山山水水，一草一木，他说：“我们在任何场合下叙述自己的一生的时候，我们都将用极其深沉的不带任何修饰的感情，提到‘南湖林场’这四个字，因为联系这片土地，就是联系我们的青春，就是联系我们自己。”

作家不仅沉浸在他的回忆中，只要有空他便会亲到农场，深情地看看这片土地，寻访当年的生活场景，看看自己的老连长郑祥栅和家人，可见他们当年凝结的友谊是多么的真诚和可贵。2017 年 5 月 17 日，在省监狱管理局党委书记、局长胡方锐的陪同下，黄亚洲再次来南湖考察、赠书，并为“南湖监狱文学社”题了名，寄予了一名老知青、老作家的殷切期望。

黄亚洲（右一）为“南湖监狱文学社”题名。左二为胡方锐局长

我跟原杭州市西湖区副区长、之江度假管委会书记王炬有过兵团岁月的交谈。王炬曾经在九团和十团生活工作过，对当时的生活印象深刻。他说："正是当年酸甜苦辣的滋味伴随着我们青春的成长。"

江南书画院院长、国家一级美术师、中国美术家协会会员、浙江省文史馆馆员、浙江杭州美术职称评审委员会评委宋柏松，原是三师九团四营十七连、十团一营五连的战士，友人评价他的作品时说："宋柏松先生的作品，展现的是一派祥和阳光的景象，流露出壮丽而抒情的意境之美。画中有烟云缭绕的流动之美，有古道悠悠、古木参天的雄阔之美，有小桥流水、渔舟唱晚的田园之美。"这一切与之游历丰富息息相关，兵团时期他手不离画笔，在嘈杂的环境下创作，磨砺了旁若无人的境界。

就农场而言，因兵团战士的到来，原来沉寂的农场显得更加活跃而有生机了。大批知识青年在地头田间劳动的场面，一直深深地印在农场干部群众的脑海里。在农场出生长大的王华同志感慨地说："兵团战士到来的时候，我还只有十几岁，但明显地感觉到南湖林场热闹起来了。兵团战士的到来，传递的青春活力，超前激进的思想，影响了一代农场的青年人。农场干部来自五湖四海，本来已经变异的话语，又注入了杭州等地话语。杭州话曾被作为流行语言，融入农场方言之中，作为一种文化被固定传承。知识青年吃苦耐劳，敢于面对困难的精神，改天换地的豪情，也常常感染着农场干部群众。这是农场一段不容忘却的历史。"

劳改干部在等待劳改单位恢复的日子里，有了一群天真烂漫、活泼可爱的知青来陪伴，也不失为是一段佳缘。

南湖林场是在动乱的状态下交出去的，收回的时候多少有些伤感，因为有这样一段特殊经历，林场发展也有些缓慢，况且当时"文化大革命"还没有结束，摆在南湖面前的路也是困难重重。

多年后，许多原兵团的战士相约而来，到农场寻访他们的旧居和残存的生活遗迹，睹物思情，无不泪水横流。他们白发而来，只是想让人们知道，他们也曾年轻过，曾经的建设兵团生活也是青春飞扬的。

“禹园”香飘，南湖人的茶叶情缘

天宝十四年(755年)，安史之乱爆发，唐帝国由盛世而转为动乱。陆羽此时便流落到浙江湖州。湖州，是名茶产地，正是陆羽考察茶事的好所在。陆羽一边研究茶叶，一边广结朋友，他的真诚触动了湖州的茶人。茶僧皎然、茶仙卢仝、茶人李冶、茶诗人陆龟蒙和皮日休，一僧，一道，一儒，一诗，共同创造了唐代茶道思想。

一本茶经，让世人传诵了千年，品味了千年。

《茶经》的问世与茶文化的流传，加速了茶知识的传播和普及，促成了茶之风盛行。湖州的茶事活动日趋兴旺，茶叶生产规模越来越

农场下属单位关押点

大，湖州茶区已遍布所属各县。

安吉农场种植茶叶的历史，虽说是在新中国成立初期，然而由政府主导种植大规模的茶叶，却是历史上没有过的，从安吉、长兴来说，应该是茶叶行业曾经的“大哥大”了。

湖州三大贡茶，在安吉农场制作茶叶的时候，它们还是被人忘记在山里的野树。温山御荈，1985 年以后试制和恢复生产的历史名茶；顾渚山紫笋茶到清末一度衰落，1978 年，这一绝代名茶重新被发掘了出来；罗岕茶毁于清代，近几年来经有关专家研制恢复，有少量生产，许多人还不曾喝过。

安吉白茶项目是湖州市农业局高级农艺师专家林盛有于 1980 年至 1992 年主持和承担茶叶科技推广的项目，他的科研团队育成湖州密丰、莫干黄芽、安吉白茶、顾渚紫笋等 6 个无性系地方茶树良种，得以选育与开发利用。

追溯安吉农场种植茶叶的历史，是与 1953 年垦荒历史同步的。

茶叶专家庄晚芳教授

当时农场聘请了浙江农业大学茶学专家庄晚芳为顾问。庄晚芳，1908 年出生于福建省惠安县，是我国著名的茶学家、茶学教育家、茶叶栽培专家，我国茶树栽培学科的奠基人之一。

20 世纪 50 年代以前，我国的茶园种植方式几乎全部为丛式茶园，单产低，管理不便。庄晚芳指出："至于发展新茶园，为了适应机械化，提高生产率，应该尽量采用条式茶园的布置。"1953 年，毕业分配到农场的石保新、潘根生、王国华等同志，在庄晚芳教授的指导下，在被称为"浙江西伯利亚"（最低温度 -14.5℃）、"红色沙漠"的贫瘠荒丘上，开辟种植了首批条列式新茶园 3118 亩，这种现代栽种方法，开创了大面积条式茶园的先例。现在我国各茶区发展的新茶园基本上都是采用条式茶园的布置。

1956 年，潘根生考入浙江农学院茶叶专业就读，1960 年以优异成绩毕业留校任教，曾任浙江农业大学茶学系教授，系副主任，成为著名的茶树生物学专家。

农场对全场茶园进行规划，种植中采用先进的管理方法，分为九个茶区，每个区 300～500 亩不等，园内设置道路和排水沟，茶区进行绿化，茶叶排列种植，深耕、播种、施肥都按要求进行。庄教授的现代茶叶种植理论思想，在安吉农场大规模茶叶种植中得到实践，并取得了成功。

茶叶专家沈正明于 1957 年在当年第三期《茶叶》杂志上发表了《安吉农场大面积茶园青叶验收工作的初步经验》的文章。文章记述："浙江省地方国营安吉农场于 1953 年种植了 3000 余亩茶园，经四年来的栽培管理，今年已经可以收获。自 4 月 27 日起至 5 月 20 日止，已采摘了春茶；于 6 月 10 日起至 27 日止，采摘了夏茶。像这样大面积茶园的全面同时开采，在国内来说还是首次。"

1959 年至 1965 年，农场又种植了 3044 亩茶叶，主要在长兴县泗安水库以南区域。经科学管理，亩产达到了 217 斤，如此大规模高产量的茶园，在全省乃至全国都是少有的。1974 年至 1976 年在九里岗、一大队五中队、七中队；六大队二十七中队、王塘中队等地又种植4889亩茶叶，至此，全场茶叶面积达到11,000多亩。

大面积茶园建成后，农场通过广种绿肥改良土壤、合理深翻促使茶叶生长、科学施肥提高产量、合理修剪改造树冠、采养结合重视留叶指数等措施，确保了大面积茶园高产、稳产、优质。20世纪80年代末，年产量以8%至11%递增，1987年总产量为30,500担，达1525吨，亩产干茶301斤，在全国630个国营农场中，总产量排名第二，仅次于广东华侨农场，亩产量排名第一。

茶叶加工的历史对安吉农场来说，一路走来也是千辛万苦。

20世纪80年代前，茶叶是国家控制产品，农场的茶叶靠国家计划调拨。1954年，国家指定农场生产出口用的碎红茶，于是便建造了茶叶厂房。厂房蓝图来自苏联格鲁吉亚茶科所，引进了4台“克鲁伯”揉捻机。农场茶叶生产装备和技术不仅处于全省领先，也是浙江省最早生产红茶的企业之一。

安吉农场培育的我国最早的条式茶园

农场的茶叶出口生产是在1987年起步的。当时的农场领导、高级农艺师罗仕安同志，得知日本国三明茶业株式会社与杭州茶试场合资办厂，利润丰厚，需要扩大生产，正在寻找合作伙伴。几经谈判，农场茶叶面积全国第三位、亩产第一以及技术优良等品牌效应发挥了作用，得到日方的肯定，决定合资期限15年，年产200吨蒸青，由日本三明株式会社包销，开创了全国系统内中外合资办厂的先河。

几度春秋，几代耕耘。农场不仅种植了万亩茶叶，还孕育出有农场特色的茶文化，每一片绿叶都浸透着南湖人的汗水。农场注重质朴自然、清新脱俗的茶园风格，为农场赢得了声誉，“禹园”商标品牌在人们的期待中也诞生了，“禹园”还被记录进了湖州茶文化历史。

“禹园碧玉”“禹园曲玉”就是继承传统中发展的新品种。两种均又似“碧螺”非“碧螺”，似“龙井”非“龙井”，嫩板栗香型，香高持久，清澈明亮的茶汤，甘爽醇厚的滋味，嫩绿明亮、肥壮匀称的叶底。在浙江省首届斗茶会上双双获奖，真是一对孪生姊妹，同时被评为浙江省优秀名茶。“禹园松针”是南湖林场茶厂创制的机制茶类名茶，其外形细直秀丽状似松针，色绿润，味清香鲜醇；叶底芽叶细嫩匀净，品质优异，获1991年浙江省优秀名茶奖和1992年国家部优产品奖。

南湖的茶叶历史也是一部创业创新的历史。从20世纪50年代的石保新、潘根生等为代表的技术人员，到60年代的孙松祥、何正雄、罗仕安等人，七八十年代的金雪农、齐明芝、罗新国、韩玉龙等人，几代种茶人前赴后继60多年，为农场茶叶的发展作出了不可磨灭的贡献。

用南湖的茶缘来形容普通干部杨家平同志是最贴切不过了。1950年出生的杨家平，很小就跟随父亲来到了安吉农场，可以说是在南湖长大成人的，茶叶在他的心里不仅仅是一片绿色，还承载着他童年、少年乃至一生的梦想。杨家平虽然不是茶叶方面的技术人员，但他喜欢农业管理，尤其对茶叶情有独钟。2010年退休后，由于管理能手缺乏，茶场继聘他管理茶园的时候，他愉快地接受了。妻子因为他患有高血压等疾病，劝他不要再工作再劳累了，可老杨是个闲不住的人，他深爱着农场，深爱着这片养育他的土地，仍然在茶园之中奔波。无论什么季节，无论休息与否，他几乎每天都要骑着电瓶车去茶园，精心呵着护着他钟情的茶园。因在茶场工作多年，每块地的情况他都烂熟于胸。每逢采摘茶叶季节，他总是天不亮出门，很晚才回来。林场的领导这样评价他，老杨比在职的同志还要积极。这就是一个老南湖人的本色。2014 年中秋节，家人正等着他回家过节，他察看好茶园，急忙回到家中。疲劳不堪的他，身体有些不适。勉强吃好晚饭，他突然一晕就栽倒在地，再也没有起来。老杨就这样离开了人世，离开了他深爱着的这片土地，离开了他心爱的茶园，但从他身上体现出的精神，却始终感染着农场的民警与职工。正是有这样一群像他一样默默坚守着、承载着南湖茶缘的粉丝们，延续着南湖人的绿色之梦。

如今，近 5 万亩土地上，第一代垦荒人种下的只剩下茶园了，虽然它垂垂老矣，仍然是南湖人的缘份，南湖人的情结，是南湖人心中最圣洁的一片绿色。

2016 年 8 月 17 日，浙江省司法厅厅长马柏伟，专程视察了南湖监狱，实地考察了全省监狱系统唯一的南湖茶叶生产基地，给予了充分的肯定，指示一定要管护好茶园，做好茶叶生产工作。

南林场：全省最大的独立关押点

南湖监狱前身是在荒野上建起的农场，关押的罪犯都分散在各个关押点，最多的时候全场有 29 个中队，几乎每个点都住有犯人。到了 20 世纪 90 年代初期，农业生产举步维艰，于是，监狱党委开始调整生产形式。

早在 1990 年，在一个小小的工具房里，干部屠建强和陈志浩已经带着26名犯人，用最原始的家用缝纫机开始了长绒玩具的生产。这是监狱除农业生产之外加工业的雏形。1996年，监狱向省监狱管理局介绍加工业生产经验，提出了“三个转移”的目标：由农业生产向加工业生产转移，由室外劳动向室内劳动转移，由边缘、分散的居住环境向狱部集中的转移。

“三个转移”得到省监狱管理局的同意和支持，大规模的调整开始了。不久，问题便出现了，农场型监狱虽然土地面积大，但是真正意义上适合加工业发展的厂房几乎为零，劳务加工业面临着引进无生产场地可用，犯人想收押而收不下的窘境。如果不建设新的关押点，不增加劳动力，不建设标准的厂房，向室内转移、发展生产就是一句空话。

农场偌大的地盘，把新关押点建在哪里呢？监狱班子将目光投到了南林场。

南林场是南湖林场次于北林场最大的集中地，这里靠近省道，交

二十世纪七八十年代杨家桥关押点

通便利，环境优美，是建设新关押点的理想之所。

当时南湖林场还非常困难，欠账较多历史包袱较重，更不用说筹集大量资金来建设新的关押点。同时，让班子更为纠结的是，建设怎样一个关押点？新关押点的建设好坏与否，对监狱未来的发展将产生至关重要的影响。

限于当时的条件，多数同志觉得只要局里同意建造一个新的关押点，无论大小，对南湖监狱来说已经是万幸了。

当时任副监狱长的谢仲民回忆道："当时监狱关押能力受限，劳务加工无法扩展；犯人收监改造后，土地管理急需规范；立足监狱实际，做好规划利于长期发展，这些因素促使建设了南关押点。"

据说当时的应忆航、钱章鸣等监狱领导，把想法汇报到省司法厅和监狱管理局后，时任省司法厅厅长沈雷指示，监舍高度要控制在三层以内，环境要建成四季如春的花园一样，用环境来改造人。当时的省监狱管理局局长葛炳瑶听了汇报后，他的眉头也凝重起来。历史

浙江省监狱管理局原局长葛炳瑶在南湖监狱

真的是非常巧合，50 年前，安吉农场的选址由时任总队长的韩寿臣和第一任劳改局局长江巩来选址，50 年后的今天，南湖林场新的关押点的选择又要让省监狱管理局局长来确定了。

葛炳瑶局长长期担任省监狱局领导，对安吉农场、现有的南湖监狱历史都非常了解。他深知，老单位历史包袱比较重，经济比较困难，不调整，不改革，就没有发展，就没有出路。作为局班子也好，作为他个人也好，都应当全力支持南湖监狱，尽快让南湖监狱走上快速发展的轨道。

2000 年 10 月 12 日，葛局长带领副局长谢金虎、周祖勇及相关处室人员到南湖监狱现场踏看天子岗水库沿线土地利用开发事宜。接着，安吉地方政府也在协调监狱土地，建立开发区。地方经济的发展，为监狱的发展提供了资金的支持。

据说，当时葛局长注视着眼前的这块土地，问监狱领导："你们打算建多大的监狱?"

监狱领导深知单位的实际情况和困难，虽然周边留有部分土地，但并不敢奢望建设大型监狱，只要能建造一所监狱就行。

葛局长指着土地："南湖地方大，有土地，要建就建一个大型监狱，围墙圈大点，农场的地能圈就圈进去。"

在场所有的人都吃一惊，如果把这块地全部圈进去，足足有 600 亩，这可是全省最大，乃至全国都是数一数二的独立关押点了。

有人惊呼起来："这里面还有两个水塘呢？怎么办?"

葛局长眯着眼睛笑笑："你们可以养鱼。"

又有人说："里面大量土地空着怎么办?"

葛局长推推眼镜框，眨了一下眼睛，打趣地说道："你们可以种菜嘛，让犯人参加农业生产劳动。将来我们把这里建成生态型监狱，好的环境对犯人改造是有利的。"

葛局长在监狱系统素以幽默著称，但此时并非都是打趣，他前瞻性地考虑到监狱今后的发展，为监狱的建设留下了拓展空间。正是这一大胆的设想和决定，成就了一座现代化的生态型监狱，诞生了全省最大的独立关押点。

2000 年正式开始，经过几年的筹备和紧张建设，浙江安吉县境内，04 省道良朋镇地段，一座气势宏大威严的南湖监狱新关押点建成了，这就是现在的南关押点。2004 年 6 月 28 日新关押点正式投入使用，一千多名犯人搬迁入内关押。

新关押点总面积 34.4 公顷，围墙周长达数千米，分为罪犯生活、生产和办公三大区块，建有独立关押监舍 12 幢，设有入监教育中心、严管中心、心理咨询中心、法律援助中心、教育大楼、医院、食堂、训练场、运动场、地下通道式会见楼、农业实验基地、习艺厂房等，其中单幢厂房面积达到一万多平方米，可容纳 1300 人同时习艺劳动，为全省最大的习艺厂房。关押点功能齐全、设施完善，生态型、园林式符合现代化文明监狱要求的关押点，堪称全省一流。监狱内保留了两个数十亩面积大小的水塘，也是全国罕见。新关押点的建成，不仅提高

南监区独立关押点全景图

了关押能力,改善了罪犯的服刑改造环境,而且使监狱布局更为集中、合理,全监狱的关押点从 20 世纪 90 年代最多时的 8 个关押点,缩减到 2005 年的 4 个,管理半径从原来距狱部 15 公里范围缩短到 4 公里。

全省最大的独立关押点的建成,提升了监狱知名度。自建成以来,全国各地监狱来此参观,无不为其宏大庄严而震惊。2013 年,广西监狱管理局下属各公司数十名总经理来参观,他们毫不讳言地说,这是他们在国内看到的最大的关押点和习艺厂房。上海一家帐篷制造企业的刘总经理,曾经考察过全国很多监狱,他看了南湖监狱之后说,这是他感到最震撼的一个大型习艺场所。更为重要的是,关押点开启了南湖林场从农业单位向监狱化管理跨越的新篇章,为建设生态型智能化监狱营造了空间,一个规范化、制度化、现代化的监狱从此耸立在了绿水青山的天子湖畔。

新关押点的建成,是南湖监狱发展史上的转折点,实现了农场多年的梦想。从这里开始,犯人习艺劳动规模不断壮大,加工业迅速扩展,加工业的产值占到监狱总收入的半数以上。2011 年底,省监狱管理局、省安全生产科学研究院专家评审验收通过,关押点评为安全生产国家二级企业、省监狱管理局安全生产“五星级”单位和劳动改造规范化达标单位;2016 年,关押点内的第一分公司被省东联集团授予全省唯一的“精品分公司”。

盘活土地资源,支援国家和地方建设

1965 年上半年,浙江省委常委会在并不起眼的国营安吉农场的一座苏式建筑内召开,具体内容不得而知。当时的省委书记江华在驻场部队住了一晚,对农场寄予了厚望。第二天对场领导崔炳乙说:安吉农场还是姓林吧!同时希望种植好万亩茶叶和万亩油桐,天子岗水库四周搞个特区，开发旅游项目。

用我们现在眼光看，当时的省委领导的思维是超前的，这不正是生态型监狱发展的方向吗？

说到农场近年的发展，必须提到农场土地的利用和开发。正因为农场盘活了农场土地资源，为农场注入了发展的后劲。

南湖监狱经安吉农场、南湖林场多年的开垦，土地面积已经扩大到了 33.7 平方千米，监狱地处丘陵地带，位于安徽省广德县、浙江省安吉县、长兴县的交界处，西部与广德东亭乡为邻、东南部分别与安吉县高禹、良朋、鄣吴、梅溪等镇相接，北部与长兴县泗安镇、二界岭乡毗连，监狱周边有大河口、石冲、泗安等水库，监狱总部有天子岗水库，水资源丰富。多年以来，开垦的土地实际上在“向室内转移”的过程中，遭到当地百姓的大量毁林和侵占，加之地上生长的油菜、茶叶、林木等都已经老化，需进行土地整理，对非法占用土地进行收回，对植物进行改良种植，发展新的品种。

2016 年航拍
土地整理现场

进入21世纪,浙江改革进入了快车道,急需大量的“占补平衡”土地指标进行开发利用,发展经济。2000年9月8日,省委秘书长李步星、副秘书长李杭受省委副书记、政法委书记周国富委托,在司法厅副厅长鲍钢等陪同下,专程到南湖考察协调天子岗水库周边监狱土地的开发利用事项。同年10月,监狱成立了两万亩土地进一步开发领导小组。

2001年6月12日,省国土资源厅副厅长徐再生率员赴南湖监狱,考察监狱土地状况,就开发、整理土地进行指导。7月3日,省属监狱(农场)在龙游县召开土地整理、开发现场会,省属监狱系统土地整理工作全面启动。7月4日,省政府秘书长蔡惠明到南湖监狱指导工作,指示“南湖监狱与安吉县在开发和处理土地问题上,要双方互惠互利”。

2002年4月23日,监狱与安吉县召开协调会,原则同意监狱3500亩土地列入安吉天子岗土地开发总体规划,为安吉的城市和开发区建设发展起到了积极的推动作用。

土地整治工作通过数届班子和许多同志的努力,从土地测量、土地回收、政策处理、解决纠纷、施工管理等各阶段,经历了数不清的艰辛。多次参与土地整治和整理的王社成同志,至今深有感触,记忆深刻:“当地村民有的不理解、有的不讲理,我们只好苦口婆心地做工作,一次不行,两次、三次,从白天到晚上,直到将工作做通,经常是饿着肚子。”

从2001年8月开始至2012年结束,共担负了省委托整治土地十期,开发土地约一万多亩,先期开发整治的2224亩土地,种植了蓝莓、茶叶、毛竹、水果等,实现了土地资源的综合利用。

省第十批委托造地开始之时,我正好从浙江省长湖监狱转岗到此任职,担任监狱副监狱长和浙江新兴工贸有限责任公司总经理。历时两年的土地整治基本结束时,我适时提出“两个千亩”计划,得到董事会的支持:种植1000亩油茶和1000亩茶叶,打造两个基地。茶厂先后两任厂长周建春和许锦江，在其他科室领导和茶厂同志的支持下，发扬苦干实干的精神，通过三年的努力，种植了农业厅培育的长林系列油茶1000亩；19队新种植安吉白茶、龙井茶和黄金茶200余亩，加上大包子的茶叶基地，初步实现了"两个千亩"的目标。即将退休的干部王坤发同志，一直为农场失去大片油茶而惋惜，当听到又要种植油茶时，非常兴奋，信心满满地向茶场领导表示，退休前一定将油茶种好，圆老一辈和自己的一个梦。功夫不负有心人，他的梦想真的实现了。同时，在天子岗水库核心区域的一分场造地项目上，引进新品蓝莓种植，在程乾毅等林场同志的精心培育下，长势喜人，为延续南湖林场的蓝莓品牌赢得了声誉。

2016年3月29日至4月1日，全省监狱系统政委、监狱长座谈会在安吉召开，会议期间，胡方锐局长、戚建烈政委等领导带领与会人员参观了土地整治和油茶基地，对南湖的农业发展给予很高的评价。

写到这里，我们不得不提到萧山国际机场和杭州湾跨海大桥等省

整治后的
高标准耕地

重点工程。

杭州萧山国际机场是由原杭州笕桥机场民航部分异地搬迁新建，机场拥有3座航站楼和4E、4F跑道各一条，占地面积超过10平方公里。扩建的停机坪已于2004年7月投入使用，停机坪由22万平方米扩建到34万平方米、机位从19个增加至30个。机场现有货站占地面积约5万平方米，仓库面积约1.5万平方米；为适应货运生产的快速增长，总面积5.7万平方米的货站扩建工程2005年底建成投入使用。

杭州湾跨海大桥是一座横跨中国杭州湾的跨海大桥，是成千上万设计、工程学家和施工人员齐心协力、精诚合作的壮丽奇观。该桥北起浙江省嘉兴市海盐郑家埭，南至宁波市慈溪水路湾。全长36公里，比连接巴林与沙特的法赫德国王大桥还长11公里，曾保持中国世界纪录协会世界最长的跨海大桥世界纪录，现为继美国的庞恰特雷恩湖桥和青岛胶州湾大桥之后世界第三长的跨海大桥。杭州湾跨海大桥是继上海浦东东海大桥之后，中国改革后第二座跨海跨江大桥。

可见，萧山机场、杭州湾跨海大桥等重点工程的建设需要大量“占补平衡”耕地指标，自2000年以来，在省国土厅的协调和省监狱局的指导下，南湖监狱在土地整理提高耕地质量和标准的同时，积极为浙江省重点工程建设出力，提供了支持并作出了贡献。

2013年底起，在省监狱局何剑副局长、业务部门领导以及监狱领导施志仁、陈振华等人的牵头下，我们经省国土厅协调，开始跨地区委托造地，历经四年，完成土地整理数千亩，不仅提升了监狱土地的质量和农田的标准，改进了土地的综合利用和管理，同时还为浙江多个经济发达地区的建设，提供必要的土地“占补平衡”指标支持，我们为自己能够支持地方建设并作出贡献感到自豪，也为自己曾经的努力和付出感到欣慰。

“三个延伸”到“微心愿”

无论安吉农场，还是现在的南湖监狱，荒野救赎的脚步从未停止过，农场和监狱的本质都是为改造罪犯服务，向社会提供合格的新人。

自1952年建设安吉农场起，收押释放了数万犯人，改造质量受到了地方各界的认可。其中的教育改造方法也是得到不断地创新和改善。

20世纪80年代开始的“三个延伸”便是社会各界广泛肯定的教育方法。“三个延伸”，即把改造罪犯工作向前延伸、向后延伸、向外延伸，它打破了几十年来改造工作单一化的模式，使罪犯改造工作在更为广阔的社会背景下进行，它既是社会治安实行综合治理的战略

“微心愿”活动演出

思想在改造领域中的具体运用，也是专门工作与群众路线相结合的工作方法在新形势下的一种创新和发展。

向前延伸，即主动加强与法院、公安等部门沟通，了解服刑在教人员家庭状况、认罪错态度等，并依法保障服刑在教人员申诉、复议、诉讼权，为教育改造工作奠定基础。向后延伸，即加强改造质量评估，完善监所与公安、司法、家庭、单位、社区的衔接机制，落实对刑释解教人员的衔接管控和安置帮教，巩固和扩大监所教育改造成果。向外延伸，即开展亲情帮教等活动。1990 年至 2002 年分别与浙江海宁、嘉兴、平湖、长兴、瓯海、平阳、松阳、慈溪等 18 个地区签订帮教协议，自 1983 年起，先后有数百批政府和社会团体来监狱帮教，2008 年 3 月 18 日，浙江省京剧团创作编排的大型现代京剧《告别迷茫》(监狱版)在南湖监狱举行首场巡演，在服刑犯人中引起极大的反响。2010 年，“人文大讲堂进监狱”走进南湖监狱，2010 年 12 月 2 日，浙江警界书画协会首届笔会暨杭州著名书画家帮教活动在南湖监狱举行。监

墙内视频送到亲人家里

狱先后举办了“同一声呼唤”“感恩于心、回报于行”“爱的力量”“快乐星期天”“唱感恩之歌、思感恩之情”等大型帮教活动，促进了社会帮教活动，起到了良好的社会效果。

“三个延伸”把法律监督触角向基层延伸、向罪犯延伸，对于今天推进社会管理创新，参与社会矛盾化解，构建和谐社会，维护社会稳定，仍然具有无限的生命力，有着积极的社会教化功能和帮教作用，有利于预防刑事犯罪特别是未成年人犯罪，具有重大的现实意义。

近 30 年的“三个延伸”的接力棒传到 2015 年，南湖监狱的“微心愿・忏悔”活动，为罪犯社会教育活动掀开了新的一页。

时任南湖监狱监狱长陈振华、副监狱长陈顺良、一监区教导员徐卫青、监区长俞立超等人呕心沥血之作“微心愿”活动，便是在“三个延伸”基础上，根据现在形势、犯情的变化而创新的一种新的教育方法和救赎理念。2016 年 3 月，全省监狱系统政委、监狱长座谈会上现场展示，得到各单位领导的好评，得以在全省推广。

犯人与亲人相见

"微心愿·忏悔"的真谛是"让罪犯心动才能让其正确行动"。

通俗地讲,它是以民警助力罪犯合法、合规、合理、合情的需求实现为载体,在感化教育的同时,实现他们的"微心愿",内化于心,外化于行,使其改过自新、持久安心改造。为了解决罪犯亲情缺失、经济拮据、生活单调等问题,为罪犯搭建抒发悔意、增加善心和责任感的平台,帮助其排忧解难,扔下"内心包袱",实现轻松改造、真诚改造,变罪犯"要我改造"为"我要改造"。

在这围墙之内,方寸之地,监狱为他们设定了别样的套餐:**亲情快电、爱心书包、短片连线、营养加餐、代探亲属、中秋思念、囚属温情新年特兑等**。

要想获得这些套餐,需要在监狱搭建的"微心愿"平台上完成三个内容:一是存积分。有十种情况可以获得不同程度和奖励分数,如受到表扬、参加自学考试通过的、有效制止他犯各类违规违纪活动等。二是定心愿。监狱以法定、合理需求、价值引导、个性时效为原

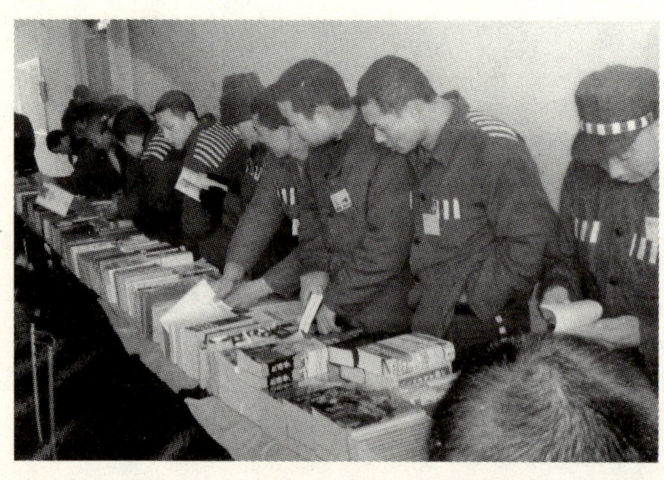

狱内举办购书活动

则，每月向犯人征求并甄选心愿，确定每个犯人心愿兑现的项目，并公布公示，接受全员监督。三是兑心愿。罪犯申请的心愿项目，在责任民警的确认之下，进行兑现，实现他们的需求。

一个常年关押1000多人的大监区，在“微心愿”活动下，一年里全年扣两分违规为零，这是建狱至今从未有过的。得到心愿的罪犯人次达3010次，覆盖面为87.9%以上。受“微心愿”委托的“爱心书包”“短片连线”“代探亲属”等出访活动12次，民警走遍省内7个地县，与犯人亲属直接面对，传递犯人的“心愿”，还将亲属的嘱托和孩子生活的场景拍成影像带回监狱，让大墙里的亲人感受到亲情和阳光。

省监狱管理局与《都市快报》联合推出的“平安浙江大墙教育行”的第二站便在南湖监狱一监区。《都市快报》首席记者杨丽，采访到老孟救赎的故事。服刑犯人老孟递交“微心愿”，成功地为在浙江第一医院的儿子捐献骨髓的事例，折射出监狱民警人性化管理的优良品格。2016年6月1日《浙江日报》，2016年6月2日《浙江法制报》、浙江新闻客户端连续刊登《一场生命的救赎》一文，分别对此事进行报道。

2015年“六一”前夕，一监区举办了“温暖心灵，感动常在”活动，这是一个特殊身份的父亲兑现思念子女心愿的活动。父亲们事先精心制作了书包和文具盒，希望他们的爱心能给孩子们以节日特殊的快乐。四个家庭的五个孩子幸运地收到了民警专程送去的礼物，一名即将读初中的女孩看到书包的那一刻就忍不住哭了。有一个男孩在父亲服刑后，一直跟奶奶生活在一起，当他收到礼物时，紧紧地抱着，始终没有说出一句话。

2015年9月23日，中秋佳节来临，民警车行百公里，将犯人盛某改造生活的VCR送到他妻子面前，老公说：“老婆，我对不起你，让你一个人扛起家里的重担，我一定会踏实改造，力争早日回到你身边，陪你看夕阳西下，杨柳依依……”老婆激动得满眼泪花。

2016年6月的一天，一监区的民警带着服刑人员叶某对奶奶倾诉牵挂的 VCR 来到百里之外的叶家。久病卧床的奶奶看到孙子的画面老泪纵横,连声对民警说:“谢谢,谢谢!”叶某见到奶奶的 VCR 时,从不流泪的男儿也禁不住失声痛哭。

2016 年 10 月 24 日,南湖监狱北关押点“微心愿购书兑换活动”举行,安吉县新华书店准备了 9000 册图书,供 1500 名罪犯选购,他们利用考核分来圆自己一个“微心愿”。七监区设立“心灵港湾”工作室,最大程度倾听犯人的“悄悄话”,以及“真心话大冒险”“你说我笑”等活动,“微心愿 · 忏悔”活动深入到了每个犯人心间。

2016 年 8 月 16 日,浙江省司法厅马柏伟厅长来监狱调研,提出抓好犯人的“修心”教育,积极探索新的教育方法,这也为“微心愿”活动的深化注入了新的内涵。

南湖,这里的土地不再“冷”

“浙江西伯利亚”荒野里的那抹釉色,在风雨中渐渐褪去了往日的光亮,脱落的碎片无声无息地再归尘土。人们偶然拂去落叶、剥开冻土,依旧会发现,原始的、不巧的那份岁月情怀没有消失,一直在等待,一直在传承,一直在收藏。

张载在《西铭》中说:“贫贱忧戚,庸玉汝于成。”它的意思是贫穷卑贱和忧伤困苦的客观条件,其实可以磨炼人的意志,用来帮助你达到成功。这句话既是唯物的,又是辩证的,成为很多人发奋努力的座右铭。

1952 年,在浙江省委和省政府的号召下,寒冷的“浙江西伯利亚”迎来了临安、温州、台州、金华等专署的数百名公安战士,他们带领数千犯人在此垦荒种地,改造灵魂。此后,随着农场的不断壮大,陆续有来自全省各地的有志青年加入其中,他们让这块杂草丛生、野兽出没的荒野之地变成了丰收的家园,让恶行累累、失足犯罪的人悔过自新。当年的创业人、垦荒者正是艰难困苦、“玉汝于成”的典范。

时至今日，经过数十年的辛勤耕耘，昔日的荒野早已硕果累累。许多先辈已经长眠于此，第一代监狱警察铸就的“坚定信念、团结拼搏、艰苦奋斗、无私奉献”的创业精神，也深深扎根在了这片大地上，他们的铮铮铁骨，悠悠真情，时时感染着后人。

历史和现实告诉我们，一个没有艰苦创业精神作支撑的人，是难以自立自强的；一个没有艰苦创业精神作支撑的地区，是难以发展进步的。当年，农场的干部职工们踏上这片荒野，资源的匮乏，环境的恶劣，生活的枯燥，并没有吓倒他们，也没有改变他们破难而进的精神与勇气。过去的荒芜之地，在他们的耕耘里成了风水宝地，不但为国家创造了巨大的经济效益，也给子孙后代留下了一份宝贵的精神财富。他们的精神和作风，义无反顾地为监狱事业奉献青春和生命的信念，不会因时代的变迁而过时，它具有永恒的意义，永远是激励后人奋发向上的巨大力量。

南湖监狱公园一景

今天，省南湖监狱再次承载着历史的重任，准备远航。值得庆幸的是，它早就不是一艘独行的航船，它已经加入到地方发展的远行系列。

从2015年开始，省南湖监狱两次组织“重走创业路”“不忘初心、继续前行”千人毅行活动，目的是鼓励参与者继承前辈的优良传统，发扬不怕苦、不怕累的精神品质，切实担负起“二次创业”的神圣使命。

昔日因农场而成立的高禹镇，更名为天子湖镇，已经是安吉县的工业强镇；鄣吴镇入选中国“森林文化小镇”；泗安镇更是全国百强长兴县的重点镇、中国苗木之乡；东亭乡如今成为广德县乃至安徽省绿色发展的榜样。

处于其中的南湖监狱也进入到浙江省监狱系统先进行列，迎来难得的发展环境和机遇。2011年底，监狱新指挥中心落成，现代化的应急处置指挥系统率先建立，狱部环境得到整治，一个整洁、美丽的南湖监狱展示在人们的眼前；生态立监、绿色发展的思想已经深深扎根于全监干部职工的心中。时任浙江省司法厅厅长的赵光君同志看到

浙江政协原主席刘枫题写的“南湖公园”

此景，感叹道：“到了南湖，心情舒畅。”

我们感到，这里的土地不再“冷”。

2005 年 8 月 15 日，时任浙江省委书记的习近平到安吉余村考察，充分肯定了余村做法，并首次提出了“绿水青山就是金山银山”的重要论述。他说，不要以环境为代价去推动经济的增长，因为这样的经济增长不是发展。

安吉县制定了“两山”理论实践示范县创建工作方案，重新修编《安吉县生态文明建设规划》，重点围绕生态空间、生态经济、生态环境、生态生活、生态制度、生态文化六大领域，和空间格局优化、资源节约利用、产业循环发展、生态系统保护、人居环境改善、生活方式绿色化、制度与保障机制完善、观念意识普及等十大任务加强建设，进一步夯实生态基础、发展生态经济、培育生态文化，完善经济社会与人口、资源、环境协调的生态经济发展模式，形成生态观念先进、生态制度完善、生态安全保障、生态环境优化的空间格局。

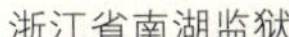
浙江省南湖监狱

监狱存在于绿水青山、富足美丽的安吉，就像是大花园里的一朵奇葩，这已经是它的幸运，它的未来也一定会在这片土地上更加辉煌。

2012 年，南湖监狱十五队约 3000 亩土地被省划入省际产业转移示范园区。

2015 年，国际无人飞行器创新大奖赛落户天子湖镇。

2015 年，全国首个 A1 类安吉天子湖镇通用机场开工建设，2017 年正式首飞。

2015 年起，安吉欲在天子湖镇打造长三角地区首个通航小镇。

2016 年，杭长高速公路天子湖出口开通。

2016 年，商合杭高铁项目开工，安吉站设在天子湖镇，计划 2019 年竣工运行。

2016 年，浙江省能源集团所属企业投资建设的全省最大的“农光互补”光伏发电项目，落户原农场二十七队、二十八队、二十九队地块。

这些重点工程，多数用到南湖监狱的国有土地。这一方土地的

干警队列训练

人，会用火热的情怀迎接八方来客，南湖人将再次伸出援助之手，与地方携手共进，重温当年的友情。

“十三五”规划中，南湖监狱高度戒备分监狱建设项目正式启动，这将是国家新的监狱建设标准颁布后设施最完备、功能最先进的监狱之一。

农场老一辈们怎么也想不到，65 年后的今天，这片土地会迎来又一次飞跃发展的机会，前辈们开垦的土地将不再“冷”，火热的发展场景，将再次见证这片土地翻天覆地的变化。

南湖人怎么办？南湖人准备好了吗？

答案是肯定的。我们将发扬南湖精神，踏着先辈的足迹，跟上时代的步伐，全力推进生态型智能化现代文明监狱建设，用积极的姿态来创造美好的明天！

2017 年 10 月修改于浙江安吉北林场

后记：留住历史根脉　传递精神信念

我的监狱文学集《警戒线》出版已经整整十年了，这期间一直想再写一部关于监狱方面的书。每每坐下来想动笔的时候，却又为寻找切入点而茫然，迟迟下不了笔。

2011 年 10 月，我被交流到浙江省南湖监狱工作，离开自己生活工作了几十年的浙江省长湖监狱。要说对监狱最了解、最有感情的话，非长湖监狱莫属。然而，长湖监狱经历了 1974 年和 2007 年两次监狱布局的调整，第一代人垦荒的痕迹即将消失，我为此感到失落和遗憾。2016 年 7 月 20 日，作为长湖监狱的第一代干警、我的父亲走完了 86 岁的人生。此后，无论是思念父亲，还是出于监狱第二代对第一代人的深深敬意，我经常会扪心自问，应当为父辈们做些什么？

由于分管工作的缘故，我经常会到南湖监狱偏远的地块上去巡查，接触到许多垦荒年代留下的遗存，不由得会将这些与长湖的历史联系起来。南湖监狱与长湖监狱有着同样的历史根脉和创业经历，都是湖州地区数一数二的劳改农场。真切地感受到当年老一辈们创业艰辛的同时，我也担心这段历史会很快消失。写出第一代监狱干警的创业史，记录珍贵的垦荒历程，就是在此期间萌生的想法，2017 年初退居二线恰好给了我动笔的机会。

南湖监狱的前身是安吉农场。1952 年建设农场时有大批干部奉命前来，经过数次的工作变动，真正留下并坚守一生的元老只有 25 人，到目前为止，只有 4 名老同志健在，让我意识到写出这段历史的紧迫性，也深感责任的重大。真正动笔后，我感到资料严重的不足。采访老同志时，他们对过去的岁月记忆已经模糊，很难再为我刻画出当年完整而真实的场景，呈现的只能是一张张碎片，对于这些年过八十岁的老人来说，这已经是非常不容易了。对于第二代而言，他们当时极少关注父辈这段历史，甚至没有从父辈口中留下和记住一点故事。我查阅了留场就业人员的档案，1952 年至 1953 年之前到达农场的已无一人。这些都是这本书无法记录详细历史的原因所在。

“浙江西伯利亚”是当时浙江省条件最为恶劣的地区。初创时期，生存尚且困难，还要教育改造犯人，干警们当年追求的公正、公平、人性化的管理理念，诠释了新中国监狱的真谛，让我感到无比的敬仰。全书分为五个章节，前四个章节叙述创业初期的人和事，比较零碎，所记录的只是具有代表性的人和事，更多创业者的事迹没能收集到，这是我最大的遗憾。改造对象的真实记录显得更加困难，在那个时代人们会极力隐瞒犯罪和改造经历。最后一个章节综述了监狱几十年风雨历程中具有重要意义的事情，更多的史实也是无法去详尽，留待后人叙述。

写作《筑梦荒野——来自一所监狱的创业记忆》，我访问了一些老同志和知情人，查阅了大量档案材料，尽自己最大的努力来还原当时的场景，目的就是留住历史根脉，传递精神和信念，让青年人从中更多地吸取前辈们艰苦奋斗的精神和文化营养。

浙江省司法厅副厅长、省监狱管理局党委书记、局长胡方锐，是我多年的领导，更是师长，他在百忙之中阅读文稿并为之作序，在此表示衷心的感谢！

感谢司法部《犯罪与改造研究》杂志社高文老师对此书的关心和帮助！

此书写作过程中参阅了浙江人民公安志、浙江监狱史、安吉地方志和部分老干部回忆文章，相关同志提供了素材和史料，朱云安、周海燕、卢荣明、汪永忠等同志为我查阅资料提供了帮助，应忆航、田家村等先生对书稿进行了审阅，孙玲娣、杨祥年、王华、李湘金等同志进行了校对，有关监区和科室同志提供了图片等资料，省监狱管理局保密委员会对书稿提出了修正意见，南湖监狱宣教科为此书的出版、征订做了大量工作，一并表示感谢！

此书以纪实文学形式撰写，在真实历史的基础上，适当作了文学描述和人物塑造，希望能够得到理解。个别历史恐与记载不符，个别人物刻画或许不够贴切，个别情节描述或不贴切，有不妥之处，在此表示歉意，谨请谅解！并请读者提出宝贵意见！

王文华

2017 年 10 月

图书在版编目(CIP)数据

筑梦荒野：来自一所监狱的创业记忆 / 王文华著
. -- 北京：法律出版社, 2018
ISBN 978-7-5197-1982-1

Ⅰ. ①筑… Ⅱ. ①王… Ⅲ. ①纪实文学-中国-当代
Ⅳ. ①I25

中国版本图书馆 CIP 数据核字(2018)第 024841 号

筑梦荒野
——来自一所监狱的创业记忆
ZHUMENG HUANGYE
—LAIZI YISUO JIANYU DE CHUANGYE JIYI

王文华 著

策划编辑 郑 导
责任编辑 郑 导
装帧设计 汪奇峰

出版 法律出版社
总发行 中国法律图书有限公司
经销 新华书店
印刷 中煤(北京)印务有限公司
责任校对 王晓萍
责任印制 张建伟

编辑统筹 独立项目策划部
开本 710 毫米×1000 毫米 1/16
印张 18.25
字数 230 千
版本 2018 年 3 月第 1 版
印次 2018 年 3 月第 1 次印刷

法律出版社/北京市丰台区莲花池西里 7 号(100073)
网址/www.lawpress.com.cn
投稿邮箱/info@lawpress.com.cn
举报维权邮箱/jbwq@lawpress.com.cn
销售热线/010-63939792
咨询电话/010-63939796

中国法律图书有限公司/北京市丰台区莲花池西里 7 号(100073)
全国各地中法图分、子公司销售电话：
统一销售客服/400-660-6393
第一法律书店/010-63939781/9782
重庆分公司/023-67453036
深圳分公司/0755-83072995
西安分公司/029-85330678
上海分公司/021-62071639/1636

书号:ISBN 978-7-5197-1982-1
定价:55.00 元